U0145134

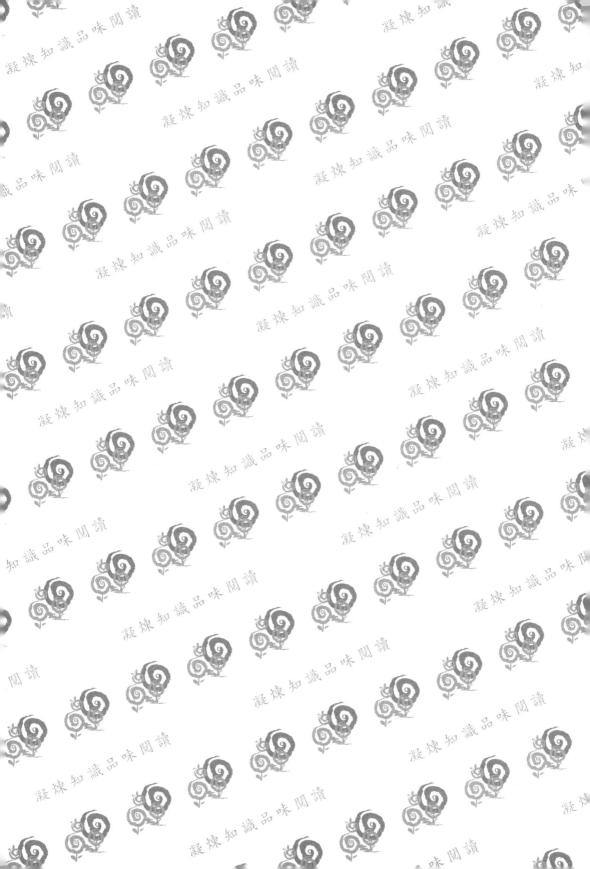

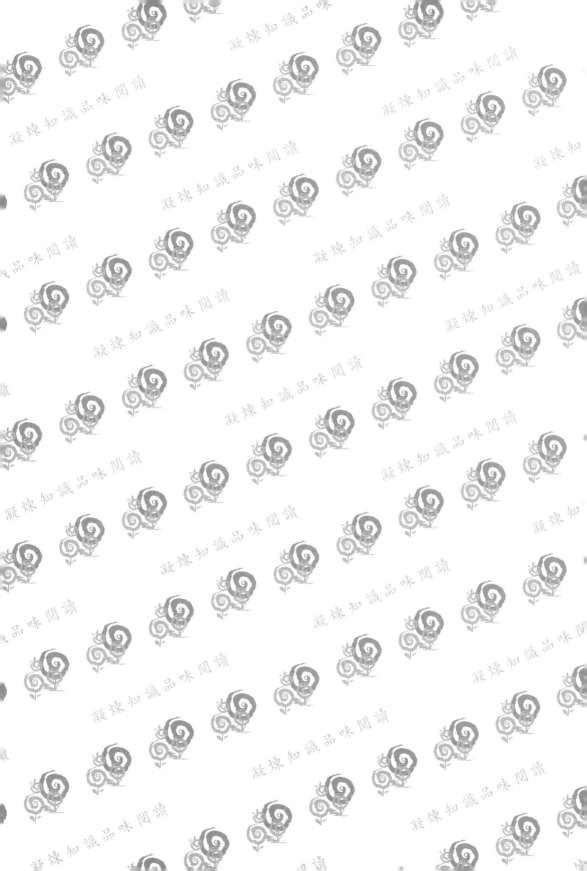

國際關係 的理論與其應用：
入門、進階與研究設計

International Relations Theory and Its Implications:
An Approach of Research Design

宋學文 著

五南圖書出版公司 印行

作者序

　　雖然，在世界主流且著名之國際關係研究機構中，一直呼籲「深入之國際關係實務研究，必須立基於堅實之國際關係理論之研究。」但這個呼籲並未在台灣之國際關係社群受到普遍的重視。這個現象至少存在兩個原因：一方面，為台灣由於受到國際現實環境的制約，台灣之外交事務並無法真正發揮其該有的國際空間及研究能量，因此，對許多人來說，在台灣研究國際關係理論或國際實務並非一門「實用」的學問，自然就較為不受重視；其次，許多國際關係理論較為艱澀難懂或是牽涉到研究方法與研究設計的討論，對許多政治人物或部分學者及學生來說，是頗具難度的。

　　這種忽視國際關係理論之國際關係研究途徑，雖有一些在「議題上」，「專業」知識較易累積的功能，但這種「專業知識」卻常淪為「散兵游勇」或「散彈打飛鳥式」的知識，而不易有「深根」及「深耕」之系統研究能力之產生與學理累積之功效。事實上，國關理論對於政治實務與現象，往往有著如地圖般的指引功能，可以引導吾人對於國際事務有一全面性的思考與觀點，讓吾人站在制高點，瞭解國際事務的發展，產生見樹既見林的效果。尤其台灣在亞太地區敏感戰略地位之身分，使得台灣之外交與兩岸關係，往往受制或決定於看不見的「國際體系之結構」；因此，研究台灣之外交或兩岸關係，更需要有一個宏觀的視野，為台灣在國際社會的生存與發展指引出最佳的道路，而這一切均需依賴國際關係理論的指引。

　　國際關係與國際事務不像公共行政與比較政治，有較為制度性的事務作為研究標的，如定期選舉、政府組織及預算之制度化等；國際關係中的研究與國際事務所涵蓋的範圍往往具有很突發性的事件，如戰爭、恐怖主義、核武危機等。而這些突發性事務並不具有時間表或可預測的制度性，也因此國際關係的理論研究就顯得更為重要。蓋透過理論性的思維，可以迅速幫助吾人在面對錯綜複雜的環境與事務，快速、有效與正確綜整資

訊，做出最有效與正確的政策與策略因應。

　　筆者長期從事國際關係理論、兩岸關係、亞太區域安全等議題的研究與教學，著重理論研究與研究設計，深感國際關係理論的重要性。事實上，筆者多年來一直致力於將國際關係理論應用至國際事務研究與探討的搭橋工作；也就是透過研究設計，將國際關係理論的精髓與要義，以較淺顯易懂之模型來解釋、分析並預測錯綜複雜且瞬息萬變之國際事務。個人深感「一個好的理論必須能解釋過去、分析現況與預測未來」；從另一個角度來說，要符合好理論的研究標準，研究設計就很重要，必須要能以圖、表、模型將艱澀難懂的理論轉為易學易懂。而能否將理論與實務做適切之結合，學術研究工作者的創見及應用的能力就十分關鍵。由於過去在台灣國際關係學界在國關理論之研究多半只是引介歐美的理論，國人對理論面具有獨創或深入之批判與比較常顯得不足；於是在台灣有關國際關係理論之研究，往往形成一種淺碟式的理論瀏覽。不少人以為只要將一些粗淺的理論「放入」論文中，此論文就已有「理論基礎」，殊不知理論須精密地與實務對話、相互檢證，才有其應用之價值。事實上，在台灣多年來之國際關係理論研究大多在作粗淺的理論介紹，很少鑽研於理論之進步、創新或在理論建構上的突破。久而久之，實務界與國際關係領域之研究者與學子們對理論就失去了應用能力與研究的熱忱；而許多與台灣外交或兩岸關係或亞太區域安全之研究往往成為一種「個案」之研究，而這些個案研究往往亦不能整合起來為台灣之外交或兩岸關係提供一個具體之政策指導。

　　秉乎此，目前國際關係之研究有許多課題值得吾人深思，包括了當代國際關係之研究，最需要哪些理論？哪些議題適合哪些理論去解析與預測？好的理論固然需要與實務政治有關（relevant）？但如何相關？如何對話？這些「相關」與「對話」能否以清楚的「分析架構」（analytical framework）甚至「模型」（model）呈現出來？理論與實務政治之對話的「分析架構」是否需要某種研究設計（research design）或者研究方法（research method），好讓理論與實務政治不僅「有關聯」，而且能使理論與實務之間的關聯性有一定程度之「一致性」（consistency）、「凝聚

性」（coherence）及「相互支援性」（inter-support）。有感於此，筆者乃將過去十幾年內致力於國際關係理論之各篇論文合輯成書，透過國際關係理論的介紹、推論及研究設計將艱澀難懂的理論轉為易學易懂的模型，以與有志於國際關係理論及應用的同仁們交換心得。

　　本書中內容共分為三大部分：入門、進階與研究設計，其中入門篇包含國際關係理論的介紹以及將國際關係理論初步應用到國際事務的分析；進階篇與研究設計篇則是於有關「3i決策模型」、「層次分析」與「霸權穩定論」等較為深入的學理研究；在「研究設計」方面，本書嘗試透過全球化的相關議題之研究，以及國際關係與其他學科如何透過研究設計的架構，將國際關係理論與公共行政作一結合以達國際關係之進階研究。為達此目的，筆者嘗試建構「（3+1）i決策模型」，利用政策科學相關之理論及研究方法之設計，應用到一般公共行政學者較陌生之兩岸關係及國際關係領域，以推動「國際關係」與「政策科學」兩個政治學門次領域間科際整合之發展。而希望透過此書使有志於研究國際關係與從事國際關係之研究設計、模型建構之同仁與同學，有一個交換學習心得的平台；並冀此平台將國際關係理論的研究，朝更為實用及更具學理精進的方向邁進。

國立中正大學
戰略暨國際事務研究所
教授兼所長

宋學文　謹識

中華民國98年7月31日

目錄

第一篇　入門篇

第二篇 進階篇

第三章 議題聯結（Issue-linkage）與兩岸關係之研究 41

第四章 闡述「維持現狀」（maintain the status quo）對台灣前途之意涵：動態平衡的模糊過度途徑 61

第九章 政策社群在新公共管理之角色分析：（3+1）i決策模型的建構與應用　209

參考文獻　241

圖次

表次

第一篇

入門篇

第一章　從國際關係理論分析美國對「兩國論」之反應*

第一節　前言

　　兩岸關係的互動、演化及發展在經歷了第二次世界大戰之後的兩次台海危機（1954年及1958年）及以美蘇兩大集團對抗的冷戰時期，再進入到1991年之後的後冷戰時期，其間國際體系與兩岸內部之政治發展皆有極大的變革；而在目前即將邁入21世紀的前夕，兩岸關係更是處在一種詭譎複雜的新國際體系與國際政治變遷的大環境中。而也正因為這種詭譎與複雜性，兩岸關係的發展不但在政府的決策過程與學術研究範疇中引起不少的爭辯，在社會大眾的認知與傳播媒體的報導中，也激起了許多的分歧；特別是在1999年7月9日李登輝總統在接受「德國之聲」總裁魏里希（Dieter Weirich）專訪時，提出「兩岸關係是一種特殊的國與國關係」[1]的主張中，揭開了中外極為重視的所謂「兩國論」之各種不同見仁見智之反應。

　　誠然，「兩國論」確實會碰觸到相當敏感的國家定位問題，而目前不論中共或台灣在處理國家定位問題時，也很難不受到意識形態之影響。從中共的立場來說在「大中華」之民族主義下，一個中國政策是所有兩岸關係定位之最高原則；從台灣的立場來說在「台灣優先」的民主政治下，台灣作為一個政治實體，進而追求國際社會之獨立人格乃人民不可剝奪之權利。這兩種不同的認知或意識形態，經過多年的論證、爭辯、闡釋，甚至賦予新的定義，目前依然未能在兩岸間形成一定的共識。究其原因，當然

---

* 本章內容曾刊登於《政策月刊》，第49期（1999年8月），頁23-28。

[1] 「德國之音7月9日訪問李總統的全文」，**中國時報**，1999年7月23日。網址http://www.chinatimes.com.tw/report/cn_tw/germany.htm。

很多，譬如個人或企業從經濟、政治及歷史文化不同之層面來考量兩岸關係，則可能會有相當不同之主張或認知。李總統提出「兩岸關係是特殊的國與國關係」，蓋基於同時考量宏觀的國際體系之結構與兩岸間特殊之歷史、文化、經濟及政治發展，而欲將兩岸關係做一更明確之定位。然而「兩國論」一出卻不可避免地引起北京、華盛頓、台北三方面不同之反應、解讀及爭辯。而「兩國論」是否會引起兩岸之間政治關係的轉變或的軍事衝突，除了台北與北京間在「兩國論」的發酵中的溝通、互動外，美國之對華政策無疑將扮演關鍵性之角色。而要瞭解美國目前之對華政策，我們必須對目前亞太安全體系有進一步的瞭解。

第二節　新亞太安全體系對兩岸關係之衝擊

從目前國際體系的新結構來說，冷戰的結束造成美、日兩國在亞太地區權力平衡策略改變。對美、日兩國來說，與中國之「交往政策」雖是上策，而「圍堵政策」為下策；但在「中國威脅」與「台灣民主」兩股力量衝擊下，美國對中共的政策，已無可避免地與兩岸關係聯結在一起；因此，兩岸關係已然不再是單純的中國之「國內事務」而是攸關亞太安全之國際議題。在此種情形之下，台灣必然會利用此新的國際體系來拓展其國際生存空間，偏偏台灣追求國際生存空間之舉動在北京眼中無非是台獨與分裂中國。而北京在1996年3月第三次台海危機時之軍事演習，又已衍生出美國與亞太各國對「中國威脅」更大之擔心。從此觀點來看，台灣也必然會利用美國與亞太各國對中共在兩岸關係上，所牽引出來對安全問題之關心，進一步將台灣之安全與西太平洋之安全作聯結。因此，台灣在此種國際情勢之下「順勢」呼應「美日安保條約」、「戰區飛彈防衛條約」（TMD）、「與台灣安全加強法」，乃小國求生存之道，其策略之運用是可以理解的。但這種策略運用，又將再次引起中共對台海用兵之緊張。兩岸關係於是乎在此種惡性循環下，不易改善。但台灣追求國際生存空間或國際獨立人格是否該與台灣追求獨立建國劃上一個等號，又是一個見仁見

智的看法。對中共來說，任何台灣在國際事務之參與皆可能暗藏台獨之野心；對台灣來說，作為一個主權獨立之國家，斷無自絕於國際社會之理。在此種「各自表述」之立場上，有關「兩國論」能否受到國際社會之接受，特別是否會受到美國的支持就成了國人最關切的議題；而近日華盛頓不斷傳來美國支持一個「中國政策」之主張，更令有關「兩國論」的主張遭受更多人之質疑。換句話說，不少人質疑：美國官方宣布支持「一個中國」是否意味著兩岸關係若朝「特殊的國與國之間的關係」上發展時，美國是否將在「一個中國」的原則下「尊重」中共對台灣之任何舉動？或將任由中共以武力來解決兩岸之間的問題？有關此點，近日來在新聞媒體上的報導或學者的觀點也是莫衷一是。事實上，任何重大政策之對錯與是非或任何對國際關係未來之預測，本來就不易有完全之共識，遇到這種情形學術界還是強調把事實帶到理論面中檢視，或許可以給吾人一些啟示。

第三節　從國際關係理論看美國對「兩國論」之反應

在國際關係理論的兩大支派現實主義與自由主義中，現實主義（realism）之理論主張三大假設：第一、國家是國際社會的主要成員，而國際社會是一無政府狀態的結構，因此國家為了生存必須自求多福。第二、國家在國際社會中會以理性來追求國家利益。第三、由於每個國家都追求最大的權力所以國際社會最後會產生出某種權力衡的狀態。[2] 在此三大假設中，現實主義學者如Hans Morgenthau與Kenneth Waltz都強調權力（power）是國家在國際社會活動的憑藉手段，同時也是其活動的目標。因此國家在國際社會中會想盡辦法來擴大自己的權力。而在追逐權力的過程中，戰爭與衝突往往是不可避免的，甚至是必要的。[3] 因為與敵人合作

---

[2] Robert Keohane ed., "Theory of world politics: Structural Realism and Beyond," *Neorealism and Its Critics* (New York: Columbia University Press, 1986), pp. 158-203.

[3] 請參考Kenneth N. Waltz, *Man, the State, and War: A Theoretical Analysis* (New York: Columbia University Press, 1959); Hans Morgenthau, *Politics Among Nations*, 4th edition (New York: Knopf, 1976).

的結果，若用相對利得（relative gains）的角度來看一國之所得就是另一國之所失，所以與別國合作，有可能是種下自取滅亡的種子。因此，此派的學者較不信任國與國之間的合作，也因此對合作持一種較為悲觀的態度，甚至持相當反對的立場，至少他們認為合作往往是建立在非常不可靠的利益爭奪的基石上。其結果為，國與國之間與競爭關係形成了一種零和（zero sum）的關係。[4] 換句話說，在利益固定的大前提下，一國之所得必成為另一國之所失。在此種情況下國家要明辨敵我之定位為首要任務，且敵友之間涇渭分明，不能含混。這種以權力平衡的觀點來看國際衝突與合作可以圖1-1來表示。

我們若用圖1-1所強調之權力平衡模型來分析「兩國論」，則會逼美國在台灣與中共之間作一個「敵」、「友」的選擇，並且在此種「敵」、「友」的關係以相對利得之觀念定位為一種「零和」之競爭關係。換句話說，若美國公開支持「兩國論」，則將與中共成為敵人，而往後在國際事務上難以再合作。雖然前面已分析，在後冷戰之新國際體系下，美國在其亞太安全之戰略考量上，的確有加強與台灣安全之策略；但此種策略卻不必然地表示美國已準備與中共為敵。因為美國與中共之關係除了安全之考量外，尚有經貿與其他非軍事的議題；而在這些議題上，華盛頓是亟需要北京之合作的。因此，若華盛頓在「兩國論」下選擇了以明確之政治宣示的方式支持台北，則美國與中共的關係會持續惡化，而朝圖1-1所強調的「對抗」或「戰爭」方向上，這應不是美國所樂於見到的。

雖然現實主義之思考模式主宰歐美國家之外交行為有相當長的時間。但這種思考模式卻在1950年代開始受有一些自由學派的學者提出不同的觀點，Ernst Haas以歐洲整合為研究對象，提出國與國在競爭中仍有合作的

---

[4] 有關相對利得與國際衝突與合作之關係的理論，請參看Joseph M. Grieco, "Anarchy and the Limits of Cooperation: A realist Critique of the Newest Liberal Institutionalism," *International Organization*, Vol.42 (August 1988), pp. 485-507; Robert Powell, "The Problem of Absolute and Relative Gains in International Relations Theory," *American Political Science Review*, Vol.85 (December 1991), pp. 1303-1320; Duncan Snidal, "Relative Gains and the Pattern of International Cooperation" *American Political Science Review*, Vol.85 (September 1991), pp. 701-726.

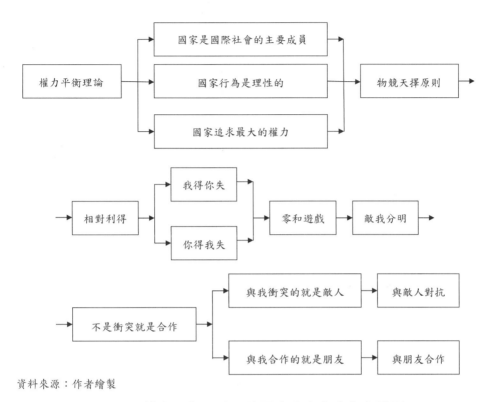

資料來源：作者繪製

圖1-1　權力平衡理論下的國際衝突與合作之模型

可能。[5] 到了1970年代有更多的自由學派學者專家提出與權力平衡理論相當不同的思考架構，他們認為社會的進步與科學的發達會造成國與國之間更多的互動，從而產生更多的經濟相互依存，藉此經濟相互依存，國與國的外交關係將不同於以往的權力競爭關係。[6]

---

[5]　Ernst B. Haas, *The Uniting of Europe: Political, Economic, and Social Forces, 1950-1957*, (Stanford, Calif.: Stanford University Press, 1958).

[6]　Richard N. Cooper, "Economic Interdependence and Foreign Policy in the Seventies," *World Politics*, Vol. 24, No.2 (January 1972), pp. 159-81; Edward Morse "The Transformation of Foreign Policies: Modernization, Interdependence, and Externalization," *World Politics*, Vol. 22, No. 3 (April 1970), pp.371-92; Robert O. Keohane and Joseph S. Nye, Jr., *Power and Interdependence: World Politics in Transition*, 2nd ed., (Boston: Little,

　　1977年Robert Keohane與Joseph Nye合著的*Power and Interdependence*一書問世（1989年該書二版），在這本書中他們有系統地揭櫫相互依存的觀念，並對國家在國際社會追求權力的行為提出新的詮譯，他們認為未來的國際社會將會是一個既追求權力、又反映相互依存。換句話說，他們認為國家追求權力之結果，雖有可能造成國與國之間的競爭，甚至緊張的局面，但不必然會導致戰爭。[7] 事實上，有些學者主張透過國際領導（international leadership）或所謂的霸權（hegemony）才能建立國際秩序，從而維持國際安全體系並達到世界和平。[8] 就算霸權後來逐漸衰亡，國際社會也可以運用國際機制（international regime）來維持國際社會的秩序與安定。[9] 在*Power and Interdependence*一書中，Keohane與Nye主張未來的國際社會將朝三個理想假設邁進：第一，多元的溝通管道，使得傳統以國家為國際社會之主要成員的觀念不再成立。因為許多非正式、非官方、民間組織或政府各部門間的互動、溝通將侵蝕國家獨占外交工作的角色。第二，傳統所謂的高階政治（如軍事與外交）與低階政治（如經濟與文化）之位階（hierarchy）將被打破，換句話說，議題與議題之間因著社會多元化與民主化將更為「平等」且相互影響。第三，軍事力量在國家對外關係上之角色逐漸消退，軍事力量不再是國家用來解決國際紛爭與爭突之手段，取而代之的是國際協調、國際合作、國際經濟之安全考量、與全球民主之地球村的相互依存觀念的盛行。[10] 而由這三點所衍生出來之國家外交政策將與傳統觀念以權力平衡所主張的外交政策大異其趣。特別在國

Brown, 1989).

[7] Robert Axclrod and Robert Keohane, "Achieving Cooperation Under Anarchy: Strategies and Institutions," *World Politics*, Vol.38 (October), pp.226-54.

[8] Charles P. Kindleberger, *The World in Depression,1929-39*, (Berkeley: University of California Press, 1973).

[9] Robert O. Keohane, *After Hegemony: Cooperation and Discord in the World Political Economy*, (Princeton: Princeton University Press, 1984); Stephen D. Krasner ed., *International Regimes*, (Ithaca: Cornell University Press,1983).

[10] Robert O. Keohane and Joseph S. Nye, *Power and Interdependence* 2nd. edition, (Boston: little, Brown, 1989) pp. 23-60; Robert O. Keohane and Joseph S. Nye eds., *Transnational Relation and World Politics* (Cambridge, Harvard University Press, 1981).

家衝突與合作上，將發展出既衝突又合作模糊的策略，由此思考模式出發，我們可以圖1-2來說明。

從圖1-2與圖1-1的比較中我們可以清楚地看出，在經濟相互依存模型下，國家在國際社會的行為變得遠比權力平衡模型下的國家行為來的複雜。而在這種複雜性的結構下，一國的外交政策或其在國際間的行為往往不願意呈現太清楚的立場。其原因為在此複雜結構下許多議題間將會有聯結的作用，這種議題聯結的作用將使國家的觀念與國家主權的範圍受到挑

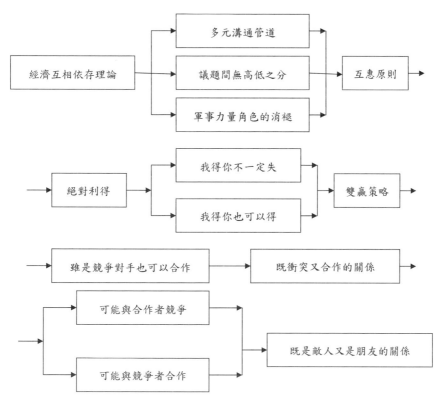

資料來源：作者繪製

圖1-2　經濟相互依存理論下的國際衝突與合作之模型

戰，而使得其外交政策必須考量的層面更廣、更深遠。[11]而國家的某一特定行為或政策若說得太清楚，特別是經過官方的正式清楚宣布，往往在日後因著一些不能掌握的突發因素必須更改既有政策時，給政府本身帶來尷尬與困擾。因此在政策上國家將更為採用模糊的策略，一來增加政策的彈性運用，二來減少因政策太過清楚而遭遇種種的政策執行上的困難。把以上兩種理論之分析模型應用到美國在處理兩岸關係上之策略時，吾人以為既然美國對中共是採全面交往（deep engagement）的政策，則在政治與經濟的考量中，美國將以圖1-2所強調的相互依賴模型來處理兩岸關係，強調美、「中」之間是一種既衝突又合作的關係以追求最大的外交政策彈性，而把敏感的台灣追求國家定位的問題，置於「一個中國」與「和平解決台灣問題」等兩個大原則下；除非兩岸間真正有了軍事衝突或戰爭發生的可能，美國在亞太安全考量下，才可能會採取圖1-1之權力平衡模型，並展示美國對台灣之安全承諾。

第四節　結　論

事實上，台海間之軍事衝突極可能引發亞太地區，包括日本、韓國、東南亞諸國及紐、澳，在此地區之重大安全問題與戰爭。從此一觀念來看美國處理兩岸關係時，必須將亞太之區域安全及經貿問題同時納入美國對華政策中來考量；而其對兩岸關係之政策將會傾向以圖1-2所強調之經濟互賴模型中，所強調之「既衝突又合作」之模糊策略來因應兩岸關係之複

---

[11] 有關議題聯結（issue linkage）之相關理論與分析，請參見宋學文，「議題聯結與兩岸關係之研究」，**問題與研究**，第37卷第2期（1998年2月），頁21-35。John Gerard Ruggie, "Territoriality and Beyond," *International Organization*, Vol. 47, No. 1 (Winter1993), pp. 139-174; Wolfram F. Hanrieder, "Dissolving International Politics: Reflections on the Nation-State," *American Political Science Review*, Vol. 72, No. 4 (1978), pp.1276-1287; J. Samuel Barkin and Bruce Cronin, "The State and the Nation: Changing Norms and the Rules of Sovereignty," *International Relations*, Vol. 48, No. 1 (Winter 1994), pp. 107-130.

雜性。明乎此，我們就不難明白為何美國在1996年3月台海危機後，一方面積極地進行一連串將台海安全納入西太平洋之政策。諸如：1997年9月完成修訂之美日新防衛合作指針中以「事態性質」將台灣納入美日安保範圍中，1998年至1999年間由美國國會所推動之將台灣、韓國、日本納入美國在西太平洋TMD範圍中提案，及以「台灣安全加強法」來進一步加深美國對台灣安全之承諾。但在另一方面美國總統柯林頓又在其1998年6月訪問中國以「三不政策」來沖淡中共對美國在台灣立場之疑慮。

　　同樣的道理，在目前台北與北京間因「兩國論」所引發的緊張關係中，華盛頓也是以圖1-2之相互依賴模型來替兩岸緊張關係降溫。柯林頓總統除了親自以熱線電話向江澤民重申美國「一個中國」之立場外，[12] 又派亞太助理國務卿陸士達至北京說明美國對華政策，另外又將原訪問台灣的美國軍事訪問團延後一週[13] 以撫平中共對美國之憤懣。但此舉也不應被解釋成為美國已「否決」「兩國論」，事實上，7月23日AIT理事主席卜睿哲訪台時，也對台灣強調了美國對台政策、台灣關係法、美國對台安全支持等政策之「堅定立場」將不會改變。[14] 凡此種種華盛頓對北京與台北之「兩手策略」在在反映美國其對兩岸關係的立場上，還是以「和平解決」為其最高原則，至於「兩國論」是否有可能與「一個中國」間尋找到一個兩岸都能接受的交集？將會是北京、華盛頓、台北間在美國「促談不促統」的策略下，考驗兩岸華人之智慧。

---

[12] 「江澤民柯林頓通電話，批評兩國論」，**聯合報**，1999年7月19日。版1。

[13] 「美國軍事代表團延後一週訪台」，**聯合報**，1999年7月22日。版1。

[14] 同上註。

第二章 從層次分析（level-of-analysis）探討霸權穩定論：一個國際關係理論演化的研究方法*

第一節 前言：一個霸權演化的觀點

霸權穩定論（hegemonic stability theory）曾是分析冷戰期間（特別是1945年至1970年代初）國際政治最重要的國際關係理論之一。其後，自1970年代中葉以後，由於美國整體國力在沈重的外債與軍事花費負擔下，頗有日趨衰弱之勢；再加上當時日本與德國經貿力量之崛起，在1980年代一度令不少國際關係學者認為，所謂的美國霸權時代已是昨日黃花，從而將霸權穩定論視為一個過時的理論。儘管如此，在1980年代一些新自由主義（neoliberalism）與制度主義（institutionalism）的學者，還是從國際合作或國際秩序的角度，強調「霸權」（hegemon）縱然式微但因霸權所創造的國際組織（international organizations）或國際制度（international institutions）應可接續霸權來促進國際合作，並維持國際社會的秩序。[1]不幸的是，聯合國作為最具代表性之國際組織，卻未能在冷戰期間發揮「領導」國際社會或維持國際秩序之功能。因此，新自由制度主義者（neoliberal institutionalist）欲以國際建制（international regime）來接續霸權的功能，以追求國際合作、穩定國際秩序的研究導向，並未如現實主義

---

* 本章內容曾刊登於《問題與研究》，第43卷第2期（2004年4月），頁171-196。

[1] 此方面之代表著作，可參考：Robert O. Keohane, *After Hegemony: Cooperation and Discord in the World Political Economy* (New York: Princeton University Press, 1984).

（realism）相關理論受到國際關係學術界與實務界之普遍重視。[2]此種現象一直到1990年冷戰結束後，國際關係的學者開始全盤檢討國際關係理論，並對現實主義及結構現實主義（structural realism）之解釋力與預測能力提出嚴峻之批判；此時新自由制度主義才受到更多學術界與實務界之重視。而新自由制度主義及霸權穩定論雖在達成解決國際衝突之工具或方法上儘管不同，但其目標卻是一致的——尋求國際秩序與安定。[3]

此外，從實際政治來說，在後冷戰時期不論美國整體國力或聯合國之功能也有提升之現象。其中，聯合國在1990年與美國之配合，成功地阻止了伊拉克併吞科威特一事，不但奠立了聯合國在維持國際秩序之領導地位，也為美國霸權的復甦奠下了新的里程碑。事實上，整個1990年代，國際社會目睹了聯合國在國際事務影響力之成長；而在1990年代末期至2000年代初期所謂單極（unipolarity）國際體系下，美國雖經歷了2001年九一一恐怖主義攻擊，但隨後美國積極主導之反恐戰爭，及2003年3月之攻打伊拉克等事件，不但未見美國國力並未因恐怖主義之攻擊而衰竭，甚至有藉著全球反恐戰略部署，而加深其戰略縱深。[4]這一切都在在展現了美國作為世界唯一的超強（super power），其在國際事務之角色之獨特地位，而霸權穩定論也再次地被研究國際關係理論之學者所重視。[5]

---

[2] 有關論點，亦可參考：Duncan Snidal, "The Limits of Hegemonic Stability Theory," *International Organization*, Vol. 39, No. 4 (1985), pp. 579-614; Stephen D. Krasner, *Structural Conflict: The Third World against Global Liberalism* (Berkeley: University of California Press, 1985).

[3] 有關新自由主義與新現實主義（結構現實主義）之介紹、比較或不同理論爭辯，可參考：David A. Baldwin, ed., *Neorealism and Neoliberalism: The Contemporary Debate* (New York: Columbia University Press, 1993).

[4] 吳玉山，「仍是現實主義的傳統：九一一與布希主義」，**政治科學論叢**，第17卷（2002年），頁1-31。

[5] 個人認為從霸權穩定論之角度來看，目前在單極體系的國際政治中，國際政治之秩序固有賴於美國在某些議題上發揮其「干預」之能力，但此「干預」能力，亦必須受到聯合國之支持或節制，否則「國際秩序」本身將只反應美國價值。相關論點請參考：Shashi Tharoor, "Why America Still Needs the United Nations," *Foreign Affairs*, Vol. 82, No. 5 (2003), pp. 67-80; Joseph S. Nye, Jr., *Bound to Lead: The Changing Nature of American Power* (New York: Basic Books, 1990); Michael Mastauduno, "Preserving the Unipolar Moment: Realist Theories and U.S. Grand Strategy after the Cold War,"

但在此，作者特別要強調一件事，即後冷戰時期吾人對霸權穩定論的研究之視野，宜有別於1945年至1970年代者，而應持霸權穩定理論本身之「演化」（evolution）的視野來瞭解美國在後冷戰時期國際政治中之領導角色。[6] 儘管，有些人可能會強調2001年美國反恐策略而進軍阿富汗與中亞，並加強了美國在此地區軍事影響力；及2003年美國在聯合國的反對下，毅然決定攻打伊拉克，並在極短的時間內（二個月內）推翻了海珊政權並佔領伊拉克，因而以此事件來強調美國新霸權之來到。但我們若能暫時跳脫實際政治在某一時代之各種不同見解與爭論，並回到國際關係理論的角度來檢視所謂美國霸權之重現，我們的確會看到所謂霸權穩定論經歷了半個世紀之後的確存在著「演化」的現象。這個「演化」的重點，並非單單反映在對美國整體國力在國際權力平衡中興衰之分析；更重要的是，這個「演化」的視野，亦反映了高度相互依賴（interdependence）之國際社會中，國家安全（national security）在定義與研究方法上改變，從而賦予了霸權穩定論研究更為廣博之視野。在定義上，國家安全似乎愈來愈跳

International Security, Vol. 21, No. 1 (1997), pp. 49-88; William C. Wohlforth, "The Stability of a Unipolar World," International Security, Vol. 21, No. 1 (1999), pp. 5-41；其他有關在單極之國際體系下美國與聯合國合作與衝突的問題，請參考：Gene M. Lyons, "The UN and American Politics," Global Governance, Vol. 5, No. 4 (1999), pp. 497-511; J. Samuel Barkin and Elizabeth R. DeSombre, "Unilateralism and Multilateralism in International Fisheries Management," Global Governance, Vol. 6, No. 3 (2000), pp. 339-360; Steven Holloway, "U.S. Unilateralism at the UN," Global Governance, Vol. 6, No. 3 (2000), pp. 361-381; Leon Gordenker, "What UN Principles? A U.S. Debate on Iraq," Global Governance, Vol. 9, No. 3 (2003), pp. 283-289.

6 針對霸權穩定理論到底是週期理論（cycle theory）或是演進理論（evolution theory）的爭議，學術界有不同的看法，請參見：Robert Gilpin, War and Change in World Politics (Cambridge: Cambridge University Press, 1981); Duncan Snidal, "The Limits of Hegemonic Stability Theory," International Organization, Vol. 39, No. 4 (1985), pp. 579-614; Paul Kennedy, The Rise and Fall of the Great Powers: Economic Change and Military Conflict from 1500 to 2000 (New York: Random House, 1987)；事實上，冷戰時期的確有一些學者針對美國霸權一詞提出許多美國是否具備此一霸權實質能力之質疑與挑戰。而在後冷戰時期（特別是在1990年代初期）美國在財政、國內經濟之壓力下，也有不少實證研究顯示美國國力已不堪負荷作為一個霸權，但此種現象在1990年代末期已較為少見，在2000年後，有關美國霸權之研究再度興起。就本文而言，本文所強調之命題係從理論演化的觀點來探討霸權穩定論的發展，亦即強調理論本身的精進（progressive）問題，而非霸權本身之「正當性」的問題。

脫傳統現實主義以國際權力平衡為主軸之「國際」（international）分析途徑，而納入更多超越國界、超越國家主權之「跨國」（transnational）的研究觀點，而朝向新自由制度主義學者所主張之「國家非國際社會唯一重要單元」的研究方向發展。[7] 在研究方法上，國家安全也似乎愈來愈跳脫傳統現實主義以軍事為主軸之高階政治（high politics）之分析途徑，而納入更多低階政治（low politics）的觀點，並朝綜合性安全（comprehensive security）的研究方向發展。[8] 換句話說，後冷戰時期有關國家安全之研究，在定義上反映了新自由制度主義的「多元論」（pluralism）觀點；在研究方法上，則試圖用更為廣博（comprehensive）或整合的研究途徑來研究日益錯雜的國際關係。而此種研究導向正是作者認為研究霸權穩定論時吾人持理論「演化」觀點之重要性。因為上述之新自由制度主義之論點不論是在議題之廣度上或深度上，都賦予了美國可以透過建制或「多元論」來延長或擴大其霸權之有利條件，此點是以軍事為主要思維之傳統現實主義者所主張之「霸權」觀所不及之處。

雖然，目前有不少學者相信美國是國際社會中唯一的超強，但已有許多對國際關係有深入瞭解的學者對美國是否是一個「霸權」（hegemon）採取較保留的態度，而較傾向用其他較柔性的名詞，如「美國領導」（American leadership）或「美國軟性權力」（American soft power），[9] 而

---

[7] Robert O. Keohane and Joseph S. Nye, Jr., *Power and Interdependence: World Politics in Transition*, 2nd ed. (Glenview: Scott Foresman, 1989), pp. 25-28.

[8] 「綜合性安全」則是嘗試將安全的定義擴及其他非傳統軍事安全的面向上，透過這些面向的加強互動與合作，區域安全得以維持穩定。有關綜合安全，請參考：Craig A. Snyder, "Regional Security Structure," in Craig A. Snyder, ed., *Contemporary Security and Strategy* (New York: Routledge, 1999), pp.102-119; Kurt W. Radtke and Raymond Feddema, eds., *Comprehensive Security in Asia: Views from Asia and the West on a Changing Security Environment* (Leiden :Brill, 2000); Muthiah Alagappa, "Asian Practice of Security: Key Features and Explanations," in Muthiah Alagappa, ed., *Asian Security Practice: Material and Ideational Influences* (Stanford: Stanford University Press, 1998), pp. 624-629.

[9] 譬如，Joseph S. Nye, Jr., "Redefining the National Interest," *Foreign Affairs*, No. 78 (1999), pp. 22-35; Richard Haass, "What to Do with American Primacy," *Foreign Affairs*, No. 78 (1999), pp. 37-49; Joseph S. Nye, Jr., *The Paradox of American Power: Why the World's Only Superpower Can't Go It Alone* (New York: Oxford University Press, 2002).

Joseph S. Nye, Jr.最近則稱此種霸權為「柔性霸權」（velvet hegemon）。[10]
這些都反映了所謂之「美國霸權」也經歷了一些演化且有別於第二次世界
大戰後之「美國霸權」。至於，吾人如何可以瞭解霸權穩定論之演化過程
呢？個人認為針對此問題之切入角度固然很多；但個人相信，最重要且最
常為人所忽略的就是有關政治學中層次分析（level-of-analysis）的問題，
因為針對霸權穩定論之研究，會因不同之分析層次對霸權之策略、延續或
興衰產生頗為不同之批判或預測。[11]而在下一節中，我們將針對以不同之
分析層次來研究霸權穩定論時，所產生的種種不同研究結果，作進一步的
探討。

第二節　層次分析在國際關係理論之意涵

　　儘管有關政治學中層次分析的研究的問題在歐美各國早在1950年代末
期已受到相當之注重，[12] 但國內學術界政治學門對此研究途徑之重視，乃
為最近二、三年之事。[13] 政治學界對分析層次的重視，不但有助於探討政
治學門中各次學門（subfields）內一些相關議題在不同分析層次間的互動

---

[10] Joseph S. Nye, Jr., "The Velvet Hegemon: How Soft Power Can Help Defeat Terrorism,"
Foreign Policy, No. 136 (2003), pp. 74-75.

[11] 譬如，James Kurth以及Jack Snyder在最近即針對美國霸權之策略與興衰提出警告或
保留的看法，請參考：James Kurth, "Migration and the Dynamics of Empire," *The
National Interest*, Vol. 71 (2003), pp. 5-16; Jack Snyder, "Imperial Temptations," *The
National Interest*, Vol. 71 (2003), pp. 29-40.

[12] Kenneth N. Waltz, *Man, the State, and War: A Theoretical Analysis* (New York: Columbia
University Press, 1959); John D. Singer, "International Conflict: Three Level of Analysis,"
World Politics, Vol. 12 (1960), pp.453-461.

[13] 譬如，國立中正大學政治系在2000年針對政治學中層次分析的問題，舉辦了一場名
為「政治分析的層次問題」（Level-of-Analysis Effects on Political Research）的國際
研討會，並將與會論文集結並出版，請參見：徐永明、黃紀主編，**政治分析的層次**
（台北：韋伯，2001年）。而中正大學政治學研究所（碩士班與博士班）在理論與
方法論之相關課程上，亦提供並極注重有關層次分析的研究，請參考中正大學政治
學研究所網址：<http://www.ccunix.ccu.edu.tw/ ~polsci/chinese/history.htm>.

關係,它對各次學門間(intersubfields)的對話、互動及分工或整合亦有極為深遠且重要之衝擊。

基本上,國際關係的研究可以從三個不同層次進行分析:第一層次為國際體系層次(international system level),第二層次為國內政治結構(domestic structure level)之層次,第三層次為個人或決策(individual or decision making level)層次。[14] 雖然結構現實主義(structural realism)強調從國際體系之層次的角度來探討國際關係,一直是國際關係學者中自第二次世界大戰以來研究國際政治(international politics)之主要研究途徑,[15] 但在1990年其相關理論(包括強調國際層次分析的結構現實主義或強調國家層次分析的傳統現實主義)無法對冷戰結束之預測或解釋提出令人滿意的說明,導致後冷戰時期有關國際關係理論研究方法之兩個重大變革。

第一個變革為對現實主義(特別是結構現實主義)研究方法之反思。[16] 在這些對現實主義批判的文獻中,有一些涉及到研究方法中有關分

---

[14] 有關政治學中層次分析之研究,請參考:Kenneth N. Waltz, *Man, the State, and War: A Theoretical Analysis* (New York: Columbia University Press, 1959); John D. Singer, "International Conflict: Three Level of Analysis," *World Politics*, Vol. 12 (1960), pp.453-461, and "The Level-of-analysis Problem in International Relations," *World Politics,* Vol. 14 (1961), pp. 77-92; Barry Buzan, *People, the State and Fear: An Agenda for International Security Studies in the Post-cold War Era* (Boulder: Lynne Reinner Publishers, 1991); Hseik-wen Soong(宋學文), "The Implications of Cross-Level-Analysis on International Relations Theory",載於徐永明、黃紀主編,**政治分析的層次**(台北:韋伯出版社,2001年),頁81-116。

[15] Kenneth N. Waltz, *Theory of International Politics*(Reading, Mass.: Addison-Wesley, 1979);在此要特別注意Waltz所使用之書名反映出Waltz在此書中所強調之「結構現實主義」主要是作為研究國際政治(international politics)而非國際關係(international relations)或外交(diplomacy)之理論。事實上,Waltz在此書中強調國際關係有些領域不涉及國際政治之結構問題,且外交是屬於國內政治或單元(units)之分析層次,而非國際政治之結構所關心之議題。請參考前揭書,第一至三章。

[16] 譬如,John G. Ruggie, "The False Promise of Realism," *International Security*, Vol. 20, No. 1 (1995), pp. 62-70; Alexander Wendt, "Constructing International Politics," *International Security*, Vol. 20, No. 1 (1995), pp. 71-81; Charles L. Glaser, "Realists as Optimists: Cooperation as Self-help," *International Security*, Vol. 19, No. 3 (1994), pp. 50-90; Andrew Moravcsik, "Taking Preference Seriously: A Liberal Theory of

析變項（variables of analysis）之「簡鍊」（parsimony）的問題。所謂的分析變項的「簡鍊」問題，即指在分析複雜的國際政治時，吾人最好能以最少的自變項（independent variables）來分析或研究眾多且複雜之依變項（dependent variable），如此才能達到「以簡馭繁」或「提綱挈領，揚棄瑣碎」的效果。有一些學者堅持，若能以愈少的自變項來解釋愈多的依變項，則其「簡鍊」程度愈高；而一個好的理論，必須是一個具有「簡鍊」程度很高的理論，否則吾人將無法清楚地瞭解分析變項間的因果關係。[17]在國際關係理論中，以Waltz所主張結構現實主義在「簡鍊」上最為堅持，而其欲以國際體系之結構（自變項）來分析或預測國際社會之單元（依變項）之研究途徑，也為新現實主義博得研究方法上最具科學性（scientific）及最具「優雅」（elegant）之美譽。[18]但結構現實主義對研究方法中「簡鍊」的堅持，卻導致結構現實主義無法有效地解釋或預測冷戰的結束。[19]其中最受人批判之處，即為國際體系結構之研究途徑往往忽略了許多因「單元」不同之特質（differences between units），及一些干預變項（intervening variables）或偶發事件（contingency）所可能對結構在單

International Relations Politics," *International Organization*, Vol. 51, No. 4 (1997), pp. 513-553; Richard Ned Lebow, "The Long Peace, the End of the Cold War, and the Failure of Realism," *International Organization*, Vol. 48, No. 2 (1994), pp.249-277.

[17] Waltz認為國際政治理論最忌在單元層次去研究一些單元之瑣碎行為，然後再以歸納法的方式將這些單元瑣碎之行為歸納，從而提出一些「簡約理論」（reductionist theory），此種簡約理論常被支離雜碎的事務所限制因而遮蔽了主要且重大之「結構」，所以不宜用來研究國際政治。針對此，Waltz提出「系統理論」（systemic theory），因為系統理論最具「簡鍊」與「科學性」，可以透過「結構」之掌握，來分析所有單元（units）在國際體系之行為，請參考：Kenneth N. Waltz, *Theory of International Politics* (Reading, Mass.: Addison-Wesley, 1979), pp. 60-101, Chapter 4-5.

[18] Robert O. Keohane, "Realism, Neorealism, and the Study of World Politics," in Robert O. Keohane, ed., *Neorealism and Its Critics* (New York: Columbia University Press, 1986), pp. 1-27; Robert O. Keohane, "Theory of World Politics: Structural Realism and Beyond," in Robert O. Keohane, ed., *Neorealism and Its Critics* (New York: Columbia University Press, 1986), pp. 158-203.

[19] Richard N. Lebow, "The Long Peace, the End of the Cold War, and the Failure of Realism," *International Organization*, Vol. 48, No. 2 (1994), pp. 249-277.

元之約制（constraints）產生的抵銷或稀釋作用。[20] 因此，在1990年代初期有不少文獻針對結構現實主義所強調的「簡鍊」研究方法提出質疑；譬如，Peter Haas即在1992年之《國際組織》（*International Organization*）中撰寫〈導論：知識社群與國際政策協調〉（Introduction: Epistemic Communities and International Policy Coordination）一文，並對國際關係理論中有關結構現實主義為追求「簡鍊」而失去了理論之動態性與預測性的問題大加撻伐，並認為為追求「簡鍊」而犧牲對國際關係研究之廣度與深度是一個必須揚棄的錯誤觀念。[21]

　　層次分析的問題對國際關係研究所產生之另一個變革，厥導因於對上述「簡鍊」研究方法上之批判後，進一步彰顯出有關探討層次分析的問題在國際關係研究的重要性。[22] 譬如，Robert Putnam在1988年所提出之「雙層賽局」（two-level game）及其所強調之國際與國內政治互動的分析模型，也逐漸在後冷戰時期隨著國際關係理論學者對結構現實主義之批判，並欲在層次分析上進一步有所突破而產生研究方法的反思。一個明顯的研究趨勢是，在後冷戰時期愈來愈多學者開始將「雙層賽局」之觀念由國際談判之策略，應用到更多國際事務之研究導向中；而使所謂的「雙層賽

---

[20] 有關結構現實主義在此方面遭受的批判，最為人所熟悉的文章為John G. Ruggie, "Continuity and Transformation in the World Polity: Toward a Neorealist Synthesis," in Robert O. Keohane, ed., *Neorealism and Its Critics* (New York: Columbia University Press, 1986), pp. 131-157. 此外，上述合輯亦有許多對結構現實主義相當精闢之批判；有關干預變項或偶發事件對權力影響之研究，可參考：David A. Baldwin, "Power Analysis and World Politics: New Trends Versus Old Tendencies," *World Politics*, Vol. 31, No. 2 (1979), pp. 161-193.

[21] Peter M. Haas, "Introduction: Epistemic Communities and International Policy Coordination," *International Organization*, Vol. 46, No. 1 (1992), pp. 1-35, especially pp. 1-7.

[22] 在早期針對Waltz之分析層次提出批判之文章，收錄在Robert O. Keohane, ed., *Neorealism and Its Critics* (New York: Columbia University Press, 1986)一書中，其中又以Robert O. Keohane, "Theory of World Politics: Structural Realism and Beyond," in Robert O. Keohane, ed., *Neorealism and Its Critics*, pp. 158-203以及John G. Ruggie, "Continuity and Transformation in the World Polity," in Robert O. Keohane, ed., *Neorealism and Its Critics* (New York: Columbia University Press, 1986), pp.131-157兩篇文章最為人所熟悉。

局」不再侷限於國際談判的範疇，並將「雙層賽局」之「談判策略」
（strategies for negotiation）轉化為一種研究「國際政治必須與國內政治作
聯結與互動」的「研究導向」（approaches for research）。[23] 接續著這個研
究導向，James Rosenau在1997年所著之《沿著國內—外交之界線：拓展失
序世界中的治理》（*Along the Domestic-Foreign Frontier: Exploring
Governance in the Turbulent World*）；[24] John Ruggie在1998年所著之《建構
世界政體：國際制度化之論文集》（*Constructing the World Polity: Essays on
International Institutionalization*）；[25] 以及Alexander Wendt在1999年之《國
際政治的社會理論》（*Social Theory of International Politics*）等著作，[26] 除
了回應1970年代Peter Gourevitch所謂之「第二意象之反饋」（"the second
image reversed"）的觀念及新自由制度主義學者對結構現實主義之批判
外，[27] 也反應了所謂的「雙層賽局」之研究導向中有關跨層分析（cross-
level-analysis）的重視，並逐漸為「社會建構主義」（social constructivism）

[23] 有關雙層賽局，請參見Robert Putnam, "Diplomacy and Domestic Politics: The Logic of
Two-Level Games," *International Organizations*, Vol. 42, No. 3, (1988), pp.427-460.有關
後冷戰時期一些學者欲將「雙層賽局」作為跨越國際與國內畛域之研究導向，請參
考：Peter B. Evans, Harold K. Jacobson and Robert D. Putnam, eds., *Double-Edged
Diplomacy: International Bargaining and Domestic Politics* (California: University of
California Press, 1993); Helen Milner, *Interests, Institutions, and Information: Domestic
Politics and International Relations* (Princeton, N.J.: Princeton University Press, 1997).

[24] James Rosenau, *Along the Domestic-Foreign Frontier: Exploring Governance in a
Turbulent World* (Cambridge: Cambridge University Press, 1997).

[25] John Ruggie, *Constructing the World Polity: Essays on International Institutionalization*
(London: Routledge, 1998).

[26] Alexander Wendt, *Social Theory of International Politics* (Cambridge: Cambridge
University Press, 1999).

[27] 請參見：Peter A. Gourevitch, "The Second Image Reversed: International Sources of
Domestic Politics," *International Organization*, Vol. 32, No. 4 (1978), pp.881-912; 根據
Kenneth N. Waltz，在國際關係研究中，所謂的第一意象指的是決策者個人，第二意
象指的是國家，而第三意象則係指國際體系，透過此三種意象，吾人可對國際政治
有所瞭解，可參見：Kenneth N. Waltz, *Man, the State, and War: A Theoretical Analysis*
（New York: Columbia University Press, 1959）；而在此所謂的「第二意象之反饋」
是強調國家作為國際體系之單元，因著其國家之不同特質會對相同的國際體系之結
構產生一些不同的反應，從而使得「單元」與「體系」間存在著某種「動態」
（dynamic）之關係。

奠立了較完整的理論基礎。這種打破單一層次的分析，而重視層際間（inter-level）互動的跨層分析研究，掙脫了為追求「簡鍊」而陷入的「靜態的理論」之束縛，而逐漸形成後冷戰時期研究國際政治必須同時強調「由巨觀至微觀」（top-down）與「由微觀至巨觀」（bottom-up）兩種不同研究途徑間對話，甚至整合（synthesis）之研究趨勢。[28]

　　持平而論，結構現實主義所強調的「結構」約制「單元」的觀點，並非沒有道理，特別是冷戰時期的國際關係理論研究，有許多是以國家安全或戰爭為主要著眼點，因此許多國際關係的研究，常在民主與共產兩極（bipolarity）對峙下的國際體系中，強調美—蘇兩大集團權力分配（distribution of power），及國家如何因應此兩極對峙之國際體系，以尋求國際關係之權力平衡（balance of power in international relations）。在此種情形下，針對國際體系中權力結構的變化並聚焦在國際體系層次之分析，的確有助於吾人在美—蘇對峙的冷戰結構中，瞭解世界政治之變化及國家在權力平衡中之行為分析；此外，亦不少學者認為，針對某個層次分析，往往可以在該分析層次中，不但在研究方法上較能具有科學性地掌握自變項與依變項的關係，且可以得到較有系統的研究結果。[29] 因此，從冷戰時期之結構出發，並針對國際體系層次來研究國際關係，的確存有其時

---

[28] 有關採取不同分析層次間的對話或整合之國際關係研究，請參考：Robert Jervis, "The Future of World Politics: Will it Resemble the Past?" *International Security*, Vol. 16, No. 3 (1991), pp. 39-73; John Ruggie, "Territorially and Beyond: Problematizing Modernity in International Relations," *International Organization*, Vol. 47, No. 1 (1993), pp.139-174; Stephen D. Krasner, "Power Politics. Institutions, and Transnational Relations," in Thomas Risse-Kappen, ed., *Bringing Transnational Relations Back In: Non-state Actors, Domestic Structures, and International Institutions* (New York: Cambridge University Press, 1995), pp. 257-279; James Rosenau, *Along the Domestic-Foreign Frontier: Exploring Governance in a Turbulent World* (Cambridge: Cambridge University Press, 1997).

[29] 事實上，包括Kenneth Waltz與John D. Singer皆強調單一層次的分析，並認為國際關係的研究宜聚焦在第一層次的分析，但請參考：Kenneth N. Waltz, *Man, the State, and War: A Theoretical Analysis* (New York: Columbia University Press, 1959); John D. Singer, "International Conflict: Three Level of Analysis," *World Politics*, Vol. 12 (1960), pp.453-461, and "The Level-of-Analysis Problem in International Relations," *World Politics*, Vol. 14 (1961), pp. 77-92;

代背景之考量。但是當國際間相互依賴之現象日增，而國際體系呈現出複合互賴（complex interdependence）所強調之特色時，[30] 國際關係中許多原屬於某一固定層次或彼此分立的議題，卻往往因議題間之聯結作用，而產生議題間之外溢（spill-over）或回饋（feedback）現象，[31] 從而使得不但議題間之「畛域」（boundary）變得模糊，且亦使得國界（border）也變得模糊。[32] 在此種情況下集中在某一國際體系層次之分析，往往在方法論上雖然得到了「簡錬」的美譽，但在實際政治上，這些堅持國際體系層次分析的理論，在解釋或預測實際政治方面，變得有許多侷限或不完全；因此，自1970年代起已有一些學者，致力於國際體系以外之層次分析，並提出與結構現實主義極為不同之國際關係理論。[33]

---

[30] Keohane與Nye所揭櫫之複合互賴主要有三大特色：多元溝通管道（multiple channels）、議題間沒有位階的問題（absence of hierarchy among issues）以及軍事力量的式微（minor role of military force）。請參見：Robert O. Keohane and Joseph S. Nye, Jr., *Power and Interdependence: World Politics in Transition*, 2nd ed. (Glenview: Scott Foresman, 1989), pp. 25-28.

[31] 宋學文，「議題聯結與兩岸關係之研究」，**問題與研究**，第37卷第2期（1998年），頁21-35。

[32] 以上論點大多為相互依賴理論（interdependence theory）之重要觀點，這些強調相互依賴觀點有許多都是在1950s至1970s年代間所提出，相關文獻請參考：Morton Kaplan, *System and Process in International Politics* (New York :John Wiley & Sons, Inc., 1957); James Rosenau, *Linkage Politics: Essays on the Convergence of National and International Systems* (New York: Free Press, 1969); Robert O. Keohane and Joseph S. Nye, Jr., *Transnational Relations and World Politics* (Cambridge: Harvard University Press, 1971); Edward Morse, "The Transformation of Foreign Policies: Modernization, Interdependence and Externalization," *World Politics*, Vol. 22, No. 3 (1970), pp. 371-392; Richard Cooper, "Economic Interdependence and Foreign Policies in the Seventies," *World Politics*, Vol. 24, No. 2 (1972), pp. 159-181; Robert O. Keohane and Joseph S. Nye, Jr., *Power and Interdependence: World Politics in Transition* (Boston :Little, Brown, 1977).

[33] 如Peter Katzenstein、Peter Gourevitch、Robert Putnam、Robert Jervis、Richard N. Lebow及Janice G. Stein等人皆有一些極佳的著作強調第二或第三層次之分析在國際關係研究之重要性。請參考：Peter A. Gourevitch, "The Second Image Reversed: International Sources of Domestic Politics," *International Organization,* Vol. 32, No. 4 (1978), pp.881-912; Robert Putnam, "Diplomacy and Domestic Politics: The Logic of Two-Level Games," *International Organizations*, Vol. 42, No. 3, (1988), pp.427-460; Robert Jervis, Richard N. Lebow and Janice G. Stein, *Psychology and Deterrence*

　　事實上，個人認為任何單一層次之分析，都同時存在著優點及缺點。譬如，從國際體系之層次作國際關係的分析雖有較佳之制高點，卻往往因太過宏觀而有見林不見樹之憾；從國內層次或個人決策層次分析，雖有較具體的單元或行為分析，但有時又會落入以偏概全或見樹不見林之憾。在此種情形下，跨層分析往往就提供了研究複雜之國際關係時另一種研究途徑。[34] 秉乎此，吾人必須瞭解，任何一種特定之層次分析或跨層分析都有其優缺點；重點不是在爭論哪個層次之研究「較好」，而是吾人必視研究議題之種類，及研究目的之不同去設計一個「最適合」之研究方法。針對此，作者以表2-1來說明國際關係中有關層次分析之三種不同研究途徑之特色與優缺點。

第三節　層次分析與霸權穩定論

　　在前文中，個人已從層次分析之角度闡述了一些為了研究霸權穩定論所可能涉及相關之國際關係理論的研究方法或途徑。從此一觀點出發，個人認為霸權穩定論自1970年代提出至今至少已「演化」出三個不同類型。此三個類型各有其不同之分析層次，且導出三種不同之霸權穩定論對霸權國（美國）在國際關係行為之解釋、分析或預測。個人以為，從分析層次

(Baltimore: John Hopkins University Press, 1985); Peter J. Katzenstein, *Between Power and Plenty: Foreign Economic Policies of Advanced Industrial States* (Madison: University of Wisconsin Press, 1978).

[34] 此種論點，率皆為多元主義（pluralism）所主張，此觀點在後冷戰時期已由1970s年代自由主義之「多元概念」（concepts of pluralism），經歷了二、三十年理論與方法論上之逐漸演化而發展為新自由制度主義，在研究方法上最大特色即為跨層分析的研究導向。有關國際關係跨層分析之相關文獻，在實際政治方面，請參考：Robert O. Keohane, Joseph S. Nye. Jr., and Stanley Hoffmann, eds., *After the Cold War: International Institutions and State Strategies in Europe, 1989-1991* (Cambridge, Mass.: Harvard University Press, 1993)；在理論方面，請參考：Robert O. Keohane and Helen Milner, eds., *Internationalization and Domestic Politics* (Cambridge: Cambridge University Press, 1996).

表2-1　國際關係理論中層次分析的分類與特質

比較項目 / 類型	強調層次	研究途徑	特質	主要功能	代表學者[35]	方法論之特色
結構研究導向（structural orientation）	第一層次（國際體系層次）	由巨觀至微觀（outside-in or top-down）	國家中心	國際體系結構（structure）分析或國際強權間的權力平衡分析，以及國際體系對國家行為之約制作用	Kenneth N. Waltz Robert Gilpin John Mearsheimer	強調演繹研究方法，「簡鍊」程度高，可以「以簡馭繁」，但因分析層次過高以致常忽略一些較低層次之分析，在只見林不見樹之情況下，常導致其理論之解釋力與預測力不夠完全或準確。
行為研究導向（behavioral orientation）	第二或第三層次（單元或決策層次）	由微觀至巨觀（inside-out or bottom-up）	社會性	國家內部結構或社會制度的比較對國家對外行為之影響，亦即透過國際體系中單元（unit）之分析，來瞭解國家之異質性如何因應相同之國際體系之結構	Peter Gourevitch Peter Katzenstein Matthew Evengelista Jack Snyder	強調歸納研究方法，及科學或邏輯之研究工具，透過較低之分析層次，雖可得較具操作面（operational）之技術，但有時會有見樹不見林，或落入「縱而科學之研究工具或方法，卻無法導出科學之推論」之弔詭」之遺憾。
演化研究導向(evolutionary orientation)	體系層次與單元或決策層次（跨層分析）	互動（interactive）	國家社會性強	國際體系結構與單元互動之過程（process）研究	Robert O. Keohane Joseph S. Nye, Jr. Robert Putnam Miles Kahler	強調「控制論」（cybernetics）研究，[36] 視體系與其單元之關係為有機性或生命性，隨著系統結構與單元之互動隨時調整其分析架構。較適合處理複雜及動態之模型建構，對實際政治亦較能提出較完全（comprehensive）之觀點，但其代價為研究方法之「簡鍊」程度較低，常被批判為複雜且不夠簡明。

資料來源：作者製表

<hr>

[35] 在代表學者方面，分類誠屬不易，蓋因有些學者固然數十年來之著作，皆採同樣之研究導向（如Waltz、Mearsheimer），但有些學者之著作則在不同時期採用了不同之研究途徑，譬如Keohane與Nye, Jr.有關霸權之著作在1980年代傾向用結構研究導向，但由於此二位之理論多少反映著新自由制度主義的觀點，因此Keohane與Nye在1990年代之後之許多有關國際關係之研究，採取了演化研究導向；這點對Nye來說，尤其明顯，見Joseph S. Nye, Jr., *The Paradox of American Power: Why the World's Only Superpower Can't Go It Alone* (New York: Oxford University Press, 2002); Joseph S. Nye, Jr., "The Velvet Hegemon: How Soft Power Can Help Defeat Terrorism," Foreign Policy, Vol. 136 (2003), pp. 74-75.

[36] 所謂cybernetics其原意是指「對信息在機械、大腦和神經系統中的傳遞和控制之研究」

的角度來看，霸權穩定論之研究可以分為三個類型：第一個類型之研究，著重在國際體系結構之研究；此種研究傾向以「由巨觀至微觀」（outside-in或top-down）的方式來分析在某特定國際體系下霸權國對國際體系之穩定功能與必要性。[37] 霸權穩定論研究的第二個類型，強調單元行為分析之研究導向並試圖以單元行為差異性說明霸權國可以因其內部之社會結構而興衰；此種研究導向傾向以「微觀至巨觀」（inside-out或bottom-up）的方式來說明「單元」或國內結構之改變可以影響霸權國之興衰，從而影響國際體系之權力分配的結構。[38] 最後，霸權穩定論研究之第三個類型，[39] 則強調演化研究導向，將國際體系之結構研究導向與單元（霸權國）之行為

（the science of communication and control theory that is concerned especially comparative with the study of automatic control systems, as the nervous system and brain and mechanical-electrical communication systems），請參考：Webster's Ninth New Collegiate Dictionary (Springfield: Merriam-Webster Inc., Publishers, 1987), p. 319，在此，作者引用此字彙來代表體系層次與單元層次互動之有機性及複雜性。而演化研究導向即欲針對此種具有複雜「生命現象」的「政治過程」提出一套解釋的模型，有關cybernetic在政治學方面之研究，請參考：John Steinbruner, "Beyond Rational Deterrence: The Struggle for New Conceptions," World Politics, Vol. 28, No. 2 (1976), pp. 223-245; Alex Mintz, "The Decision to Attack Iraq: A Noncompensatory Theory of Decision Making," *The Journal of Conflict Resolution,* Vol. 37, No. 4 (1993), pp. 595-618; Ian Bellany, "Defensive Arms and the Security Dilemma: A Cybernetic Approach," *Journal of Peace Research,* Vol. 33, No. 3 (1996), pp. 263-271.

[37] 相關著作，譬如：Charles Kindleberger, *The World in Depression. 1929-1939* (Berkeley: University of California Press, 1973).

[38] 相關著作，譬如：Paul Kennedy, *The Rise and Fall of the Great Powers: Economic Change and Military Conflict from 1500 to 2000* (New York: Random House, 1987).

[39] 在此作者要特別指出：霸權穩定論演化的第三個階段涉及「霸權」這個名稱用法混亂的問題，譬如，Robert Keohane不用「霸權」而用「霸權後」（after hegemony），John Ikenberry則用「美國自由霸權」（America's Liberal Hegemony），而Joseph Nye, Jr.則偏好用「美國柔性力量領導權」或「柔性霸權」（velvet hegemon）。請參見：Robert O. Keohane, *After Hegemony: Cooperation and Discord in the World Political Economy* (New York: Princeton University Press, 1984); G. John Ikenberry, "America's Liberal Hegemony," *Current History,* Vol.98, (January 1999), pp. 23-28; Joseph S. Nye, Jr., *The Paradox of American Power: Why the World's Only Superpower Can't Go It Alone* (New York: Oxford University Press, 2002); Joseph S. Nye, "The Velvet Hegemon: How Soft Power Can Help Defeat Terrorism," *Foreign Policy* No. 136, (2003), pp. 74-75.

研究導向兩個途徑作互動之分析，再將國際衝突與合作之研究投射到歷史觀（historical perspective）[40]、國際建制[41]或權力的弔詭（paradox of power）[42]分析上，而其研究重點也由「結構或單元」之「非我即彼」的某特定層次之爭議，轉為「結構與單元」彼此互動之過程（process）之跨層分析研究。

　　以上三個霸權穩定論研究類型，以第三個類型最為複雜，不但在研究方法上不易以分類學（typology）的方式來分類，[43]且亦涉及各不同分析層次間的複雜互動關係。今嘗試說明如下：由於演化研究導向同時強調體系層次（結構）與行為層次（單元）之互動關係，因此，此種研究導向往往先從某單一層次分析（特別是結構研究導向所強調之國際體系層次）之批判或修正，作為其理論之出發點，然後再以結構與單元互動之分析架構，強調跨層分析之重要性，最後再朝發展出較具本體性之理論；因此有關霸權穩定論第三個類型之研究，往往涉及「結構」與「單元」在互動時之「過程」，而此「過程」經常為相當長的一段「演化時間」，這種演化時間系列上的延展，往往令研究國際關係的學者不易從其龐雜且看似彼此不相關的理論中，整理出其有關霸權穩定論研究之脈絡，以致於讓人誤以為這些研究不涉及霸權穩定論，甚至反對霸權穩定論的觀點。譬如，Robert O. Keohane作為演化研究導向之代表人物，雖然在其眾多著作中，

---

[40] 譬如：Robert Jervis, "The Future of World Politics: Will It Resemble the Past?" *International Security*, Vol. 16, No. 3 (1991/1992), pp. 39-73; John L. Gaddis, "International Relations Theory and the End of the Cold War," *International Security*, Vol. 17, No. 3 (1992/1993), pp. 5-58.

[41] 譬如，Robert O. Keohane and Lisa Martin, "The Promise of Institutionalist Theory," *International Security*, Vol. 20, No. 1 (1995), pp. 39-51; Peter J. Katzenstein, Robert O. Keohane, and Stephen D. Krasner, "*International Organization* and the Study of World Politics," *International Organization*, Vol. 52, No. 4 (1998), pp. 645-685.

[42] 譬如：David Baldwin, *Paradoxes of Power* (New York: Basil Blackwell, 1989); Joseph S. Nye, Jr., *The Paradox of American Power: Why the World's Only Superpower Can't Go It Alone* (New York: Oxford University Press, 2002).

[43] 不易分類的原因之一為此類之研究往往不用「霸權」這個字眼，但其研究內容又涉及國際秩序或國際領導，故與霸權穩定論有密切關係。

表面上看來除了〈霸權穩定理論與國際經濟建制的變革，1967-1977〉
（The Theory of Hegemonic Stability and Changes in International Economic
Regime, 1967-1977）[44] 以及〈霸權領導與1950年代之美國對外經濟政策〉
（Hegemonic Leadership and U.S. Foreign Economic Policy in the 'Long
Decade' of the 1950s）[45] 等兩篇在1980年代初期所發表的文章直接論述霸
權穩定論外，Keohane似乎在霸權穩定論的著作並不多。但我們再仔細去
分析Keohane歷年之著作，我們會發現其著作幾乎皆與國際合作或國際秩
序有關，且一直以美國作為其研究國際秩序之焦點，而此種研究取向正是
霸權穩定論的核心所在。其中特別值得提出的是，許多新自由制度主義學
者有關霸權穩定論的理論研究並非著墨於霸權穩定論本身，而是「霸權穩
定論的演化過程」（evolutionary process of hegemonic stability theory）。換
句話說，新自由制度主義學者在乎的不是霸權穩定論本身，而是從理論之
演化過程去探討「美國與國際政治之秩序」問題。而其分析此命題之方式
或理論依據，一直是以自由主義、制度論或國際建制作為輔助甚至替代霸
權國在國際政治中所欲扮演之規範國際社會秩序之角色。

　　個人認為新自由制度主義學者之著作對霸權穩定論的演化扮演著極為
重要的角色；譬如，前述兩篇文章：〈霸權穩定理論與國際經濟建制的變
革，1967-1977〉以及〈霸權領導與1950年代之美國對外經濟政策〉，亦
嘗試將「霸權穩定論」與「霸權領導與美國對外經濟政策」作聯結。此二
篇著作在方法論上，前者是持結構研究導向，強調國際經濟建制如何接續
霸權國在提供國際經貿秩序上之功能；後者則是偏向單元之分析，闡述霸
權國（美國）如何在單元層次之外交政策將美國國家利益與國際社會之安
定與秩序結合。到了1984年Keohane所出版之《霸權之後：世界政治經濟

[44] Robert O. Keohane, "The Theory of Hegemonic Stability and Changes in International
Economic Regime, 1967-1977," in Ole R. Holsti, Randolph M. Siverson, and Alexander L.
George, eds., *Change in the International System* (Boulder: Westview Press, 1980), pp.
131-162.

[45] Robert O. Keohane, "Hegemonic Leadership and U.S. Foreign Economic Policy in the
"Long Decade" of the 1950s," in William Avery and David P. Rapkin, eds., *America in a
Changing Global Economy* (New York: Longman, 1982), pp. 49-76.

中的合作與爭執》（*After Hegemony: Cooperation and Discord in the World Political Economy*）在方法論上或許還是反映了許多結構研究之觀點；[46] 但此書最大之突破在於，雖然作者在研究方法上採取結構研究導向如何約制國家行為（經濟政策）之分析方法；但該書中所揭櫫之國際建制相關理論與研究方法，是可以與其他強調「由微觀至巨觀」之學派，譬如，Peter Haas之認知社群（epistemic community）[47]、John Ruggie之社會建構主義[48]與James Rosenau之全球治理（global governance）[49] 等研究途徑作進一步的對話或整合，從而使國際關係理論可以透過跨層分析的研究而更具綜合性（comprehensiveness）。[50]

此種研究導向，對未來之國際關係理論與實務之研究有極深遠之影響。但此種研究導向，由於其多元主義之背景及方法論上之整合研究途徑，一直使得新自由制度主義學者不願（或不敢）針對此研究導向，給予一個定位（orientation）。在此，個人認為任何一個研究導向，儘管其研究方法或依據理論或許極為多元或複雜，但若不賦予一個「定位」或「名稱」，則只會令研究途徑更為隱晦不明。針對此，個人在此論文中針對此種演化研究提出「控制論模型」（cybernetics model）[51] 來說明其複雜的過

---

[46] Robert O. Keohane, *After Hegemony: Cooperation and Discord in the World Political Economy* (New Jersey: Princeton University Press, 1984).

[47] Peter M. Haas, "Introduction: Epistemic Communities and International Policy Coordination," *International Organization*, Vol. 46, No. 1 (1992), pp. 1-35.

[48] John Ruggie, *Constructing the World Polity: Essays on International Institutionalization* (London: Routledge, 1998).

[49] James N. Rosenau and Ernst-Otto Czempiel, eds., *Governance Without Government. Order and Change in World Politics* (Cambridge: Cambridge University Press, 1992).

[50] 事實上，不論認知社群、社會建構主義或全球治理，皆以相互依賴或國際建制作為其核心理論，詳細內容請參考前揭書。

[51] 個人在經過多年之理論研究之後，認為沒有一個理論是完美無瑕的。從理論的效度來說，幾乎所有的理論都需要其他理論之輔助，但是主理論與輔助理論間有時會隨著不同的議題產生「主」「輔」理論定位的問題；更有甚者，就算「主」「輔」理論之間已經定位且產生整合，亦不能適用於任何的時空。此時理論中是否具有一種「動態」或「有機性」的觀念以適應環境的變遷，就顯得格外重要。而個人在此所提出的「控制論模型」即針對理論在面臨議題與時空之變遷，所必須採取的調適機制。這種觀念與David Baldwin所提出的「政策偶發架構」（policy contingency

程。在此，個人所謂的「控制論模型」，其最重要的特色為透過「正」（結構約制單元）、「反」（單元反饋結構）、「合」（結構與單元互動產生的一種具有生命現象之過程控制機制）論證方式，使其理論能隨時代或議題而演化，從而使得該理論具有其「精進」（progressive）與「動態」（dynamic）特性。[52]

此種「控制論模型」之研究方法包括下列三個步驟：

第一、「正」：先確定「結構」在國際關係研究之重要性，並強調國際體系層次（第一分析層次）對單元（第二及第三分析層次）之約制功能：確立「由巨觀至微觀」之分析研究途徑，作為研究浩瀚之國際關係時切入命題（first cut）之重要性；

第二、「反」：主張「結構」研究導向有所不足，並強調「單元」對「結構」之反饋、稀釋或差異性反應的特質；從而帶出「由微觀至巨觀」之研究途徑亦有其重要性，以彌補「由巨觀至微觀」研究途徑之不足；

第三、「合」：設計一個分析架構使之能說明「結構」與「單元」互動之「過程」；並將此「過程」視為具有生命性與控制性之機制，使支撐「結構」或「單元」之軸心理論與輔助理論間產生相輔而非相斥的關係。

以上「正」、「反」、「合」三個不同步驟，形成了一個周而復始的

---

framework）有某種程度的關聯。事實上，本人在此所提出的「控制論模型」目的之一，即想處理關於「政策偶發架構」的問題。有關「政策偶發架構」請參考：David A. Baldwin, "Power Analysis and World Politics: New Trends versus Old Tendencies," *World Politics*, Vol. 31, pp. 161-194; David A. Baldwin, "Interdependence and Power: A Conceptual Analysis," in David Baldwin ed., *Paradoxes of Power* (New York: Basil Blackwell Inc., 1989), p. 207.

[52] 在研究方法上有關「精進」（progressive）之研究觀點，請參考：Imre Lakatos, "Falsification and the Methodology of Scientific Research Programmes," in Imre Lakatos and Alan Musgrave, eds., *Criticism and the Growth of Knowledge* (Cambridge: Cambridge University Press, 1970), pp. 91-195; Gabriel A. Almond, "Political Science: The History of the Discipline," in Robert E. Goodin and Hans-Dieter Kingemann, eds., *A New Handbook of Political Science* (New York: Oxford University Press, 1996), pp. 50-96.

循環，使得主軸理論與輔助理論間在其「正」、「反」及「合」之相關論述下具備了「不斷精進」之演化特性，以因應主軸理論可能面臨各種不同之議題或狀況所產生的異常現象（anomaly）。在此要強調的事是：「控制論模型」在研究方法上是一種動態模型之分析架構，採取此種「控制論模型」之研究導向，可以使吾人在研究方法上同時兼具巨觀（結構）與微觀（單元）之研究導向，並依不同之情境（contingency）對結構與單元互動之「過程」透過「具有生命現象之過程控制機制」之演化視野，來說明不同演化階段之特色，以建構理論之「精進」。此種研究途徑雖然可能遭受到一些制式方法論學者質疑其研究方法上在「簡鍊」或「科學性」之問題；但個人相信，若能掌握分析架構的邏輯性（logic）並在主軸理論及輔助理論間確立其因果關係，明確說明其為求「精進」而所做之理論演化過程。則此模型對未來吾人在研究錯綜複雜之國際關係時，當有極大之裨益。然而任何模型或分析架構必定會有一些限制或缺失。作者既然在此提出控制論模型並強調其優點，但同時作者也想在此指出，此模型尚有一些改良的空間。這些改良的空間包括：

一、明確說明在何種情況下理論會演化？演化後其軸心理論與輔助理論間之關係為何？理論演化後軸心理論與輔助理論在某些議題上是否會產生主客易位的問題？若軸心理論與輔助理論在大部分的議題上之解釋力已主客易位，則此演化的理論與原始之理論是否已屬不同典範（paradigm）？

二、在「正」、「反」、「合」論述的分析架構中明確交代理論演化或形成新的典範之步驟或階段，即在結構與單元互動的「過程」中，將「過程」明確地劃分階段，並說明這些「階段」所主要處理的問題為何，其中每個階段所涉及之理論皆必須有其理論之一致性（consistency）。

三、在理論演化之不同階段，找出一些可以實證之議題領域（issue-area）去說明或檢證每個階段之主軸理論之不足與輔助理論之必要性。

四、透過不同之議題領域，說明何種議題領域適合主軸理論？何種議題領域適合輔助理論？最後，何種議題領域可兼容兩者？

　　要完全解決以上問題，並非容易之事，但作者在此欲強調的不是一個模型或分析架構之完美無瑕，而是欲以「控制論模型」來說明一個長期以來存在於社會科學中之研究導向，但又極不易定位的「動態」理論。事實上，許多國際關係研究的學者或囿於制式之研究方法，或一些方法論上的僵化觀念，以致於對於「動態」理論，常採取消極之態度。但個人認為所有的社會科學理論在本質上或研究方法上，本來就有其不可能達成「完美」之限制；對控制論模型來說，此模型最大之優點，即為它因包容性、整合性而展現出的「精進」。譬如，此種具「包容性」與「整合性」的動態的「精進」研究導向觀點反映在Keohane的1988年著作〈國際制度：兩種途徑〉（International Institutions: Two Approaches）[53] 一文中，即同時強調「理性研究途徑」（rationalistic approach）及「反思研究途徑」（reflective approach）之間的相輔（complementary）關係，而非相斥（exclusive）關係。畢竟，在國際制度（international institutions）中有些是出自於人類理性之設計，在此情形下，吾人必須透過理性研究途徑來瞭解，並發揮此國際制度之功能；但有些國際制度卻非出於人類理性之設計，乃是在錯誤中演化、學習，經過漫長時間才逐漸發展出來，此類國際制度就不能以理性研究途徑來瞭解，必須透過反思研究途徑，才能為之。[54] 而控制論模型在建構此類「整合性」研究途徑時就極具有學術研究之潛力與價值。最後，這些理論或模型之建構，最後還是要透過大量實證的研究，才能更具其說服性。

　　譬如，一些新自由制度主義的學者在2000年即試圖透過對國際組織之實證研究，進一步欲將「國際建制」作為主軸理論，並引進國際法制化（international legalization）作為輔助理論來使其新自由制度主義可以具有「精進」之理論演化，而相關學者在2000年《國際組織》特刊中所發表的

---

[53] Robert O. Keohane. "International Institutions: Two Approaches," *International Studies Quarterly*, Vol. 32 (1988), pp. 379-396, reprinted in Robert O. Keohane, *International Institutions and State Power: Essays in International Relations Theory* (Boulder: Westview Press, 1989), pp.158-179.

[54] Ibid., pp. 166-174.

文章，即反映了國際建制理論如何與實務之國際法制化「整合」，以落實新自由制度主義在國際規範上之企圖。[55] 在此特刊中我們可清楚看到新自由制度主義學者在有關國際衝突與合作之研究導向，已進一步由國際建制之鬆散性規範，朝國際法制化的方向「演化」，以透過較為明確之法制化過程與標準來鞏固國際秩序之穩定或國際合作，從而達到某種全球治理之理想。[56] 換句話說，新自由制度主義學者在有關「國際規範」之「定位」上已進一步將國際法制化「整合」到國際建制之理論中，以追求更具約束力之國際規範；在方法論上，其一連串有關國際秩序與合作的理論著作是一種結合霸權穩定論與全球治理所做之努力的連續光譜，他並非只是單純地採「由巨觀至微觀」或「由微觀至巨觀」之研究途徑，而是採取一種跨層分析之演化研究導向。這是新自由制度主義與霸權穩定論的整合研究途徑，可惜卻常為人所忽略。

　　而前文中有關控制論模型的提出，即欲針對結構與單元互動之過程，進一步以「正」、「反」、「合」之論述方式來說明此模型之分析架構。此種「控制論模型」應用在跨層分析上可以幫助吾人對霸權穩定論之演化有一個更為具體之瞭解，而表2-2即透過「控制論模型」說明霸權穩定論自Kindleberger提出後，經歷了Gilpin、Kennedy、Snyder及Keohane等人之演化研究途徑（見表2-2）。

　　從研究方法的角度來看表2-2，作者先以結構研究導向出發，強調從國際體系及巨觀至微觀的研究途徑，此種研究途徑大都在強調霸權與國際秩序之「正面」關係。按著此種強調霸權在國際秩序之正面論述，在行為研究導向中受到了一些批判，而構成霸權穩定論之「反面」論述，此種行為研究導向之主要特色是深入單元或決策層次之分析，會強調霸權與國際秩序之間並非一種絕對正相關的關係，它們之間可能存在著一種「循環」

[55] *International Organization*, Vol.54, No.3 (2000), a special issue on international legalization.

[56] 類似觀點，可參考：Robert O. Keohane and Joseph S. Nye, Jr., "Introduction," in Joseph S. Nye, Jr. and John D. Donahue, eds., *Governance in a Globalizing World* (Washington, D.C.: Brookings Institution Press, 2000), pp. 1-41.

表2-2　層次分析與霸權穩定論

比較項目 類型	強調層次	研究途徑	代表學者與著作	控制論模型「正」、「反」、「合」論述之比喻與主要論點
結構研究導向（structural orientation）	第一層次（國際體系層次）	由巨觀至微觀（outside-in or top-down）	1. Charles P. Kindleberger, *The World in Depression, 1929-1939.* 2. Robert Gilpin, *The Political Economy of International Relations.* [57]	正：國際金融體系缺乏霸權→各國金融活動混亂→需美國出面領導→追求國際秩序與安定。 正：不僅是從經濟，並且將經濟延伸到政治經濟或政治的觀點，來探討霸權穩定論。並強調唯有透過霸權戰爭（hegemonic war），國際體系之結構可能改變。
行為研究導向（behavioral orientation）	第二或第三層次（單元或決策層次）	由微觀至巨觀（inside-out or bottom-up）	1. Paul Kennedy, *The Rise and Fall of the Great Powers: Economic Change and Military Conflict from 1500 to 2000.* 2. Jack Snyder, *Myths of Empire: Domestic Politics and International Ambition.* [58]	反：霸權強盛→引起霸權國國內政治結構（包括政治、經濟、社會）之改變→侵蝕霸權國之國力→霸權衰弱。 反：霸權迷思→必須透過霸權國國內政治結構→才能對霸權的特質有所瞭解→然後才能瞭解國際政治。
演化研究導向（evolutionary orientation）	體系層次與單元或決策層次	互動（interactive）	1. Robert O. Keohane, "The Theory of Hegemonic Stability and Changes in International Economic Regime, 1967-1977"; 2. Robert O. Keohane, "Hegemonic Leadership and U.S. Foreign Economic Policy in the 'Long Decade' of the 1950s"; 3. Robert O. Keohane, *After Hegemony: Cooperation and Discord in the World Political Economy.*	正：強調結構約制單元，主張以國際建制的視野來探討霸權穩定論。為典型之第一層次分析。 反：在尊重結構重要性之原則下，此文強調單元（美國對外經濟政策）特性之分析，並主張霸權國（美國）之對外經濟政策扮演了霸權領導角色，從而為國際社會帶來安定與秩序，國際層次外亦可見單元層次之分析。 合：透過國際建制，將結構與單元兩種不同研究整合在一起，並強調國際建制在促進國際合作中，必須同時考量結構與單元之互動過程，已可見跨層分析之研究途徑。

資料來源：作者製表

[57] Robert Gilpin, *The Political Economy of International Relations* (Princeton: Princeton University Press, 1987).

[58] Jack Snyder, *Myths of Empire: Domestic Politics and International Ambition* (Ithaca. N.Y.: Cornell University Press, 1991).

（cycle）的關係，[59] 也可能存在著一種霸權國內部因素決定了霸權命運的「由內而外」之研究途徑。[60] 最後，演化研究導向嘗試透過理論之整合，強調上述二種研究途徑之整合，並強調「正」與「反」「互動」關係；此種研究途徑對質性研究來說是最有趣的地方，但亦為最困難的地方，其最大的挑戰在於「結構」與「單元」間的銜接，也就是跨層分析中各個不同層次間銜接（articulation）之邏輯性與順暢性。

第四節　結論：後冷戰時期國際關係理論對「美國霸權」之研究

前述這種演化研究導向，對霸權穩定論研究之最大衝擊，厥為後冷戰時期有關所謂「美國霸權」之重現，其理論基礎已大異於1970年代以國際金融體系或權力平衡為焦點來探討霸權穩定論，而朝跨層分析或結構與單元互動之「過程」研究途徑發展，此種研究途徑對國際關係研究最大之影響厥為現實主義與自由主義之整合（synthesis）學派的崛起。[61] 事實上，霸權穩定論自1973年由Charles Kindleberger提出以來，[62] 經歷了冷戰時期之霸權衰亡及所謂的霸權後之國際建制時代，又再經歷了後冷戰時期之美國國力之再次崛起。但不少學者認為後冷戰時期之美國單一超強之國際地位，並不同於1950年代或1960年代之美國霸權，譬如，John Ikenberry提出

[59] Paul Kennedy, *The Rise and Fall of the Great Powers: Economic Change and Military Conflict from 1500 to 2000* (New York: Random House, 1987).

[60] Jack Snyder, *Myths of Empire: Domestic Politics and International Ambition* (Ithaca. N.Y.: Cornell University Press, 1991).

[61] 在1980年代與1990年代有關synthesis學派的討論，可參見：Ole Waever, "The Rise and Fall of the Inter-paradigm Debate," in Steve Smith, Ken Booth, and Marysia Zalewski, eds., *International Theory: Positivism and Beyond* (Cambridge: Cambridge University Press, 1996), pp. 149-185.另外，在此合輯中亦提供許多國際關係理論辯論之重要文獻。

[62] Charles Kindleberger, *The World in Depression. 1929-1939* (Berkeley: University of California Press, 1973).

「美國自由霸權」（America's Liberal Hegemony）的觀念來取代美國霸權，並在「美國自由霸權」中強調多邊主義（multilateralism）與民主決策在國際事務中之重要性；[63] 而Joseph S. Nye, Jr.使用的「美國柔性權力」（American soft power）或「柔性霸權」（velvet hegemon）亦以多元主義的觀點，來稀釋傳統霸權穩定論強調國家主義或軍事力量的觀點。這些觀點或多或少受到自由主義或新自由制度主義的影響，不願用太過直接的「霸權」字眼，而採用較間接的字眼，來表述美國目前在國際社會之「領導地位」。[64]

換句話說，霸權穩定論作為一個國際關係研究之理論，雖然一開始可能採取一種結構現實主義所主張的國際體系層次之研究途徑，但由於現實主義與自由主義長期以來之爭辯，許多霸權穩定論之相關理論在後冷戰時期已逐漸融合了現實主義與自由主義之思想。也就是說，霸權穩定論在後冷戰時期不論是以Ikenberry之「美國自由霸權」或Nye, Jr.所強調軟性權力之「柔性霸權」的名稱出現，其理論之結構已與原始甫提出者有相當之出入，而融入了一些自由主義或國際建制之色彩。而圖2-1透過一些重要的國際關係理論發展之時間序列，或許更能清晰地勾繪出新自由制度主義如何將「多元主義」「摻糅」至傳統之霸權穩定論中，並使霸權穩定論更具「演化」之特色。

當吾人用傳統霸權穩定論作為研究國際衝突與合作之主軸理論，並在不同時代引進一些修正或補充理論之後，在後冷戰時期有關「霸權穩定論」之理論已逐漸擺脫單一層面之分析，而朝更為多元或者多層次的研究途徑發展。[65] 從圖2-1中我們看到霸權穩定論自提出以來所經歷的多次演

---

[63] G. John Ikenberry, "America's Liberal Hegemony," *Current History,* Vol.98, (1999), pp. 23-28; G. John Ikenberry, "Getting Hegemony Right," *The National Interest,* No. 63 (2001), pp. 17-24.

[64] Joseph S. Nye, Jr., *Bound to Lead: The Changing Nature of American Power* (New York: Basic Books, 1990); Joseph S. Nye, Jr., *The Paradox of American Power: Why the World's Only Superpower Can't Go It Alone* (New York: Oxford University Press, 2002); Joseph S. Nye, Jr., "The Velvet Hegemon: How Soft Power Can Help Defeat Terrorism," *Foreign Policy,* Vol. 136 (2003), pp. 74-75.

[65] 事實上，許多理論在經歷了一段時間之後，理論本身會有所演化，而這種理論演化

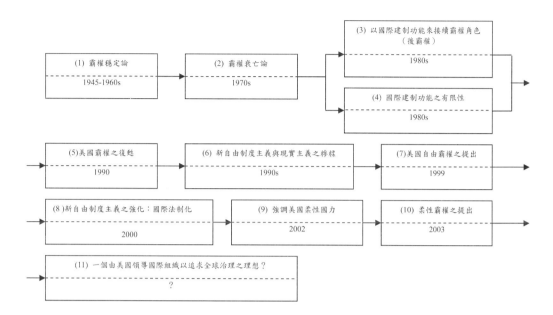

資料來源：作者製圖

說明：

(1) 霸權穩定論：(Kindleberger, 1973)

(2) 霸權衰亡論：(Kennedy, 1987)

(3) 以國際建制功能來接續霸權角色（後霸權）：(Keohane, 1984)

(4) 國際建制功能之有限性：(Snidal, 1985)

(5) 美國霸權之復甦：(Mastauduno, 1997)

(6) 新自由制度主義與現實主義之糝糅：(Keohane, 1989)

(7) 美國自由霸權之提出：(Ikenberry, 1999)

(8) 新自由制度主義之強化：國際法制化：(Goldstein et al, 2000)

(9) 強調美國柔性國力：(Nye, 2002)

(10)柔性霸權之提出：(Nye, 2003)

(11)一個由美國領導追求全球治理之理想？：(Glennon, 2003)

圖2-1　霸權穩定論之理論演化過程

化。至於霸權穩定論未來之發展為何？則會是一個見仁見智的議題。譬如，相對於《外交事務》（*Foreign Affairs*）與《外交政策》（*Foreign Policy*）兩個季刊對於美國霸權研究之熱衷，[66] 最近一期之《國家利益》（*The National Interest*）季刊即針對霸權穩定論提出較為保留或者警惕性之論文。[67] 這是為什麼圖2-1中之（11）「一個由美國領導國際組織以追求全球治理之理想」，被視為一個不確定之命題，所以在圖2-1中之（11）以「？」強調此見仁見智之特性。而在研究霸權理論之學者中，目前則以「柔性霸權」最廣為人所接受；未來美國是否會發揮此柔性霸權而領導國際組織以追求全球治理之理想，厥為霸權穩定論下一個階段之研究重點，而本文欲透過層次分析的觀點來研究霸權穩定論之目的，除了欲透過研究方法來說明不同之研究途徑可能會導出不同有關霸權穩定論之論述之外，主要是欲強調演化研究途徑中所涉及之層次分析及跨層分析對吾人未來在研究國際關係理論時之重要性。

的現象不但不必視為理論之衰亡，反而可視之為理論之「成長」。相關研究請參考：Imre Lakatos, "Falsification and the Methodology of Scientific Research Programmes," in Imre Lakatos and Alan Musgrave, eds., *Criticism and the Growth of Knowledge* (Cambridge: Cambridge University Press, 1970), pp. 91-195.

[66] Joseph S. Nye, Jr., "The Velvet Hegemon: How Soft Power Can Help Defeat Terrorism," *Foreign Policy,* Vol. 136 (2003), pp. 74-75; Joseph S. Nye, Jr. "U.S. Power and Strategy after Iraq," *Foreign Affairs*, vol. 82, No. 4 (2003), pp. 60-73; Nial Ferquson, "Hegemon or Empire?" *Foreign Affairs*, Vol. 82, No. 5 (2003), pp.154-161.

[67] James Kurth, "Migration and the Dynamics of Empire," *The National Interest*, vol. 71 (2003), pp. 5-16; Jack Snyder, "Imperial Temptations," *The National Interest*, vol. 71 (2003), pp. 29-40.

第二篇

進階篇

第三章 議題聯結（Issue-linkage）與 兩岸關係之研究*

第一節 前 言

自1995年6月李總統登輝先生訪美之後，緊接著而來的是1996年3月的中共大規模台海軍事演習與中共片面終止海協會與海基會的高層互訪，一時之間兩岸關係籠罩在一片低迷的氣氛中。國內許多學者專家在此階段提出了許多不同的政策建議。有些學者專家主張台灣也應該自制，不可再刺激中共，以謀求兩岸之間的和平；也有些學者專家主張台灣應開拓更寬廣的國際空間，不能受制於中共之文攻武嚇。這兩種不同的主張由於涉及國家認同的問題，因此很容易淪為意識形態之爭。兩岸關係是應該界定為一國內政問題或國際關係？目前很難有一致的共識，但不管兩岸關係是國內議題或國際議題，兩岸關係卻同時受著國內與國際因素的影響。而目前的兩岸關係，在此種國家認同未能達到共識之下，兩岸的交流與合作遇上了瓶頸。其實影響兩岸關係的因素至少有三種；第一是來自中共內部的對台政策，第二是台灣內部因素與由此衍生的大陸政策，第三是國際因素；這三種因素有其獨立性（independence）也有其聯結性（linkage）。本文擬從議題聯結（issue-linkage）的理論出發，針對議題聯結與層面分析（level-of-analysis）對兩岸關係研究的影響、議題聯結在兩岸政治與經濟上互動的關係，以及議題聯結與台灣的國際空間等議題作理論與實務結合之分析與政策建議。

* 本章內容曾刊登於《問題與研究》，第37卷第2期（1998年2月），頁21-35。

第二節　議題聯結之分析架構

　　許多學者認為政治是社會種種現象的基本因素，而且政治的複雜性使得政治本身往往很難與其他各種社會現象劃分清楚的界域。這種多方位（multidimensional）的研究取向即為議題聯結之濫觴。[1] 雖然聯結政治（linkages politics）早就為研究國際關係理論的學者所熟悉，然而議題聯結長期以來卻未曾是國關理論的研究的主要對象。其理由有三，而這三點理由正是長期以來主宰國關理論的結構現實主義（structural realism）的三個基本主張。[2] 結構現實主義之三個基本主張是：第一、國際體系（international system）決定了一個國家的命運。因為國家只是國際體系中的一個單位（unit），而系統可以決定單位的命運。因此一個國家的國內事務或國內政治並不足以改變其國家在國際上之地位與命運。這個假設使許多研究國際關係的學者把國際關係的研究著眼於國際層面（international level）而忽略了國內層面（domestic level）與個人層面（individual level）的分析。[3] 第二、國際社會是一個無政府狀態（anarchic）的社會，國與國之間的關係是建立在弱肉強食的現實關係中。因此國家為了自求多福（self-help）必須追求權力（power）。因此國家在處理各種不同議題（issues）時是有其階級性（hierarchy）觀念的。既然國家之生存與安全是最重要的議題，那麼軍事與安全問題就來得比經濟與其他社會問題來的重要。[4] 第三、國家是國際社會的主要成員（the main actor），因此個人與其他非政府組織並不能構成國際社會的主要成員；在此情形下個人與非政府組織並不能在一國的外交空間上扮演任何重要角色。[5]

---

[1] Kenneth Waltz, *Theory of International Politics* (Reading, Mass.:Addison-Wesley, 1979); Robert Keohane "Theory of world politics: Structural Realism and Beyond" in Robert Keohane ed., *Neorealism and Its Critics* (New York: Columbia University Press, 1986), pp.158-203.

[2] 有關層面分析之分析稍後再作進一步說明.

[3] Kenneth Waltz, *Theory of International Politics*, pp.89-91. pp93-95. p.98.

[4] Kenneth Waltz, *Theory and International Politics*, pp.93-97.

[5] See Kenneth N. Waltz, *Man, the State, and War: A Theoretical Analysis* (New York:

　　以上結構現實主義的三個基本主張對國際關係的研究有極為深遠的影響；而不少研究兩岸關係的學者也多多少少受制於此三個基本主張。結構現實主義的第一個主張是在兩岸關係的研究方法上，特別是層面分析上有重要的影響；太過強調這個主張會使研究兩岸關係的學者忽略了中國大陸內部與台灣內部之政治因素；結構現實主義的第二個基本主張，應用在兩岸關係的研究上則有可能誤導人們太過強調兩岸間軍事與安全的問題，而忽略了兩岸經貿與政治互動的重要性；而結構現實主義的第三個基本主張則有可能使人在思考兩岸關係時陷入某種不自覺的邏輯矛盾中——既然兩岸都承認只有一個中國，而國際社會中的主要成員是以國家為單位，那麼台灣參與任何國際社會的活動，豈不是在製造兩個中國？或台獨？本論章僅就此三個方面從議題聯結的觀點作理論應用與政策分析。

第三節　議題聯結與層面分析對兩岸關係研究之影響

　　自第二次世界大戰後，研究國際關係的學者大都謹守著層面分析，依據層面分析，學者可以藉著對各種不同之組成份子之行為作分類，從而提出國家行為之原因。

　　其中最有名的是華茲（Kenneth Waltz），他對國家的行為提出三種不同層面的分析。第一種是國際層面的分析，此種分析著重於檢視一個國家在國際體系所佔的地位；第二種是國內層面分析，此種分析著重於檢視一個國家內之社會、文化，與其他的政治組織；第三種是個人層面分析，此種分析強調政治家與意見領袖之個人特質、意識形態或價值標準。[6]

　　儘管國際關係理論的分析有以上三種層面。然而國際關係的研究一直

Columbia University Press, 1959), and J. David Singer, "International Conflict: Three Levels of Analysis," *World Politics,* Vol.12 (April 1960), pp.361-453, and "The Level-of-Analysis Problem in International Relations," *World Politics,* Vol.14 (October 1961), pp.77-92.

[6] Kenneth Waltz, *Theory of International Politics*, pp.67-78.

是以現實主義為主流，而現實主義中又以華茲的結構現實主義為最重要。
依照華茲的觀點，國際關係的研究應著重在國際體系或結構之研究。因此
國際關係的學者應該定睛在上述所提的第一種層面 也就是國際層面的分
析；而不應該被國內因素（第二個層面）或個人因素（第三個層面）所影
響。[7]

　　質言之，結構現實主義之第一個基本主張，認為一個國家的命運主要
是決定在國際層面，因此國家層面內部之政治並不足以影響或改變該國的
國際地位與命運。這個理論應用在兩岸關係上會出現許多破綻，因為兩岸
的民主化運動雖是國家內部之政治，但民主化的議題已成為今日兩岸關係
中最重的議題之一。事實上，台灣近年來的民主化已成為台灣對抗中共及
進軍國際社會的利器。譬如，1996年7月18日包含15國3億7千萬人口的歐
洲會議即表決通過「支持台灣加入國際性組織，並要求聯合國成立小組，
研究台灣參與聯合國相關活動之可行性；鼓勵台海兩岸當局應加強合作；
敦促歐洲聯盟應在台北設立新辦事處」。[8] 此會議提案之理由共有九點，
而其第一點即為「台灣目前的民主狀況，以及台灣在尊重正義、人權及基
本自由方面均令人滿意」。第二點是「台灣在受到中共公然侵犯及挑釁
下，仍然舉行民主及和平的選舉令人感到欣慰」。[9] 由此可見台灣國內之
政治發展及民主運動與台灣的國際地位或安全有著極為緊密的關聯。

　　另一個更為人所熟悉的例子是中共在1996年3月台灣選舉總統，並向
民主化邁進歷史性時刻之際，中共所發動的台海附近軍事演習使得美國眾
議院在此敏感時刻（3月12日）表決通過友我法案，內容包括台灣關係法
優於八一七公報，准許我國元首於1995年6月訪美；及駐美台北經濟文化
代表處改名為「台北代表處」等的「1995年外交關係振興法案」。[10] 3月
21日美國參院更以97比0的壓倒性票數通過「台灣安全決議案」，[11] 再次

7　「歐洲會議支持我國參與聯國相關組織」，**中國時報**，1996年7月20日，版2。

8　同前註。

9　「美眾院表決通友我法案」，**自由時報**，1996年3月14日，版2。

10　「美參院97:0通過台灣安全決議案」，**自由時報**，1996年3月23日，版7。

11　「李登輝：民主是中華民國最有力防線」，**自由時報**，1996年3月13日，版4。

重申美國堅持台灣問題必須以和平方式解決之決心。

　　美國參眾兩院於此敏感時刻所通過的兩個法案，雖然沒有明文表示是為了支持台灣的民主化運動，但這種時間上之巧合，事實上正是議題聯結探討的範圍：國內事務與國際事務之聯結性。針對這點，吾人不難明白李總統登輝先生所強調的：「民主是中華民國最有力的防線」、「台灣沒有理由因為實施民主化而遭共產黨修理」的含義了。[12]

　　另外一個決定國際關係的重要因素即著重在政治領袖與菁英之人格、特質、價值觀念之研究。[13] 在這個部分的研究對兩岸關係佔極重要的一部分。因為兩岸領導人之意識形態，人格特質及高層決策人員之信念、價值標準、國家觀念……等都在兩岸關係中扮演著極為重要的角色。[14] 譬如針對1996年7月14日日本人在釣魚台設置燈塔一事，兩岸的中國人都主張釣魚台是中國領土的一部分，但在對保釣的政策上，我們卻發現隨著個人對國家認同的不一致與政黨意識形態之差別而有非常紛歧的立場。在這個議題上，我們可以看到新黨的意見領袖立場偏向堅持釣魚台是中國主權的一部分，並且付諸行動，主張積極的保釣運動，並主張兩岸在此時宜團結對外，凝聚兩岸共識。[15] 但民進黨與建國黨之意見領袖則在此一議題上主張「謹慎」行事，且不贊同與中國大陸採合作對外的立場，建國會甚至強調釣魚台事件與中國無關，並主張台灣應以主權國立場和日本交涉。[16] 至於執政黨的立場，僅宣示釣魚台是我國主權的一部分，但迴避主權之爭議；

---

[12] Peter M. Haas, "Introduction: Epistemic Community and International Coordination", *International Organization*, Vol. 46, No.1 (winter 1992) pp.1-37; George Alexander, *Presidential Decision Making in Foreign Policy: The Effective Use of Information and Advice* (Boulder, Colo.: Westview Press, 1980) & Ernst B. Haas, *When Knowledge Is Power* (Berkeley: University of California Press, 1990).

[13] Chien-min Chao, "Taiwan's Identity Crisis and Cross-Strait Exchanges," *Issues and Studies*, Vol.30, No.4 (April 1994), pp.1-13; Wei-xing Chen, "Ideology, Policy, and Change—A Framework for Understanding Change and Continuity in Mainland China," *Issues and Studies*, Vol.30, No.5 (May 1994), pp.45-62.

[14] 「新黨籲採護土行動」，「兩岸宜共同宣布屬全中國海疆」，**聯合報**，1996年7月21日，版2。

[15] 「建國會：此事無干中國」，**自立晚報**，1996年7月23日，版3。

[16] 「中日在台開辦官方協商會議」，**中國時報**，1996年8月5日，版4。

並主張暫時擱置主權的爭議，而著眼於漁權的談判。[17] 以上的例子充分地反映了意識形態與價值標準在兩岸關係中所扮演的微妙且重要之角色，而這部分的研究是屬於個人層面分析，並非傳統的國際層面分析所能觸及。

以上的問題乃是針對層面分析，所提出的意見；誠然以上這些問題本身就如同其他社會科學的問題一樣有其複雜性，因此不容易用量化的觀念來解釋。但更重要的是結構現實主義對國際關係的研究取向可能有其基本理論上之限制；而此基本理論上之限制與其說是根源於其理論本身的不夠嚴謹，倒不如說是在其研究方法上出了問題。因為任何採取國際層面分析的研究方法都必然會忽略國內與個人層面的分析。[18]

一個好的理論並不決定在其理論是否節約（parsimonious），更重要的是在於此理論能否對一實際的事務作深入的分析、解釋與預測未來的發展。[19] 一旦我們在研究方法上將限定在國際層面分析之禁忌打破之後，則在研究兩岸關係時我們就能進入較為全方位（comprehensive）之考量；而進入所謂層際分析（cross-level analysis）。

---

[17] See Timothy Mckeon, "The Limitation of Structural' Theory of Commercial Policy," *International Organization*, Vol. 40 (Winter 1986), p.45; Robert Keohane, "Theory of World Politics: Structural Realism and Beyond", in Robert Keohane ed., *Neorealism and Its Critics* (New York: Columbia University Press, 1986), pp.158-203; Peter B. Evans, Harold K. Jacobson and Robert D. Putnam eds., *Double-Edged Diplomacy* (Berkeley: University of California Press, 1993).

[18] 所謂parsimonious即是「節約性」之意思。其意義為用最少的獨立變項（independent variables）可以解釋最多的應變項（dependent variables），華茲的結構現實主義雖然具備極高的節約性，但其解釋與預測的能力卻受到許多的攻擊。有關理論之parsimony請參考Imre Lakatos, "Falsification and Methodology of Scientific Research Programs". In Imre Lakatos and Alan Musgrave, eds., *Criticism and the Growth of Knowledge* (Cambridge: Cambridge University press, 1970).有關揚棄parsimony之主張，請參考Peter Haas, "Introduction: Epistemic Communities and International Policy Coordination," *International Organization*, Vol. 46, No.1 (Winter 1992),pp.1-36；Emanuel Adler and Peter Haas, "Conclusion: Epistemic Communities, World Order, and the Creation of a Reflective Research Program," *International Organization,* Vol. 46, No.1 (Winter 1992), pp. 367-390.

[19] Robert Tucker, ed., *The Marx-Engels Reader* (New York: W. W. Norton, 1972).

第四節　議題聯結在兩岸政經互動上之關係

依照結構現實主義之第二個主張，即國際社會乃為一無政府狀態，所以國家為了要自求多福，必須要擁兵自重，因此一國的軍事力量與安全成為國家所關心議題的第一要務。換句話說，這個主張即認為國際社會的無政府狀態之特性，會造成國家對不同議題有階級的觀念。由這個理論發展出來的邏輯則會將兩岸關係的研究導向太過偏重軍事或安全的議題，而忽略了兩岸間經貿與其他文教議題之重要性。事實上近十年來兩岸的交往互動幾乎都在經貿與文教上；更重要的是有關兩岸的合作或交流也莫不以經貿與文教為主要的手段或策略。甚至，在美國堅持台灣問題必須和平解決的大前提下，中共對台的統一戰線也在1978年鄧小平提倡四個現代化的大前提下，逐漸揚棄武力的訴求，而欲以經濟的手段達成其政治的目的。此即所謂中共對台「以民逼官」、「以商逼政」的策略。

早在1859年馬克思（Karl Marx）即強調「人類的物質（經濟）生活在總體上決定了人類的社會、政治與文化生活」。換句話來說馬克思認為經濟因素決定了人類的司法與政治的結構。[20] 第二次世界大戰後，一些學者也呼籲研究國際關係的學者與政治家宜多思考經濟面的整合（integration）的問題，而少去強調軍事或政治上的對立。[21] 到了1970年代，隨著人們科技的進步、交通的發達、通訊的方便與日益增加的全球經貿之相互依存（economic interdependence）；愈來愈多的學者開始注意到所謂的經濟外溢效果（economic spill-over effect）在政治與經貿之間所產

---

[20] Ernst Haas, "The Balance of Power: Perception, Concept, or Propaganda?" *World Politics,* Vol. 5, No. 4 (July 1953), pp.442-477. Ernst Haas "Why Collaborate? Issue-linkage and International Regimes," *World Politics*, Vol. 32, No.3 (April 1980), pp.357-405.

[21] Richard N. Cooper, "Economic Interdependence and Foreign Policy in the Seventies," *World Politics,* Vol. 24, No. 2 (January 1972), pp.159-181; Edward Morse, "The Transformation of Foreign Policies: Modernization, Interdependence, and Externalization," *World Politics,* Vol. 22, No. 3 (April, 1970), pp.371-392 ; Robert O. Keohane and Joseph S. Nye, Jr., *Power and Interdependence: World Politics in Transition*, 2nd ed., (Boston: Little, Brown,1989).

生的聯結性。[22] 到了1990年代冷戰結束後；傳統的權力平衡觀念更受到經濟相互依存的挑戰，愈來愈多學者強調經濟與政治之間有議題聯結的關係。[23]

　　在兩岸關係的研究方面，一些學者也開始注意到政治與經濟相互呼應的聯結效果。[24] 這些學者開始探討兩岸間的經貿關係可能帶來的政治上的效果，在這裡要特別強調的是由議題聯結在兩岸政治與經貿間的考量，所產生的政策。由於兩岸間的經貿發展極為迅速，台灣對大陸的貿易出口，已使研究議題聯結的學者注意到經濟外溢到政治的效果。譬如，1996年台灣對大陸的貿易依存度為10.95，其中出口依存度高達17.87。（見表3-1）同樣是研究議題聯結的學者，有些人認為台灣對大陸的經貿政策會導致台灣在經濟上對大陸有太高的經貿依存度。因此呼籲政府要對大陸的經貿政策制定相當的規範，以免台灣對大陸的投資與貿易成了大陸對台灣政治談判的籌碼。換句話說台灣對大陸的經濟行為成為一種人質（hostage），將來可能影響到台灣的安全。[25] 另外也有一些研究議題聯結的學者則認為兩岸的經貿交流終將帶來兩岸間更多的良性互動，從而增加兩岸合作的機

---

[22] John Gerard Ruggie, "Multilateralism: The Anatomy of an Institution," *International Organization,* Vol. 46 (Fall 1992), pp.561-598; Helen Milner "International Theories of Cooperation Among Nations: Strengths and Weakness," *World Politics*, Vol. 44 (April, 1992), pp.466-496; Lisa L. Martin, *Coercive Cooperation: Explaining Multilateral Economic Sanctions* (Princeton: Princeton University Press, 1992); John B. Goodman, Debora Spar, and David B. Yoffie, "Inward Foreign Investment and U.S. Protection." *International Organization* Vol. 50, No. 4 (Autumn, 1996), pp.565-592.

[23] Chan Steve, "The Mouse that Roared: Taiwan's Management of Trade Relation With the U.S." *Comparative Political Studies*, Vol. 20, No. 2 (July 1987), pp.251-292; Steve Chan and Cal Clark, "The Mainland China-Taiwan Relationship: From Confrontation to Interdependence?" In Tun-jen Cheng, Chi Huang and Samuel S. G. Wu eds., *Inherited Rivalry: Conflict Across the Taiwan Strait* (Boulder, Colo.: Lynne Rienner publisher, 1995), pp.47-65; Yu-Shan Wu, "Economic Reform, Cross-Strait Relations, and the Politics of Issue Linkage." In Cheng, Huang, and Wu ed., *Inherited Rivalry*, pp.111-133.

[24] Cheng-Tian Kuo, "Economic Statecraft Across the Taiwan Strait." *Issues and Studies,* Vol. 29, No. 10 (October, 1993), pp.19-37.

[25] Steve Chan and Cal Clark, "The Mainland China-Taiwan Relationship: From Confrontation to Interdependence?" in Cheng,Huang and Wu eds. 1995, pp.47-65.

表3-1　兩岸貿易依存度

類別	台灣對大陸			大陸對台灣		
年	出口依存度	進口依存度	貿易依存度	出口依存度	進口依存度	貿易依存度
1981	1.70	0.35	1.05	0.34	1.75	1.04
1982	0.88	0.44	0.68	0.38	1.01	0.67
1983	0.80	0.44	0.64	0.40	0.94	0.67
1984	1.40	0.58	1.06	0.49	1.55	1.03
1985	3.21	0.58	2.17	0.42	2.34	1.58
1986	2.04	0.60	1.49	0.47	1.89	1.29
1987	2.28	0.83	1.17	0.73	2.84	2.06
1988	3.70	0.96	2.47	1.01	4.06	2.65
1989	5.03	1.12	3.31	1.12	5.63	3.51
1990	6.54	1.40	4.23	1.23	8.24	4.47
1991	9.84	1.79	6.20	1.57	11.75	6.35
1992	12.95	1.55	7.60	1.32	13.09	7.05
1993	16.47	1.43	9.32	1.20	13.46	7.71
1994	17.22	2.18	10.02	1.54	13.85	7.55
1995	17.40	2.98	10.46	2.08	14.71	8.02
1996	17.87	3.02	10.95	2.03	14.93	8.21
1997（1-5月）	17.36	3.24	10.54	2.25	16.42	8.49

資料來源：行政院大陸委員會，**兩岸經濟統計月報**，第58期（1999年6月），頁26-27。

會與未來統一的契機。[26] 目前兩岸之間的經貿互動雖因1995年6月李總統的訪美與1996年3月的台海危機而陷入低迷，然而在目前高階政治（high politics）——即有關政治、軍事之議題，未能打開僵局的清況下，兩岸之間如果要維持正常溝通的交流管道，似乎也只好仰仗較不敏感的低階政治（low politics）——即經貿、文化與體育等了！

---

[26] 宋學文，「外力干預對兩岸互動的影響：美國的角色」，**兩岸新局再造學術研討會**（台北：亞太智庫，1996年4月20日）。

第五節 議題聯結與台灣參與國際社會

　　目前兩岸關係中最大的問題出現在「國家認同」的部分；這是一個相當敏感的問題，也是個極容易令人陷入感情或意識形態之爭的問題。在這個議題上雖然兩岸的中國人絕大多數都同意只有一個中國，但對中共來說一個中國是指「中華人民共和國」，對台灣來說一個中國指的是「中華民國」；目前台北的立場是「一個中國兩個政治實體」；因此大陸地區的政權與台灣地區的政權均享有國家主權，也因此都能以主權國家的身分參與國際活動，從而拓展外交空間。但對北京政府來說「一國兩制」是底線；台灣只是中國的一部分，因此是地方政府，沒有主權國家的身分，從而反對台灣從事任何有關外交的活動。目前兩岸之間尚未達成對台灣參與國際社會的活動達成任何協議，甚至在此一議題上已然形成一種零和（zero sum）的關係。

　　在此我們必須注意的事是：台灣參與國際社會並不能與中華民國的外交劃上一個等號。因為從國際關係理論的角度來看，在高度相互依存的國際社會中，國家並非唯一的行為者，隨著國際社會的日益頻繁的通訊傳播互動、運輸交通互動、經貿財務互動與文化旅遊互動，國際社會中的溝通管道增加（multiple channels）自然使行為者的數目增加。[27]

　　這些新的行為者可以是跨國公司（MNCs）、非政府組織（NGOs）、各種民間團體或基金會，甚至是個人；而這些行為者本身雖然是非政府或官方的性質，但它們卻可以具備或代表某種程度上的政府或國家的角色，從而使官方與非官方、政府與民間、甚至國內與國際的界線愈來愈模糊，因此挑戰了傳統主權國家的定義與權限。[28]

---

[27] Robert O. Keohane and Joseph S. Nye, *Power and Interdependence* 2nd. edition, (Boston: Little, Brown, 1989), pp.23-60; Robert O. Keohane and Joseph S. Nye eds., *Transnational Relation and World Politics* (Cambridge, Harvard University Press, 1981), p.xii.

[28] John Gerard Ruggie, "Territoriality and Beyond," *International Organization,* Vol. 47, No. 1 (Winter 1993), pp. 139-174; Wolfram F. Hanrieder, "Dissolving International Politics: Reflections on the Nation-State," *American Political Science Review*, Vol. 72, No. 4 (1978), pp.1276-1287; J. Samuel Barkin and Bruce Cronin, "The State and the Nation:

　　從實務上來看，中華民國自政府遷台以來不論在經貿實力，或民主進步的情形也符合以上所舉出的理論，使台灣在國際社會中自然而然地占有一席之地。無怪乎學者要大聲疾呼「台灣沒有足夠正常的國際空間實在是很怪異的現象」。[29]

　　在這裡有一件要再特別強調的事是：由議題聯結所推演出來的有關「台灣參與國際社會」的理論不應該與「台灣拓展外交空間」劃上一個等號，更不應該被看成「台灣獨立」的理論依據。因為議題聯結在此僅強調日益增加的國際互賴有助於國際間溝通管道的增加，使參與國際社會的行為者增加，從而打破傳統以國家為參與國際社會單位的觀念。議題聯結本身只是一種理論，並不具備任何意識形態；有台獨意識的人固然可以用議題聯結的觀念來宣揚台灣作為國際體系一份子的條件，從而主張台灣獨立。但是議題聯結的理論也可以應用到兩岸關係上，藉著強調兩岸間經貿、文化、教育，甚至歷史風俗之間的聯結，也可以發展出一套政策來消彌兩岸間的對立，營造兩岸合作的空間，從而促進兩岸之間的統一。[30]

第六節　從議題聯結看釣魚台事件之處理

　　現在我們嘗試用最簡易的新聞報導問答的方式來以1996年7月釣魚台事件作為例子說明議題聯結與釣魚台事件之處理，以助說明政府在處理敏感之兩岸關係時之決策過程。

新聞1：日本青年社一行七人於7月14日搭船登陸了釣魚台，並設置燈塔。

Changing Norms and the Rules of Sovereignty," *International Organizations,* Vol. 48, No. 1 (Winter 1994), pp. 107-130.

[29] 周世雄，「國際情勢對我國參與國際社會之限制與展望」，**國際空間再突破之策略學術研討會**（台北：國家發展研究基金會，1996年11月）。

[30] Ralph N. Clough, *Reaching Across the Taiwan Strait* (Boulder, Colo.: Westview Press, 1993).

疑問1：為何我國各大報紙直到7月18日才報導此事？[31]

解釋1：可能我國取得消息較慢。也有可能政府體會到釣魚台事件可能演化成非單純的漁事問題，因此要求新聞媒體延後發布此消息，以謀對策。

新聞2：針對釣魚台事件及保釣運動國內出現相當不一致的聲音與立場。

疑問2：為什麼有這麼多不同聲音與立場？

解釋2：由於釣魚台事件牽涉到的不只是漁事的問題，更牽涉到敏感的國家認同問題及法律、政治、與外交上的問題所以在不同的立場下，自然就有了不同的主張。對新黨來說，釣魚台事件是一件單純的主權問題；對民進黨來說釣魚台事件可能會引發「中國民族主義」而有礙於其追求台獨的發展；對國民黨來說目前國內上有許多「國家認同」的問題，因此最好迴避「主權」的談判，而著眼於「漁權」的談判。

新聞3：農委會升格為農業部，組織規劃出爐。[32]

疑問3：為何在此敏感時刻行政院通過此項決議？

解釋3：釣魚台事件可能「刺激」了政府在行政組織編制上作檢討的必要。這件事再次說明釣魚台事件不僅有漁業與外交的考量，它也有行政組織上的考量。

新聞4：不少學者、專家認為釣魚台事件最好不要感情用事。[33]

疑問4：難道這些學者專家不在乎釣魚台淪為日本領土嗎？

解釋4：從國際法的觀點來看釣魚台事件，可能不同於從政治或漁業的觀點。

---

[31] 台灣各大報紙均在7月18日才報導此事。

[32] **自立晚報**，1996年7月23日，版2。

[33] 胡念祖，「前進釣魚台，激情只會壞事」，**中國時報**，1996年9月7日，版11。殷惠敏，「釣魚台問題還是拖下去好」，**中國時報**，1996年9月15日，版11。張國城，「空投釣魚台恐有牴觸國際慣例之虞」，**中國時報**，1996年10月24日，版11。

新聞5：新聞上有報導美國國會報告，釣魚台若遭攻擊，美國應助日本防
　　　　衛。[34]

疑問5：美國與釣魚台有何干？

解釋5：美日安保條約，雖不涉及釣魚台列嶼的主權問題，但根據此安保
　　　　條約，美國有必要協助日本軍方保護此一有爭議的列嶼，此點又
　　　　證明小小的釣魚台可能牽涉著整個亞太地區權力平衡的問題。

　　為方便說明起見，以上的例子用流程圖（見圖3-1）表示。從以上五
個非常簡單的新聞問題的例子中，我們看到政府在處理釣魚台事件時所考
慮的議題，除了漁民的權益之外至少還包括：一、日本政府與我之友好關
係；二、萬一事情演化成為惡劣時，中共、日本與我國衝突之可能性與其

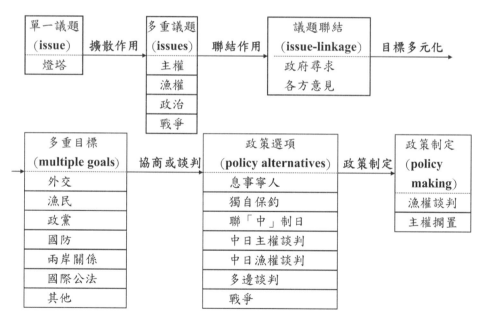

圖3-1　議題聯結與釣魚台事件之決策過程

---

[34] 「美國國會報告：釣島遭攻擊美應助日防衛」，**中國時報**，1996年10月15日，版
　9。

後果；三、國內不同政黨對此事件之立場與協調；四、農委會是否要升格為農業部的問題；五、釣魚台主權問題；六、釣魚台附近海域漁權的問題；七、有關國際公法、海洋法的問題；八、由美日安保條約所衍生出來有關亞太地區權力平衡的問題。

由圖3-1可以看出政府在處理釣魚台事件時的確有因議題聯結而衍生的有關對外政策考量。兩岸關係是國內政治或國際政治中一個極為特殊的例子，它既不是單純的國內事務，也不是單純的國際事務，它本身的複雜性與獨特性是不能用任何一種理論來解釋的。特別我國目前的外交遇上許多瓶頸與困難，在目前我國與國際上大部分國家沒有正式邦交的情況下，學者紛紛提出各種政策，以謀開拓我國更寬廣的外交空間。其中不少學者提出所謂第二軌道（second-track）外交，以開發更多的外交空間。[35] 這種第二軌道的外交政策，就是要利用國際間由於經貿、文化、通訊與財務互動所引起的相互依存關係來加強國與國之間的政治與安全的互動，而這也正是議題聯結所謂的由低階政治來影響高階政治的策略。[36] 明白了這個道理我們就比較能理解為何政府在釣魚台事件會採取所謂的「低調」處理方式，而把談判的重心放在漁權上，並暫時擱置敏感的主權問題。

---

[35] 朱雲漢，「全球主義、區域主義與第二軌道外交：台灣務實外交的新座標」，**國際空間再突破之策略學術研討會**（台北，國家發展研究基金會，1996年11月23日）；高朗，「論我國經貿外交」，**國際空間再突破之策略學術研討會**（台北，國家發展研究基金會，1996年11月23日）。

[36] Michael Barnett, "High Politics Is Low Politics: The Domestic and Systemic Sources of Israeli Security Policy, 1967-1977," *World Politics*, Vol. XLII, No. 4 (July 1990), pp.529-562; Ming Wan, "Spending Strategies in World Politics: How Japan Has Used Its Economic Power in the Past Decade," *International Studies Quarterly*, Vol. 39, No. 1 (March 1995), pp.85-108; Robert Latham, "Getting Out From Under: Rethinking Security Beyond Liberalism and the Level-of-Analysis Problem," *Millennium*, Vol. 25, No. 1 (Spring 1996), pp. 77-108.

第七節　政策建議

從實務的角度來看議題聯結並非萬靈丹，隨著台灣的民主化運動愈來愈蓬勃；特別是在1987年解嚴之後，政府的許多決策過程必須變的愈來愈透明化。許多以前由議題聯結所衍生出來的策略如：非正式（informal）、非官方（unofficial）、非直接（indirect）等策略都更容易為新聞媒體所揭露或為國會所監督，使政府在議題聯結之策略運用上愈來愈受到政策透明化的壓力，無怪乎有學者對非正式外交提出另類的看法。[37]

但這也不代表議題聯結就無用武之地，相反的我們瞭解了議題聯結的限制之後更能作出實用的政策建議。從議題聯結的角度來看，未來政府的大陸政策似可注意下列事項：

一、依據議題聯結的理論，當一個國家的經貿實力增大時，其經貿上的實力可以外溢到政治與軍事上。面對近年來中共之經貿實力不斷成長之事實，我國可能要重新檢討「金錢外交」的對外政策。因為以目前的經濟趨勢來看，將來中共將比台灣更有實力去從事「金錢外交」；面對此一壓力，政府在「務實外交」中宜把重心放在美國、日本、亞太各國等與台灣安全有切身關係的國家上。

二、政府宜宣導台灣參與國際社會之活動乃為目前國際間日益緊密的相互依存使然；而不宜把台灣的國際參與和台獨劃上一個等號，以避免兩岸在外交上的零和競爭。

三、海基會與海協會的事務性協商，及兩會高層的互訪，有助於維繫目前溝通極為不良的管道疏通。因此兩會之間的會談宜早日恢復並擴充其會談內容，以維持兩岸間起碼的合作與互動。

四、兩岸領導人可藉著第三者（the third party），例如APEC，先開始一些低階政治的協商與合作，而有關高階政治的爭議宜先擱置。

五、依目前的國際情勢，美國在兩岸關係上有相當的影響力，而民主黨的

---

[37] Lin-jun Wu, "How Far Can the ROC's Informal Diplomacy Go?" *Issues and Studies*, Vol. 30, No. 7 (July 1994), pp.82-102.

柯林頓當選連任美國總統，可能有助於美國與中共關係的改善，台灣面臨此種新的挑戰，宜儘早制定對策。這些對策應包括台灣對美的遊說管道是否依然暢通、有效？台灣對美國的遊說（或談判）是否依然以國會為對象？抑或應尋求、開闊與美國行政部門的關係？而傳統的非官方、非正式溝通方式能否有進一步的保障？

六、日本與其他亞太地區的國家對台灣的經貿與安全關係日益密切，台灣如何應用議題聯結的原理，而把台灣的安全體系納入整個西太平洋的區域安全，將會是未來台灣生存的重要保障。基於此，政府宜早日設立（或輔導已有的）具國際水準之智庫，培養學有專精的學者與專家，以供未來在亞太的區域合作上能提供有價值的研究結果與政策建議。

七、美國於1996年3月台海危機爆發後之第二個月（1996年4月）隨即與日本召開高峰會議，討論亞太之安全問題並決定修訂與擴大日美安保條約的適用範圍。此修訂已於今年9月底正式對外公布，但新版日美安保條約中並未明白指出此安保條約是否涵蓋台灣。[38] 顯示出美國在兩岸關係的立場是欲保留最大的模糊與政策的彈性。但中共國家主席江澤民於1997年10月31日訪美期間與美國總統柯林頓發表「中」美聯合聲明並建立「建設性戰略夥伴關係」（constructive strategic partnership）。[39] 針對此，我們可以看出美國對中共之態度似乎是採取一種「既合作又務實」之立場。台灣針對此情形，在兩岸關係與大陸政策的立場上，應揚棄以往將「華盛頓─台北」與「華盛頓─北京」之關係視為一種零和遊戲；而應將未來華盛頓、北京、台北間之關係視為相互平行，共存共榮之關係。

---

[38] 「美日防衛合作毋需限定範圍」，**中國時報**，1997年7月29日，版9；「美日新防衛指針，中共強烈質疑」，**中國時報**，1997年10月1日，版9。

[39] 「美『中』發表聯合聲明:建立『建設性戰略夥伴關係』」，**中國時報**，1997年10月31日，版2。

第八節 結論：回歸到理論

　　隨著國際之經貿互動日趨頻繁，科技通訊日新月異，文化交流日漸重要，已使得傳統研究國際關係之方法有了巨大的改變，其中最重要的是國際與國內之界線逐漸消失，政治與經濟之間的畛域也愈加模糊，使原本許多互不相關的議題產生了複雜的聯結關係。議題聯結本來是國際關係理論中屬於新自由主義（neoliberalism）的一個準理論（quasi-theory），它雖然是由羅森納（James Rosenau）、哈斯（Ernst Haas）、柯亨（Robert Keohane）與奈伊（Joseph Nye）等人所強調的經濟相互依存（interdependence）理論所衍生發展而來；所以表面看起來它似乎與權力平衡（balance of power）有某種牴觸或矛盾。其實不然，因為議題聯結並不單單指經濟外溢到政治的效果（The effects of economic realm spill-over-to political realm）；它並不排除政治回溢到經濟的效果（The effects of political realm spill-back-to economic realm）。換句話說議題聯結強調開放體系（open system）中的回饋（feed back）效果。[40]

　　這些自由學派學者以柯亨為代表認為議題聯結為極端複雜的「脈絡相連」（conjunctural）事件；[41] 持類似見解的學者還包括專門研究「民主和平」（democratic peace）的德伊（Michael Doyle）認為議題聯結或自由主義理論之重心不在建立一個制式（canonical）理論[42] 乃在於理論之實際價值；查恰與馬修（Mark Zacher and Richard Matthew）則認為自由主義應被視為一種研究導向（approach），而不是一種理論（theory），因為吾人

---

[40] Bernard C. Cohen, "National-International Linkage: Super Politics," in James Rosenau ed. *Linkage Politics*, (1969), pp. 125-146; David Knoke, *Political Networks: The Structure Perspective* (Cambridge University Press, 1990); David Easton, *A Systems Analysis of Political Life* (New York: wiley, 1965).

[41] Robert Keohane, "International Relations, Old and New," in Robert E. Goodin & Hans-Dieter Klingemann eds., *A New Handbook of political science* (Oxford: Oxford University Press, 1996), p.463.

[42] Michael Doyle, "Liberalism and World Politics," *American Political Science Review*, Vol.80 (December 1986), p.1152.

不能從它的假設推論出它的主張。[43] 這些觀點也正反應了要建立議題聯結理論之困難，因為議題聯結理論承襲濃厚的自由主義學派的色彩。事實上，議題聯結的理論基礎是建立在下列三個條件之下的：一、伊斯頓（David Easton）的開放系統理論（open system theory）——強調系統的開放性與輸入、輸出間的回饋現象。二、辛格（J. D. Singer）的所謂的層際分析——強調議題之外溢效果。三、科亨與奈伊的互賴理論——強調組織或制度（institution）對議題協調與規範之功能角色。在此三個條件之下，任何一個單一議題，都可能衍生出種種外溢效果，進一步使得議題變得複雜化，也因此使得議題聯結之理論建立確有其相當程度之複雜性；無怪乎自哈斯、羅森納、柯亨與奈伊等人著手研究有關議題聯結以來，至今仍未能有學者建立一套令人信服之議題聯結巨型理論（grand theory）。

　　我個人以為議題聯結的確反映當前政治脈絡的複雜性與政治生活的真實面，但在其研究與理論架構上要先釐清兩個主要階段。第一、要在議題之優先順序（priorities）上建立模型，否則議題與議題糾纏在一起，在執輕執重混淆的情況下，很難落實任何有用的政策決定。提到優先順序模型的建立，一般人很容易聯想到理性抉擇（rational choice）；但這種優先順序之模型在本質上是一種多重因果（multicausal）的分析，而非單一因果（monocausal）的分析，因此有關議題間優先順序之模型建立可能還是以賽蒙（Herbert Simon）的「有限理性」（bounded rationality）[44] 較能反映事實，也因此更具理論之效力（validity）。第二、要建立一套處理議題聯結相關政策之策略模型（strategic model），作為執行優先順序之手段。譬如柯亨與阿色羅德（Robert Keohane and Robert Axelrod）所提倡的「一報還一報」（tit-for-tat）策略，[45] 與奧斯壯（E. Ostrom）所強調的「群體管理」（governing the commons）策略，[46] 都是一些有裨於約制複雜的議題聯結

---

[43] Mark Zacher and Richard Mattew. "Liberal International Theory: Common Threads, Divergent Strands." Paper Presented at the 88th Annual Meeting of the American Political Science Association, September, Chicago, Ill., p.2.

[44] Herbert Simon, *Model of Bounded Rationality* (Cambridge: MIT Press, 1982).

[45] Robert Axelrod, *The Evolution of Co-operation* (New York: Basic Books, 1984).

[46] E. Ostrom, *Governing the Commons: The Evolution of Institutions for Collective Action*

並對集體行為提出具體行動管理的策略。譬如以兩岸關係的實例來說明：政府在執行戒急用忍政策時，即在兩岸關係上有議題聯結之考量——認為台灣對大陸的經貿依存度太高，將有政治的「外溢」效果。也就是政府認為太過開放的兩岸經貿會造成所謂的「以商逼政」或「以民逼官」的效果。因此政府在此戒急用忍之下，首先在第一階段將「政治考量」的優先順序置於「經濟考量」之上，其次才在第二階段策略上開始制定台商赴大陸投資的種種規定。[47]

　　議題聯結除了可以說明兩岸關係中政府的許多大陸政策外，也輔助說明許多非正式、非直接、非官方之大陸政策；此外，議題聯結也真實地反映了在多元開放的民主社會中，政策制定與決策過程之複雜性，並提出因應之策略。任何理論都有其優點與弱點，議題聯結也不例外；就如前面已提到議題聯結最大的弱點就是節約性不高，而它最大的優點是在解釋（explanation）及政策分析與策略（policy analysis and strategy）上能有較大的深度與廣度。此外，本章雖強調議題聯結理論之重要性，但並非表示作者認為議題聯結理論優於結構現實主義。相反的，作者認為結構現實主義仍為目前解釋國際現象中最為有用之理論，只不過此理論之節約性，使其忽略一些層際間的議題相互作用，而議題聯結理論正可對此忽略之處提出一些補足。

　　(Cambridge: Cambridge University Press, 1990).

[47] 「違規投資大陸各部會聯合查處」，**聯合報**，1997年3月19日，版1；『台塑「不聽話」立院施鐵腕』，**中國時報**，1997年4月1日，版3；「金融機構赴港澳投資門檻高」，**中國時報**，1997年4月19日，版4。

第四章 闡述「維持現狀」（maintain the status quo）對台灣前途之意涵：動態平衡的模糊過度途徑*

第一節 台灣2004年總統大選與「維持現狀」政策之關係

在台灣2004年總統大選中，尋求連任且代表民主進步黨參選的總統候選人陳水扁先生與副總統候選人呂秀蓮女士以些微的差距29,518票，贏得了中華民國第十一屆總統與副總統的選舉，同時也打敗了代表以泛藍聯盟姿態參選的國民黨主席連戰先生與親民黨主席宋楚瑜先生。[1] 這個差距極小的勝利，進一步引起連、宋及泛藍支持者之疑慮與一連串的社會抗爭，並一度造成社會之動盪與族群間對立之深化。

此外，在台灣史上首次舉辦的公民投票並沒有順利通過，因為這一次公投的投票率僅有45.17%，並未超過50%的法律門檻[2]。在此次選舉中，泛藍陣營認為敗選的原因，有一部分源自於選舉前夕（3月19日）所發生的槍擊事件，而另外的原因則是肇於此一槍擊事件後，政府所啟動之「緊急應變措施」或者是所謂的「國安機制」，及因此而衍生之種種選舉不公

---

* 本章內容曾刊登於《台灣民主季刊》，第1卷第2期（2004年6月），頁167-191。

[1] 中央選舉委員會（2004）。中央選舉委員會網站。http://www.cec.gov.tw/.（accessed 2004/4/15）

[2] 同上註；*Taipei Times* (2004a) Controversial Victory for Chen. March 21: 1.

平之懷疑。[3] 鑑於此，泛藍陣營訴求在選後進行全面驗票，並且對於此次槍擊事件本身及其對於總統大選所造成的種種影響，進行更為深入的調查。[4]

在面對來自各方面的質疑與猜測，陳水扁總統極力澄清自己與槍擊事件無關，他指出：「我們沒有作票，也沒有作假，對手有權利質疑，但一切靜待司法的調查。」[5] 就此，執政黨與總統府也同意國際著名鑑定專家李昌鈺博士，應國民黨與親民黨之推薦，來台偵查此次疑點重重的槍擊案。在某種程度上，經過李昌鈺博士一行人之專業調查初步結果，已釐清許多泛藍支持者支對於陳總統與呂副總統槍擊意外之疑慮，並確定陳、呂傷口確為槍傷，對國內政治安定發揮了一定之功效。[6] 在此同時，執政黨與陳總統有關泛藍對選舉不公之質疑，亦已同意透過司法程序，展開全面驗票之工作。

在敏感的政治議題上，陳總統於2004年3月30日接受美國《華盛頓郵報》[7] 的專訪，在專訪中總統表達了對台灣前途所維持之一貫堅定態度。不過，在專訪中，華郵記者潘（Philip P. Pan）和霍夫曼（David E. Hoffman）誤解了陳總統的部分說法，他們在專訪報導中提到「陳水扁總統表示，雖然以小幅差距連任成功，但也代表他獲得選民的授權，並將推動積極的政策，即使冒著和中國發生軍事衝突的風險，也要將台灣推向『獨立的主權國家』」。事實上，在此處被誤解的是，雖然陳水扁總統清楚的表達，他絕不會對中國的武力屈服以及堅持他對台灣主權的信念，但並沒有表達他將會將台灣帶上「台獨之路」。相反的，他認為海峽兩岸需

---

[3] 「陳文茜質疑，蘇貞昌痛斥」，**自由時報**，2004年3月20日，版2。*Taipei Times* (2004b) Emergency-Response Mechanism Activated. March 20: 4.

[4] 「連戰要求立即集中驗票」，**自由時報**，2004年3月22日，版2。*Taipei Times* (2004e) Pan-blues Propose New Form of Recount. March 26: 3.

[5] 總統府（2004b），「總統接受美國華盛頓郵報專訪」，總統府網站，2004年3月30日。http://www.president.gov.tw/php-bin/prez/shownews.php4 (accessed 2004/5/20)

[6] 「美國要掌控兩岸現狀的「定義」權」，**中國時報**，2004年4月24日，版2。*Taipei Times* (2004c) Lee: Chen Didn't Shoot Himself. 2004, April 12: 2.

[7] *Washington Post* (2004) Taiwan's President Maintains Hard Line. March 30: 1.

「維持現狀」，而且任何一方都不應該「片面」改變現狀。[8] 重要的是，華郵記者為什麼會誤解陳總統呢？在回答這個問題的答案之前，我們先要了解陳水扁先生在第二任總統任期所面臨的三大挑戰，然後再去探討什麼是「維持現狀」，以及「維持現狀」與「動態均衡」之間的關係。

第二節　陳總統第二任期內的三大挑戰與「維持現狀」之必要性

2004年的總統大選，除了以些微差距勝選外，對連任的陳水扁總統來說，第一個，也是最大的挑戰應該是來自於泛藍陣營對於敗選之種種疑慮與一連串的抗爭或不願接受選舉結果之訴求。就此，泛藍陣營一再強調，3月19日的槍擊事件，或多或少有助於陳、呂贏得同情選票；另外，泛藍陣營亦有一些人認為陳總統以僅0.228%的些微差距所贏得選舉，也相當程度地會影響未來執政之途的合法性與正當性。[9] 而此點將反映在泛藍民意代表及支持者在我國外交與大陸政策立場上會與陳總統之主張有一定之落差。

但在此同時，執政黨所需要面對的問題，並非只來自於泛藍陣營，陳總統與呂副總統亦需面對超過一半選民對其在台灣前途上採取堅定立場及堅守台灣是一個主權國家事實之支持群眾，特別是在綠營中基本教義派對於堅持台灣獨立及台灣必須更積極地參與外交或國際社會的各種聲音。[10] 在此種「台獨支持者」的壓力下，陳總統的大陸政策一方面要滿足其基本支持者之心聲，但另一方面又要考量泛藍之立場與國際情勢，因此其大陸政策必須執兩用中，且需具有高度的智慧；也就是說，陳總統需要建構一

8　總統府（2004a），「總統接受日本朝日電視台專訪」，總統府網站，2004年2月20日。http://www.president.gov.tw/php-bin/prez/shownews.php4。（accessed 2004/2/21）

9　*Taipei Times* (2004d) Lien Calls Election Unfair, Demands a Recount. 2004, March 21: 17.

10　*New York Times* (2004) Toward a recount in Taiwan. March 25. http://www.nytimes.com/2004/03/25/opinion/25THU3.html. (accessed 2004/3/26).

套得以滿足支持台灣獨立者的心聲，亦可以讓泛藍陣營的人不致不能接受
的政策。這對於在2004年選後一度分裂的台灣社會而言，確實是相當嚴峻
的考驗。

　　除此之外，在陳總統第二任任期中，尚有許多問題及疑慮與上述第一
個挑戰有關，其中包括了：

1. 因為此次的選舉結果如此接近，其所呈現出來的現象，似乎意味著
   此時的台灣人民在政治光譜上產生了嚴重的分歧。而此種現象是否
   表示，台灣將就此陷於族群認同分歧的泥沼中呢？[11]
2. 陳總統一度欲規劃要在2006年進行新憲公投，並在2008年5月20
   日，也就是下一任總統大選就職日實施新憲。這是否表示陳總統將
   透過公投，以達到台灣獨立建國的目的呢？[12]
3. 有許多人相信，制訂新憲法及2008年實施新憲法，終將引發中共之
   軍事或其他非和平手段之干預，而此舉又將導致美國介入兩岸事
   務，並且進一步與中國發生軍事衝突。[13] 就此，這是否意味著陳水
   扁總統就是一個麻煩製造者呢？[14]

---

[11] *Newsweek* (2004) Pyrrhic Victory? March 29. http://www.msnbc.msn.com/id/4571271/. (accessed 2004/3/30).

[12] 針對此點社會之疑慮，陳總統在2004年5月20日總統就職演說中，並未提及2006公投新憲時間表，迴避制憲名稱並捨棄體制外制憲會議設計，回歸到體制內修憲程序，可參見：「體制內修憲，受美壓力，獨派暫讓步」，**中國時報**，2004年5月21日，版2。http://news.sina.com.cn/c/2004-03-15/15292054399s.shtml。 (accessed 2004/3/16)。另外，陳總統就職演說全文，請詳見：中華民國外交部（2004）。〈陳總統就職演說中文版〉，中華民國外交部，2004年5月20日。http://www.mofa.gov.tw/mofa91/web/application.php?oid= web_hotnews_view&datano=37 (accessed 2004/5/20)。

[13] 傅建中，「台灣的九一一，美國藍軍憂心忡忡」，**中國時報**，2004年4月18日，版13。劉屏，「華府專家：十六步驟，遏阻中共犯台」，**中國時報**，2004年4月18日，版13。另外，有關華盛頓之安全政策中心研究員費雪（Richard D. Fisher）的報告原文，可直接參閱：Fisher, Richard D. (2004). "Deterring a Chinese Attack Against Taiwan: 16 Steps," *Decision Brief*, No. 04 -D14. http://www.centerforsecuritypolicy.org/index.jsp?section=papers&code=04-D_14. (accessed April 19, 2004)。

[14] 洪建昭，「Is President Chen a troublemaker?」，**國政評論**，2003年11月2日。http://www.npf.org.tw/PUBLICATION/NS/092/NS-C-092-337.htm. (accessed 2003/11/03)。

4.台灣首次的公民投票結果，投票的人數並未達選舉人數50%以上的
　法定門檻，從而使得此一公投無效。這是否意味著台灣民主進一步
　鞏固與深化上的失敗呢？

　　以上這些疑慮之所以被提出，正反映了台灣內部有不少人在有關台灣
前途或國家定位之議題上，確實持有著與泛綠陣營頗為不同之理念或立
場。在某種程度上，以上這些疑慮乃選舉後之一些短暫之社會現象，這也
是一個民主社會多元化之表徵；且台灣畢竟是一個法治且民主的國家，陳
總統與呂副總統在未來四年領導台灣人民之路上，亦將有其智慧與節制。
因此，這些疑慮或不安，應會在司法程序中逐漸釐清與沉澱，最後回歸到
社會之安定與國家發展之正常軌道上。目前民調顯示，在此次總統大選
後，泛藍陣營中有關選後之種種抗爭，亦對泛藍幾位重要領導人之民調支
持度有相當負面之影響（參見表4-1）。在表4-1中，我們可以看到在總統
大選後，針對「三二七」與「四一○」遊行後之民意支持度顯示，包括連
戰、宋楚瑜與馬英九之在二次遊行中之支持度，除了馬英九有70%之滿意
度外，連、宋皆未超過50%。但「四一○」遊行後，連、宋、馬之支持度
更形下滑，馬英九之支持度，更罕見地跌落至50%以下。隨著針對2004年
總統大選之司法程序進展，陳總統在其第二任總統任期內新的人士與政策
佈局，將多少有助於選後激情之沈澱。但泛藍對2004年總統大選之種種疑
慮雖會沈澱，卻不代表他們會消失；相反的，極有可能因政黨之爭而再度
被激化。這種考量也將使得陳總統在其第二任總統任期內有關所謂之「統
獨之爭」的政策上，必須採取具有最大公約數的「維持現狀」政策。

表4-1　總統大選後連戰、宋楚瑜與馬英九支持度之比較

	連戰		宋楚瑜		馬英九	
	滿意	不滿意	滿意	不滿意	滿意	不滿意
327遊行	40%	41%	38%	42%	70%	14%
410遊行	28%	43%	27%	45%	47%	19%

資料來源：中國時報，2004年4月15日，版3。中國時報，2004年4月20日，版4。

　　第二個挑戰來自於台灣與中國間因為日益增加的經濟相互依賴所形成的矛盾。一方面來說，在兩岸經貿上有愈多的合作，愈少的政府干預與限制，或將有利於兩岸經濟發展，並且有助於提升中國大陸的台商對於陳水扁總統的信任。不過，就另一方面而言，台灣對大陸投資與其他經濟上的流動增加，已使得台灣自1991年至今對大陸之進出口貿易總額，已由1991年之69億2,830萬美元之出口與11億2,600萬美元之進口，激增到2003年之353億5,770萬美元（出口）及100億9,620萬美元（進口）（參見表4-2）。這種兩岸經貿關係將導致台灣必須面臨更為嚴重的「經濟投資成為政治人質」[15] 國家安全問題。因此，兩岸間的經濟關係，已成為陳水扁總統大陸政策上的重大考驗。因為，中國大陸的持續發展與成長，確實間接提升了中國大陸之國防預算與戰爭力量（請參見表4-3）。美國主管亞太安全事務的副助理國防部長勞理斯（Richard P. Lawless）即在2004年4月23日表示，中共今年公布的官方國防預算超過250億美元，但如果把預算外用於

表4-2　兩岸經貿統計表（1991年—2004年2月）

單位：百萬美元

年月別 Year	台灣對大陸間接出口(1) Indirect Exports From Taiwan to Mainland China		台灣對大陸間接進口(2) Indirect Imports From Taiwan to Mainland China		核(備)准赴大陸間接投資(3) Indirect Investment in Mainland China(Approved)		民間小額匯款(4) Small Private Remittances	
	金額 Amount	增減%* Change(%)	金額 Amount	增減%* Change(%)	件數 Cases	金額 Amount	件數 Cases	金額 Amount
1991	6,928.3	66.1	1,126.0	47.1	237	174.16	57,706	82.02
1992	9,696.8	40.0	1,119.0	-0.6	264	246.99	90,290	204.47
1993	12,727.8	31.3	1,015.5	-	9,329**	3,168.41**	73,665	238.34
1994	14,653.0	15.1	1,858.7	83.0	934	962.21	99,658	358.14
1995	17,898.2	22.1	3,091.3	66.3	490	1,092.71	104,326	391.09
1996	19,148.3	7.0	3,059.8	-1.0	383	1,229.24	107,966	378.56
1997	20,518.0	7.2	3,915.3	28.0	8,725**	4,334.31**	113,349	425.13
1998	18,380.1	-10.4	4,110.5	5.0	1,284**	2,034.61**	103,967	350.97
1999	21,221.3	15.5	4,526.3	10.1	488	1,252.74	122,180	365.06
2000	26,144.0	23.2	6,223.3	37.5	840	2,607.14	142,666	511.05
2001	24,061.3	-8.0	5,902.0	-5.2	1,186	2,784.15	172,572	678.07
2002	29,446.2	22.4	7,947.4	34.7	5,440**	6,723.06**	234,946	941.56
2003	35,357.7	20.0	10,962.0	37.9	1,837 (8,268)**	4,594.99 (3,103.80)**	328,541	1,405.38
2004'1	2,900.6	24.5	1,047.7	33.1	209	501.91	34,915	129.36
2	-	-	-	-	197	280.46	23,561	139.51
2004'1-2	2,900.6	24.5	1,047.7	33.1	406	782.37	58,476	268.87
總計Total	266,184.9	-	63,410.5	-	33,943	35,090.86	1,810,308	7,736.8

資料來源：**兩岸經貿**，第148期（2004年4月），頁57。

---

[15] 「揭穿投靠中國唱衰台灣的謊言」，**自由時報**，2004年3月1日，版15。

表4-3　中華人民共和國國防預算表（1995-2003）　　單位：億人民幣

年度	預算編列	增加比率	預估值	預估增加比例
1995	636.77	—	1050	—
1996	720.06	13%	1260	12%
1997	825.9	14.7%	1310	10.4%
1998	934.72	15.03%	1490	11.4%
1999	1076.4	15.1%	1710	11.5%
2000	1197.96 事後證實為 1205.9	11.2%	1900	11.1%
2001	—	19.4%	2180	11.5%
2002	1660	17.6%	2570	11.8%
2003	1853	9.6%	—	—

資料來源：整理自施澤淵，〈從中共軍事戰略作為論「新軍事革命」之研究〉，《中華民國國防部》，http://www.mnd.gov.tw/ (accessed 2004/4/20)；預估值之數據來源，引自斯德哥爾摩國際和平研究中心之軍事預算資料庫，請參見：SIPRI Military Expenditure Database, Stockholm International Peace Research Institute, http://projects.sipri.org/milex/mex_database1.html (accessed 2004/4/20)。

購買外國武器系統的支出列入，中共今年的實際國防支出將在500億到700億美元之間；換言之，如果以實際國防預算支出來看，中共將成為僅次於美國、俄羅斯的世界第三大國防支出國。[16] 尤其值得注意的是中國大陸這幾年來之國防預算幾乎呈現每年皆超過10%之增加比率，而此種軍事力量已反映在其對台之武力威脅上。譬如，美國副助理國防部長勞理斯即表示，中國目前在台海對岸部屬有500至550枚短程彈道飛彈，並以每年75枚的速度增加。[17] 此種在東南沿海針對台灣所部署的短程飛彈，就引起許多台灣人民之疑慮與不安，而這又進一步導致泛綠陣營內對兩岸經貿政策之

---

[16] 「美國要掌控兩岸現狀的「定義」權」，**中國時報**，2004年4月24日，版2。
[17] 同上註。

保守態度。[18] 事實上，對於泛綠的支持者而言，由於兩岸之經貿結構，他們感受到更大的時間壓力，因為他們認為中國近來的國力發展趨勢與廣大的市場，確實對台商具有強大的吸引力，這種經貿磁吸效應將使台灣將於2008年之前，被迫接受中國的「一個中國原則」與「一國兩制」。[19] 這種時間壓力或許是促使陳總統使用最後的政治手段，以「公民投票」來保護台灣，免於遭受到中國「和平崛起」（peaceful ascendancy）策略之威脅。[20] 鑑於此，中國經濟發展的成功，反而觸發了泛綠對台灣國家認同所規劃的議程設定，以及其他有關如何維護台灣既有主權之相關策略。

　　第三個限制是後冷戰時期新的國際體系結構，以及後「九一一」時期之新的國家安全觀念。一些持「中國威脅論」（China threat）戰略之學者或實務工作者認為，在後冷戰時期美國必然會採取「拋棄中國牌」，改打「台灣牌」的方式來圍堵中國。然而從現實面來說，今日的中國不再如此輕易被圍堵。事實上，後冷戰時期國際政治之另一個現象是，國際事務之多元紛歧與日益增長之相互依賴，已使得所謂之「敵」與「友」不易以黑白二分法之方式來認定。[21] 儘管美國是目前國際社會中唯一的超強，並且對許多國際事務有極大之影響能力，但美國在許多方面與議題上，確實需要中國大力的合作；即使在1996年第三次台海危機時，美國所進行軍事干預仍未能阻礙1997年美—中「建設性戰略夥伴關係」的建立。[22] 更重要的是，「九一一」事件發生後，由美國所成立的反恐聯盟，更需要中國的配合與支持；在此國際體系之結構下，就算是在由新保守主義者（neoconservativist）所支持的「布希主義」（Bush doctrine）下，美國對中

---

[18] 「泛綠陣營概況」，**中國新聞網**，2004年3月15日。http://www.chinanews.com.cn/c/2004-03-15/26/414725.html。（accessed 2004/4/28）

[19] Tung, Chen-yuan, " Cross-Strait Relations after Taiwan's 2004 Presidential Election," *Taiwan Perspective e-Paper*, No.17, (April 2 2004).

[20] 有關中國和平崛起的相關說明，可參見：賴景宏，「胡錦濤下令建構和平崛起理論」〉，**聯合報**，2003年12月16日。http://www.future-china.org/fcn-tw/200312/2003121601.htm，(accessed 2003/12/20)。

[21] 宋學文，「二十一世紀美—中—台三角關係的持續與轉變：美國對台安全策略之形成、鬆動與轉變」〉，**戰略與國際研究**，第3卷第3期（2001年7月），頁82-115。

[22] 同上註。

國的交往策略並沒有因而消失，而美國對台政策亦需不斷在不同的外交政策的考量下找尋一個平衡點。其中由倫斯斐（Donald Rumsfeld）所主導的單邊主義（unilateralism）與鮑爾（Colin Powell）所領軍的多邊主義（multilateralism）所形成的共軛（configuration）結構，[23] 形成了在美國對台立場上國防部門與外交部門之策略不同考量，而此點正擠壓著美國對台政策，使之回到「政治上繼續模糊策略」之外交政策。[24]

　　儘管，從2000年美國總統大選時之小布希政見，不少人預期小布希總統對台灣比前任的柯林頓總統或副總統高爾（Al Gore）有著更具承諾（commitment）性質之支持，但布希的中國政策在後「九一一」時期，在面對伊拉克戰爭未能完全彌平支持海珊（Saddam Hussein）之零星攻擊及伊國內部複之宗教政治關係；此外又要應付恐怖主義之威脅，小布希之外交政策更需要中國的支持，而不易完全跳脫柯林頓時期所提出的「圍合政策」（congagement policy）。而在此「圍」與「合」策略相互作用之美一中關係結構下，美國對台政策不可避免地受到美國對中國政策之擠壓，而採取模糊策略（至少在美國對台外交政策上）。譬如，美國副總統錢尼（Richard B. Cheney）自2004年4月13日起為期三天的訪問中國行程中，即針對美一中一台三角關係發表了以下三個主要立場：（1）在美一台方面，美國將持續對台灣出售防禦性武器，其主要原因在於中共不斷增加對台飛彈之部署；（2）在美一中關係上，美國堅持三個公報的「一個中國」政策，不支持「台獨」，也反對任何一方單方面改變台海現狀；（3）在美一中一台三角關係方面，鼓勵兩岸和平機制的建立。[25] 就此，

---

[23] 在此所謂的「共軛結構」是指布希總統在其外交政策之決策上，並非在「新保守主義」或「多邊主義」間作一相互排除之選擇，而是在不同議題與不同階段，讓「新保守主義」與「多邊主義」有輪番上陣之機會。

[24] 針對此點，作者曾在今（2004）年4月7日拜訪美國國務院時，與史瑞福（Randall Schriver）等官員交換意見。美國國務院官員並不認為美國在對台政策上，有所謂國防政策與外交政策產生落差之問題。

[25] 此一立場亦引起了諸多學者的討論，譬如：陳一新，「錢尼訪中，牽引三邊關係」，**中國時報**，2004年4月18日，版15。相關報導與討論，亦可參見：「錢尼：美有對台軍售義務」，**中國時報**，2004年4月16日，版11。張國城，「不只是飛彈問題」，**中國時報**，2004年4月16日，版15。

我們可以發現，雖然在軍事方面，美國秉持一貫對台的軍事與安全承諾，不過在政治或外交方面，美國卻仍依舊重申既定的模糊政策。這種美國對台政治之模糊策略，與近年來美國對台軍事傾向支持之策略，有時會導致泛綠陣營人士對美國是否會支持與保護台灣的期望，陷於「認知與誤解」中；就此，一些美國學者如藍普頓（David Lampton）與容安瀾（Alan Romberg）認為若是沒有互信機制的建立，台北—華盛頓間遲早會有一些因溝通上的誤解所產生的負面效果。[26]

　　以上三個挑戰將使得陳總統在處理台灣前途議題時，並不能完全不顧國際情勢之約制，而必須進一步採取務實的策略，致使能包容「模糊過渡」或「動態均衡」策略的「維持現狀」政策可能成為台灣未來的最適選擇。畢竟，北京—台北—華盛頓三者間若有失衡，其所危及者不僅是美—中—台三方；更嚴重者的是，它可能將導致東亞地區的不穩定與嚴重的國際安全問題。

第三節　動態的「維持現狀」

　　有關「維持現狀」之定義，目前美、中、台三方有各自之立場與詮釋，對中國大陸來說，「維持現狀」意指台灣並非一個主權國家，而是中國領土不可分割的一部分；[27]對台灣來說，「維持現狀」代表台灣已是一

---

[26] 宋學文，「從『美日新合作防衛指針』與『三不政策』探討台灣對中共之安全策略」〉，**戰略與國際研究**，第1卷第4期（1999年），頁21-54。相關文獻，亦可參見：David M. Lampton, "Small Mercies: China and America after 9/11," *The National Interest*, No 66, pp. 106-113. (2001a); David M. Lampton, *Same Bed, Different Dreams: Managing US-China Relations, 1989-2000.* (California: University of California Press, 2001); David M. Lampton, ed. *The Making of Chinese Foreign and Security Policy in the Era of Reform, 1978-2000.* (Stanford: Stanford University Press,2001). ; Alan Romberg, *Rein In at the Brink of the Precipice: American Policy Toward Taiwan and U.S.-PRC Relations.* (Washington, D.C.: The Henry L. Stimson Center, 2001).

[27] 針對台灣地位的認定，在中國官方文獻上，亦可參考：中華人民共和國國務院台灣辦公室（2000），《一個中國的原則與台灣問題白皮書》。http://www.gwytb.gov.cn/bps/bps_yzyz.htm. (accessed 2004/5/20)。

個主權獨立的國家，其國號為中華民國；對美國來說，「維持現狀」代表台灣是中國的一部分，但它也是一個政治實體（見表4-4）。

表4-4　美—中—台三方在有關「維持現狀」與「一個中國」之立場

美中台立場 ＼ 議題	「一個中國」	「維持現狀」	說明
中共	強調一個中國原則	台灣與大陸同屬一個中國，強調台灣並非為一個主權國家。	中國大陸內部對「一個中國」或「維持現狀」大都採取與北京政府一致的立場：即台灣是中國神聖領土的一個部分，不容獨立或分割。
美國	採取一個中國政策	針對台海「維持現狀」，持較為模糊之立場，但主張美國立場將基於三個公報與台灣關係法。在法理上（de jure）承認台灣是中國的一部分；[28] 在事實上（de facto）認為台灣為一政治實體，且加入國際組織並不會違背美國的一個中國政策。[29] 對美國來說，「維持現狀」最重要的是台海和平。	美國在正式外交政策上對「一個中國」政策與「維持現狀」之處理上，仍保留一些模糊政策；但在軍事、安全上，近年來有傾向支持台灣之趨勢。而美國這些親台之策略，常被質疑為美國對台前途之立場上是否將偏離一個中國的政策。
台灣	主張一個中國議題	台灣已經是一個主權獨立之國家，目前的國號是中華民國。	在兩岸關係上，從李前總統的「特殊國與國關係」到陳總統的「一邊一國」，在台灣內部都無法擁有完全共識；但台灣民眾對中共所提「一國兩制」接受之程度又極低。

資料來源：作者製表。

---

[28] 一般對所謂在「法理上」（de jure），「美國『承認』台灣是中國的一部份」之法律依據為：美國與中華人民共和國之三個公報之「精神」或「意涵」。譬如，1982年之八一七公報，其中記載： the United States recognized the government of the People's Republic of China as the sole legal government of China. .... the Chinese position that there is but one China and Taiwan is part of China.此觀點即再次被當時美國國務院主管東亞暨太平洋事務之助理國務卿羅德 (Winston Lord) 所強調。請參考Winston Lord, "U.S. Policy Toward China: Security and Military Considerations," in *U.S. Department of Sate Dispatch*, Vol. 5, No. 42, (October 17, 1995), pp.773-775.

[29] 針對此，美國近兩年來均支持台灣以觀察員的身分加入世界衛生組織（World Health Organization, WHO），譬如：George W. Bush, *Statement by the President on Taiwan and WHO. Presidential News and Speeches* (May 29, 2003). http://www.whitehouse.gov/news/releases/2003/05/20030529-6.html (accessed May 20, 2004).。

　　從兩岸關係或美－中－台三角關係的角度來說，目前美、中、台三方有關如何處理台海問題時，其間最大原則是台海和平；而一般人認為兩岸關係「維持現狀」，則兩岸間之和平可期。但在此，作者要特別指出：我們不能以一種靜態的形式來理解目前執政黨所提的「維持現狀」一詞，反而應認知到「維持現狀」的另一種更具動態的意涵，這種意涵涉及一些政策或策略承襲、因應、演化或調整。誠如林布隆（Charles Lindblom）所言之「模糊過渡」譬喻，[30] 或者是海斯（Michael Hayes）所提出的「政策的漸進主義」，[31] 在在皆強調了在政策或策略上的「動態均衡」（dynamic equilibrium），而所謂「動態均衡」是指一種必須藉著「隨時調整」以追求平衡之策略管理。這些學理見解，應用到兩岸關係中實際政治運作之意涵即為：若中國大陸在兩岸關係上採取任何威脅台灣之措施（譬如，增加對台灣之飛彈部署），或利用其他手段來達成其「一國兩制」或「一個中國原則」之目標，並造成台灣有安全之虞；而台灣卻依然沒有任何因應措施，並繼續堅持所謂的「四不一沒有」原則，則兩岸間既有的「平衡」將被破壞。換句話說，兩岸間之均衡，並非建立在一個「靜態」的條文觀念上，而是建立在一個「動態」及「隨時調整」之綜合安全（comprehensive security）觀念上。從政策管理的角度來說，這種政策或策略上之動態均衡的觀念，也正是史東（Deborah Stone）所謂的一個良好的政策制定者，為了因應政治與政策間複雜的互動關係，而產生的政策弔詭（policy paradox）時，[32] 必須有一套非線性、非制式之動態管理模式，才能達到政策之均衡。這些觀念或許可以幫助我們理解，陳水扁總統的大陸政策為何常會被誤解。換句話說，許多人對民進黨政府為了因應中國大陸對台之各種新的威脅，而提出相對因應政策時，常理解為阿扁政府正在「改變現狀」，並朝「台獨」的方向發展。但我們若進一步能瞭解民進黨政府在

[30] Charles E. Lindblom, *The Policy-making Process*. (Englewood Cliffs: Prentice-Hall, 1968); Charles E. Lindblom, *A Strategy of Decision: Policy Evaluation as a Social Process* (New York: Free Press of Glencoe, 1970).

[31] Michael T. Hayes, *Incrementalism and Public Policy* (New York: Longman, 1992).

[32] Deborah Stone, *Policy Paradox and Political Reason* (Glenview: Scott Foresman, 1988).

2004年大選前後所面臨之國內外情勢之挑戰與其對陳總統在兩岸與外交上之約制（見本章第二節），則大概可以瞭解為何陳水扁政府會在「維持現狀」之大前提下，尋找出路。

至於陳總統是否能在「維持現狀」的大前提下夠突破這三個限制，並進一步將台灣帶入更寬廣且更具獨立、自主之國際外交空間，從而使台灣成為一個「正常完整」的國家？這個關鍵其實在於對「維持現狀」之「動態」定義的掌握上。事實上，對陳總統來說，如果他的兩岸政策只從「靜態」觀點考量所謂的「四不一沒有」之原則，而忽略了「動態」觀點之調整，則他和他的政府之大陸政策與有關台灣之國家前途與定位有可能陷入「模糊政策」的泥沼中，而在中國大陸國力不斷增加的情況下，最終在中國「和平崛起」之戰略下，逐漸喪失其未來與中共對等談判地位。事實上，陳總統必須在複雜的美一中一台三角關係中，尋找非常有限的空間，取得更多在政治、外交及戰略上的契機，才有可能在目前僵化的兩岸關係中有所突破。其中，對陳水扁政府最為困難的部分是，美國目前在伊拉克戰事及反恐聯盟等議題，已成為美國外交最迫切及最重要之政策，而美國在此外交政策下，極可能將美一台關係置於美一中一台關係下來考量。而此點，又將擠壓陳水扁政府之外交與兩岸政策必須作更多「動態」的調整。

在政治方向，陳水扁總統為了要能符合其「維持現狀」之主張，他極可能將有關「一個中國」之種種爭議擱置，並在美國強調之「一個中國政策」、中國堅持之「一個中國原則」及台灣主張之「一個中國議題」上（請參見表4-4），採「邊走邊看」（go and see），而非「靜坐觀變」（wait and see）的策略，以符合其在2004年競選時所謂不違背「四不一沒有」（four NOs plus one）之立場。而這個「邊走邊看」的走，正是一個動態的觀念，其中國際政治不斷在變動，美國對台政策也受到此變動之影響；而兩岸經貿及三通之開放政策，也將使兩岸關係產生「變動」。因此，這個「邊走邊看」的「走」，在政治、經濟與國防上都是一個動態的觀念。特別在兩岸之軍事與安全方面，陳總統、呂副總統、國防部與陸委會都再三強調中共對台不斷增加之飛彈部署，更是破壞了台海安全之均

衡。因此，台灣更有必要在軍事與安全方面，採取積極之因應措施，以確保台灣安全與主權，從而達到「維持現狀」之政策目標。

第四節　美國對台灣安全之承諾及其相關策略

　　美國目前正扮演著某種複雜的兩岸關係之「平衡者」（balancer）角色。在經濟面，美國對兩岸之經貿與三通之合作，基本上是採取樂觀其成之態度；在外交上，除了重申「一個中國」之政策維持不變外，並沒有在策略面有更進一步之表示。換句話說，美國對台之外交政策，雖依然維持「一個中國」政策，並不代表美國反對台灣以主權國家身分加入任何國際組織。事實上，美國未來在其外交政策上是否會支持陳總統所強調的將台灣發展為一個「完整正常」之國家的政策，正是目前美－中－台三角關係中，愈來愈難以「模糊策略」規避之問題。而「維持現狀」將在「各自表述」之原則下，暫時維持美－中－台三角關係的均衡。現在，問題已是「維持現狀」的認定。此點，依據上述「維持現狀」之「動態」意涵來看，這個「維持現狀」是頗為主觀的。既然民進黨政府與陳總統以「維持現狀」作為一個兩岸關係之一種「策略」，中共亦對陳總統所謂的「維持現狀」充滿了不信任感，並一再警告台灣不得超越中共所定義「維持現狀」之「紅線」——朝「台獨」路線發展；針對此點，陳總統堅持他所領導的政府並未超越所謂之「紅色警戒線」。因此，目前美國針對「維持現狀」，除了再次強調「和平」為最高原則外，亦表示美國對「維持現狀」之定義有其國家利益之考量，而要求兩岸必須遵守美國對「維持現狀」之詮釋。[33] 目前，華盛頓、北京、台北針對「維持現狀」在外交之層面上雖是「各自表述」，但在策略層面，美、中、台三方都早已有所部署，且有

---

[33] 「美：嚇阻台獨，中共今年國防支出倍增」，**中國時報**，2004年4月24日，版4。「美國要掌控兩岸現狀的『定義』權」，中國時報，2004年4月24日，版2。劉屏，「不同官員對台說重話，美政府事先事先協調好的」，中國時報，2004年4月24日，版4。

「各自操作」之事實。就此,「維持現狀」是有其認知、溝通與互信之臨界點的;[34] 一旦超越此一臨界點,則美—中—台三方目前之「均衡」將被破壞,而美—中—台三方之衝突,甚至戰爭將成為可能。在此前提下,美國亞太事務助理國務卿凱利(James Kelly)在眾議院國際關係委員會作證時說,台海的現狀(the status quo)是美國所定義的現狀(as we define it)。[35] 現在最大的問題是,在美、中、台三方都有各自的環境限制及國家利益考量下,很難界定誰是「均衡」破壞的始作俑者。沿著這個邏輯,目前政治學上的解決辦法是談判、協商與美—中—台三方信心機制之建立。萬一協商、談判或信心機制不在能支撐「維持現狀」之模糊共識,則美—中—台間將不幸落入現實主義(realism)所主張之權力平衡學說——最後美、中、台三方以武力或軍事力量做為解決之最後訴求。其中,最弔詭也是最危險的事是,所有的武力或戰爭手段,並不會等到政治協商或談判完全失敗後才開始部署,它往往與政治協商或談判同時進行——換句話說,目前美—中—台三角關係是處在一方在積極進行協商、談判並建立互信機制,但另一方面又不得不及早部署萬一談判失敗時之種種軍事與安全措施。而這正是目前美—中—台三角關係所面臨的最大危機,也是「維持現狀」所面臨的最大挑戰。

　　事實上,目前在美—中—台三角關係上,美國對台灣較為清晰的政策乃在於軍事與安全方面的承諾。譬如美國安全政策中心(Center of Security Policy)在2004年4月16日舉行的一場座談會,其中安全政策中心的研究員費雪(Richard D. Fisher)指出,陳水扁勝選和他的台獨主張,只有使中共更加強化對台發動戰爭的準備;他甚至預言,除非有外交上的突破或北京當局優先次序的重大改變,在未來的一到三年之間,中共有可能對台發動攻擊。另有學者在此次的座談會中指出,今年颱風季節過後到明

---

[34] 傅建中,「必須掌握的美國政策基本理念」,**中國時報**,2004年4月28日,版4。

[35] Embassy of the U.S. Canberra, Kelly Says Taiwan Relations Act Key to West Pacific Stability Washington Files, EPF306 04/21/2004, State Department official's April 21 Congressional testimony) (6290). http://usembassy-australia.state.gov/hyper/2004/0421/epf306.htm. (accessed April 28, 2004).

年初美國新任總統就職之前是中共對台採取軍事行動的可能時機,目標有可能以拿下澎湖為主。果真澎湖陷落,對台灣和美國都將是極大的打擊。[36] 甚至《珍氏防衛週刊》(*Jane's Defence Weekly*)亦有報告指出,中共有可能在2006年以武力攫取台灣。[37] 針對台海有可能在一至三年內發生軍事或安全衝突的疑慮,為了有效遏阻中共武力犯台,費雪強調台灣要繼續強化空軍及海軍戰力,也要強化陸軍及防空戰力,同時美國也應出售更新的軍事科技,讓台灣掌握「非對稱作戰」的優勢。這方面,費雪列出了十個步驟。此外,他列出了六個步驟,主張美國按照自身規劃,強化美軍在亞洲的部署,以嚇阻中共進襲台灣。[38]

　　費雪所提與台灣直接相關的十個步驟是:[39]

一、台灣加速軍事改革,包括新的C4ISR(指揮、管制、通訊、情報、電腦、偵察、監控)系統、新的武器掩體等;也要設法吸引更多、更好的人才進入軍中。這種改革的目的,在於強化信念,也在於強化遭到第一擊後的生存能力;

二、台灣應強化後備戰力與動員能力。全台灣的高中應實施基本軍訓及緊急救護訓練;

三、台灣應儘快實施有關國家安全的法律,以強化保密防諜;

四、美國應出售若干彈道飛彈或巡弋飛彈給台灣,或提供相關科技給台灣自製這種武器,讓台灣建立有效的「攻擊」能力。萬一發現中共意圖動武時,台灣可以先發制人;

---

[36] 傅建中,「台灣的九一一,美國藍軍憂心忡忡」,**中國時報**,2004年4月18日,版13。

[37] 「2006英國詹氏防衛週刊:中共可能攻台」,**聯合報**,2004年4月25日,版13。

[38] 劉屏,「華府專家:十六步驟,遏阻中共犯台」,**中國時報**,2004年4月18日,版13。有關華盛頓之安全政策中心研究員費雪的報告原文,可直接參閱:Richard D. Fisher, "Deterring a Chinese Attack Against Taiwan: 16 Steps," *Decision Brief*, No. 04-D14. http://www.centerforsecuritypolicy.org/ index.jsp?section=papers&code=04-D_14. (accessed April 19, 2004)。

[39] 劉屏,「華府專家:十六步驟,遏阻中共犯台」,**中國時報**,2004年4月18日,版13。

五、美國應鼓勵台灣按照原先構想購買愛國者三型反飛彈系統；

六、美國應促請台灣投資「無人飛機」，以建立高空監控能力與精準打擊能力；

七、美國應售予台灣少量的120口徑M1A2主力戰車，以有效對付解放軍的俄製125口徑戰車。同時美國應出售現代化的105榴彈砲，台灣亦應加速購買更多的攻擊直升機；

八、台灣應與華府研究是否購買若干俄製的小型新式潛艇。同時台灣應加速購買二手的美製P-3或S-3反潛巡邏機；

九、美國應出售AIM-9X空對空飛彈給台灣，以對抗解放軍擁有的R73飛彈、蘇愷廿七及卅戰機；

十、建立私人機構，由有經驗的外籍教官訓練國軍。

除了針對台灣方面的十個重要遏阻步驟，有關美國本身的六個步驟則是：[40]

一、增加亞太的美軍數量，以備在12小時內進入台灣戰區。其中包括可發射巡弋飛彈的三叉戟攻擊潛艇；琉球的F-15戰機中隊從二個增為四個；在關島部署B-1轟炸機、E-2早期預警機、KC-135空中加油機、C-17運輸機。美國亦應部署F-22空優戰機；

二、加強保護在亞洲的美軍設施，應在琉球及關島部署THAAD飛彈，以防禦中共高度精準的東風廿一、東風十五。如果來不及部署THAAD，則應考慮購買以色列的「箭式」（ARROW）攔截裝置。萬一台海發生戰爭，夏威夷甚至美國本土西岸的軍事設施，亦應加強防範；

三、鑑於中共長程飛彈的數量正在增加，穿透力也在增強，因此如果美國決心捍衛台灣的民主，美國必須擁有高效能的全國飛彈防禦系統（NMD）。這不但是要防禦中共的飛彈攻擊，也是要使美

---

[40] 同上註。

國更有信心協防台灣；

四、美國應該立即增強反潛戰力，包括啟封五至十艘具有反潛戰力的史普魯恩斯級驅逐艦。美國亦應考慮恢復在航空母艦上部署S-3反潛飛機；

五、美國應循外交管道促請日本、菲律賓等國與美國合作，共同遏止中共以武力進犯台灣；

六、美國應透過公眾教育，讓亞洲及歐洲瞭解：如果中共對台動武，中共就是選擇「長期與所有民主國家為敵」。美國也應說服歐洲各國繼續禁運武器給中共。萬一中共對台動武，不論中共勝敗，美國都應設法領導各國發起對中共的全球經濟制裁。

此外，亦有軍事觀察家指出，中共除了使用強硬手段來遏阻陳水扁總統之台獨路線外，亦可能同時採用「和平崛起」之軟策略。中共軍在「和平崛起」的架構下正尋找軍事硬殺手段之外的更多可能，包括對「三戰」——輿論戰、心理戰和法律戰（軟殺）的重新設想。中共軍事專家甚至這樣說，「純軍事手段的戰爭，是外行的戰爭。」可見其中的變化。[41]

援引人民解放軍重要政戰幕僚的話說，「三戰」是從政治、思想、精神、心理、法律、輿論等領域開展對敵攻勢，以達成目的的「非武力」對抗形式，它施展於軍事打擊之前、貫穿於軍事打擊之中、繼續於軍事打擊之後，實現「小戰大勝，甚至不戰而勝」。換言之，美國專家關注的解放軍對台硬殺，僅是中共整個對台攻略的一環，而且硬殺很可能只是「臨門一腳」。因此，台灣社會族群問題越撕裂，中共「三戰」的發揮空間就越大，對台大規模硬殺的可能性也就越低（轉引自亓樂義，2004）。[42]

在軍事運用上，中共未來「遏制台獨」所採取的策略歸納起來可能有下列幾點，而這些都在相當長的時間內，不與美國和周邊國家構成戰略衝突（打破現狀）為原則：[43]

---

[41] 亓樂義，「和平崛起，中共另覓對台三戰」，**中國時報**，2004年4月19日，版13。
[42] 同上註。
[43] 同上註。

一、突破中共治權不及台澎金馬的現況。戰略上透過全國人大頒布
　　「台灣基本法」，以一個具有法源基礎的兩岸統一綱領性文件，
　　向承認「一中原則」的國際社會展現對台的主權。戰術上則可能
　　以某種理由對進入台灣的部分船隻進行臨檢，凸顯中共在台海的
　　主權，亦能在臨檢作業中累積海上封鎖台灣的經驗，有助於平戰
　　轉換；

二、打破海線中線的默契。中共海、空軍今後很可能經常越界加大對
　　台灣周邊的監偵，壓縮國軍的演訓空間，並增加對抗性演習，在
　　行動上展現出一種「示強於敵」而又不引發戰爭的態勢；

三、在某種程度上改變中共不締結軍事安全同盟的傳統，以「對等、
　　協作」新的安全觀尋求國際合作共同打壓「台獨」發展空間。曹
　　剛川訪泰時說，中共需要國際社會理解並支持統一，且希望與國
　　際社會聯手遏制「台獨」，換言之，把「台獨」塑造成干擾中共
　　「和平崛起」的變數和破壞亞太地區和平穩定的麻煩製造者。

　　從以上之分析，我們可以瞭解「維持現狀」對美、中、台來說，的確
是一個高度「動態」且充滿挑戰之政策。這個有關台灣前途之政策，已非
台灣所能主控，甚至非完全可由台灣或中共所能主導。目前，美國對此政
策影響之著力點較多，但美國對台政策亦非可以完全依白宮決策者之好惡
所決定，它亦受制於美國國內政治與國際政治之結構。在目前美國總統大
選方酣，以及在伊拉克戰爭與反恐戰爭等國內政治與國際政治結構下，美
國對台政策，將以「和平」、「穩定」為最高原則。但，我們亦需正視美
國在其對台灣前途仍採「一個中國」之政策下，已在軍事與安全戰略面給
台灣安全注入了更多的承諾，從而為「維持現狀」提供了更大之動態能
量──畢竟，「一個中國」政策對美國來說，與其說是其對台之外交「目
的」，毋寧說是其解決台海紛爭之一種手段或方式。[44]

---

[44] 類似觀點，請參考：傅建中「必須掌握的美國政策基本理念」，**中國時報**，2004年
　4月28日，版4。

第五節　可預期的觀察與相關策略

　　沿著以上分析，在陳總統第二任任期中，我們可以預期下列幾個觀察與相關策略：

1. 強調台灣已是一個主權獨立的國家，將會是「維持現狀」之最重要說帖及論述，這意味著泛綠陣營可能將會投入更大之心力在確定台灣已是一個主權獨立國家，不需再宣布台獨。換句話說，必須在台灣「國家定位」與「台獨」間尋找一個相關但不相等之政策。在美國對台外交政策未改變之前提下，以「中華民國」做為台灣之國號是有其必要性的；

2. 陳總統將把他自己與中國間對台灣國家定位、認知之差異擺在一旁，有關華盛頓之安全政策中心研究員費雪的報告原文，[45]並且要開始透過進一步兩岸協商來促進兩岸關係的和平與穩定，其中包括了建立政治關係、開放直接空運與海運（三通），以及降低軍事上的緊張關係。換句話說，兩岸之直接對話、談判及持續之經貿交流，將在未來兩岸信心機制建立上建立一些可遵循之遊戲規則；

3. 陳總統將會持續致力於台灣制定新憲法的努力，並嘗試在公投制憲、新憲制度設定時間表及體制內修憲之憲政工程改造間，尋求一個美、中、台最能接受之最大公約數，以達到落實將台灣建設成為一個正常完整國家之競選諾言。屆時有關台灣之國名、國號之問題將可能依當時之國內外政治環境，而採相對之因應措施。針對此，陳總統需要說服中共、泛藍陣營與美國一些支持泛藍人士，新憲法進程並不是「一套為了追求台灣獨立或企圖改變現狀的時間表」；[46]

---

[45] Richard D. Fisher, "Deterring a Chinese Attack Against Taiwan: 16 Steps," *Decision Brief*, No. 04 -D14. http://www.centerforsecuritypolicy.org/ index.jsp?section=papers&code=04 -D_14. (accessed April 19, 2004)

[46] 從2004年「520」總統就職演說後，國內外各方反省大致上可說是「危機已化解，但懸疑還在」。類似見解，請參考：吳玉山，「化解危機，帶來懸疑」，**中國時**

4. 當然，美國也會受限於現今國際體系的權力平衡；因此，任何人要求美國拋棄「一個中國」政策，並支持「台獨」，將面臨許多嚴峻之考驗。無論如何，美國在國際政治及國內政治上的考量將對美國之台灣政策有相當大之約束力量——儘管這並不致於削減目前正在進行中美國對台灣之安全承諾或美—台軍事進一步之合作。事實上，美國與台灣間更為緊密的軍事同盟關係，對泛綠陣營來說，是台灣未來在追求作為一個正常完整國家的一個契機。在未來一、二年內，有關台灣加入戰區飛彈防禦體系（TMD）的議題或台灣與東北亞區域安全相互關聯的議題，將再度牽引出美—中—台三角關係之新思維與架構。而美國的全球戰略考量不僅會反映在美國對台灣安全與西太平洋之安全政策上。這亦可能加強陳總統在未來有關台灣前途或國家定位之政策操作上強而有力之信心，並在因時、因地、因事、因物制宜之原則上，賦予「維持現狀」一種嶄新的詮釋機會—而這正是本文所要闡述之「動態」的「維持現狀」觀念；

5. 這些限制與「動態均衡」在在顯示了一個複雜的策略，並可能彰顯了「信任」問題的重要性。事實上，如何建構國內不同政治認同民眾間之彼此互信、包容及尊重，已成為台灣在2004年總統大選後最迫切的社會與政治課題。而美—中—台彼此之間的「信心建立措施」（confidence building measures, CBMs），亦在台灣制定外交政策過程中愈形重要。事實上，不論是泛藍與泛綠間，或是美國與台灣之間如果彼此間互不信任不斷上升，則台灣之內部將不克回歸到平靜之社會，從而影響到台灣經濟發展與國家安全，而兩岸的未來將無可避免地走向衝突，從而使得東亞區域之經濟與安全亦陷入混亂。

　　總的來說，陳水扁先生在致力於將台灣建設成為一個「正常完整」國家之第二任總統任期內，雖將面臨許多國際與國內政治之限制，但「維持

現狀」或將提供美、中、台三方一個溝通的平台及美—中—台三角關係未來發展之「緩衝區」（buffer zone）。因此，它對美、中、台三方來說還是有其政策上之價值。此策略目前所面臨之最大不確定性為2004年底之美國總統大選、國際反恐及美國在伊拉克之戰爭，所可能給美國外交政策上的衝擊。相對來說，2004年台灣因總統大選所產生的國內政治動盪，都可望在司法調查及國家安全、社會安定、族群和諧與經濟發達的大方針下，趨於平靜。盱衡未來台灣政治之發展，有一件事是我們可以確定的，即2004年台灣總統大選後的混亂期一過，台灣的民主發展必定會更加鞏固，而吾人亦期望這一、二十年來台灣之民主發展與鞏固成為台灣免於中共軍事威脅最佳之憑藉，為台灣帶來和平與昌榮。

第五章 「特殊國與國關係」之決策及 其發展：3i模型的決策分析*

第一節 前 言

　　自從李總統在1997年7月9日接受「德國之聲」總裁魏里希（Dieter Werich）專訪時，提出「兩岸關係是特殊的國與國關係」（special state-to-state relationship，以下簡稱特殊國與國關係）後，[1] 國內激起一連串有關未來國家定位與大陸政策之爭議；同時也激起了「特殊國與國關係」是否會將兩岸關係帶入一個新危機或新契機之不同觀點之爭。其間我國大陸政策之形成是否為「粗糙與魯莽」之「意外」？抑或「精細與審慎」之「計畫」？有關這些問題，涉及決策過程（decision-making process）之研究。而決策過程又涉及決策者之理念（ideas）為何？決策者如何整合各方不同之利益（interests）來支持其理念？此理念最後如何落實在制度（institution）之中？

　　不可諱言的，「特殊國與國關係」之產生與發展的確與目前國家領導人之「理念」有關，而「理念」一詞在學者或民眾的眼中，是相當不可捉摸的議題，也因此伴隨著頗高的爭議性。但儘管這些爭議依舊存在，我們似乎看到或感受到的確有一股「理念」在我國之大陸政策中，扮演相當重要的角色。而「特殊國與國關係」的提出正是這種理念具體的表現。誠然「特殊國與國關係」在未來的發酵中仍會激起各種相關政策之爭議，這些爭議除了反映出國人對國家定位問題依然未能形成共識之外，也反映出政

---

* 本章內容曾刊登於《中國大陸研究》，第42卷第11期（1999年11月），頁67-92。

[1] 「德國之音7月9日訪問李總統全文」，**中國時報**，1999年7月23日，網址http:www. chinatimes.com.tw/report/cn_tw/germany.htm。

府領導人在大陸政策之決策蘊思蛻變的強烈企圖心。從分析層面來看,對國家領導人之企圖心、價值或其他心理層面之分析乃屬於所謂之第一意象(the first image)之研究。[2]而這部分的研究往往觸及政治心理學(political psychology)或政治認知(political cognition)之領域。[3]

在本章中,我們在建構分析架構時雖然將觸及個人理念之分析,但我們的重點並不在探討心理學派極為重視之理念形成原因,而將重心置於政策學派所著重之理念所造成的結果。[4]為探討決策者理念對政策之衝擊,我們將進一步從政策科學的角度分析決策者如何整合各個不同之利益團體,使其理念得到支持,最後落實於制度之中。因此,在本章之分析架構中,我們雖然涉及特殊國與國關係提出之前的原因探討,但主要的研究重心是置於特殊國與國關係提出之後的政策方面分析。

從另一方面來說,政策本身易受到其政策環境(policy environment)之約制與影響,而有關政策環境之研究,我們除了考量國內之政治發展,特別是民主政治之外,還必須將有關「特殊國與國關係」之決策過程,置於國際關係之層面來考量。因為,儘管「特殊國與國關係」再次激盪出兩岸關係是屬於國際事務或國內事務之爭辯,而目前在國內對此爭辯亦尚未有一致的共識,但是有一件事情是肯定的:不管北京一再對外宣稱兩岸關

---

[2]　Kenneth Waltz, *Man, the State, and War* (New York: Columbia University Press, 1959). 在 Waltz 之觀點中,在解釋國家之行為時,第一意象(man)與第二意象(state)之重要性遠不如第三意象(state system)來得妥當。

[3]　有關政治心理學或政治認知之研究,請參閱:Eric Singer and Valerie Hudson, *Political Psychology and Foreign Policy* (Boulder, Colo.: Westview, 1992); Richard N. Lebow, *Between Peace and War: The Nature of International Crisis* (Baltimore: The John Hopkins University Press, 1981); Robert Jervis, Richard Ned Lebow, and Janice Gross Stein, *Psychology and Deterrence* (Baltimore: Johns Hopkins University Press, 1985); 石之瑜,「芝麻!開門:心裡分析引領兩岸政策進入新境界」,包宗和、吳玉山主編,**爭辯中的兩岸關係理論**(台北:五南,1998年),頁265-336。

[4]　Judith Goldstein and Robert Keohane, eds., "Ideas and Foreign Policy: An Analytical Framework," *Ideas and Foreign Policy: Beliefs, Institutions, and Political Change* (Ithaca, N.Y.: Cornell University Press, 1993), pp. 3-30 ; Peter J. Katzenstein, "Introduction: Alternative Perspectives on National Security," in Peter J. Katzenstein, ed., *The Culture of National Security: Norms and Identity in World Politics* (New York: Columbia University Press, 1996), pp. 1-32.

係是「國內事務」,但兩岸關係卻很難排除國際力量之干預;而台北也不
斷地運用國際力量來爭取台灣在國際社會之獨立國家地位並制定其大陸政
策。因此,我國之大陸政策除了受到兩岸關係之影響外,亦受到國際因素
之影響。從歷史的角度來看,我國的大陸政策從民國38年政府遷台以來,
經歷了以「還我河山」為職志的先總統蔣公之反攻大陸時代;到以平實作
風積極建設台灣,並鞏固中華民國邦交的經國先生之不接觸、不談判、不
妥協時代;再到以推動台灣民主、追求務實外交的李總統登輝先生之「出
埃及進迦南」時代。[5] 由於此種歷史背景,有關我國大陸政策之研究重
心,也由蔣公時代之「匪情分析,反攻大陸」到經國先生之「建設台灣成
為中華民國之三民主義模範省」,再到目前李登輝總統之兩岸關係是「特
殊的國與國的關係」。換句話說,有關我國大陸政策之研究除了受到當時
國家領導人理念對國內政治發展之衝擊之影響外,也愈來愈有「國際化」
之傾向。事實上,在目前政府的大陸政策制定過程中,國際因素已成為最
主要的考量之一。但兩岸關係之研究並非單由國際層面即可窺其全貌,它
同時也涉及國內之政治發展,譬如,政府之機制、利益團體對政策之影
響、立法程序與憲法之修訂等研究。一般強調國際關係的學者往往忽略了
國內政治對兩岸關係之深層影響;而著重國內政治研究的學者則又易忽略
國際層面對兩岸關係的約制。而本章之分析架構將採跨層次分析(cross-
level-of analysis)之研究方法,來分析政府大陸政策形成過程。

第二節　分析架構

在分析架構上,本章將以David Easton的系統理論作為基本之分析架
構。[6] 在此大前提下,本文將台灣嘗試脫離「一個中國」之特殊國與國關
係的決策途徑作為分析之「系統」(system),而以中共之「一個中國」

---

[5] 在此「出埃及與進迦南」來隱喻李總統欲帶台灣脫離中共之脅制,並進入國際社會
之理念。

[6] David Easton, *System Analysis of Political Life*. (New York: Wiley, 1965).

政策作為此系統之「約束環境」（constraining environment），而以美國之
對台政策作為一般環境（general environment）。這種分析架構，對政策
科學的學者來說，是政策與環境互動的研究途徑，乍看之下，並沒有任何
特殊之處；但從國際關係學者的角度來看，則涉及複雜的理論重構問題。
因為國際關係的研究，長期以來，受到分析層面（level-of-analysis）之約
制，以至於在研究方法上常常不能突破一些傳統的包袱。因此，我們有必
要在探討我國內部之大陸政策過程時，先分析國際關係理論中有關分析層
面之沿革與發展。

　　從國際關係理論之角度來說，研究國家與國家互動之行為可由三個不
同的層面來分析：第一是國際層面，第二是國內層面，第三是個人層
面。[7] 傳統上，國際關係的學者往往採用「由外而內」（outside-in）的分析
方法，也就是先分析國家所處之國際體系，次分析國家之外交政策，再分
析造成國家外交政策之內政因素。另一方面，一些研究決策者行為之學者
則採用「由內而外」（inside-out）的分析法，也就是先分析決策者的理念
（ideas）或其行為模式，次分析決策者之個人特質對國家行為之影響，再
分析此種具有濃厚個人人格色彩之國家行為所可能對國際社會帶來之影
響。[8] 雖然Kenneth Waltz明白地指出：分析國家在國際體系的結構約制下
之行為時，不宜將以上三個層次分析同時納入同一議題中，以免在因果
（causal-effect）關係上，失去其節約性（parsimony）。[9] 此外，Waltz亦主
張在研究一國之對外行為時，不宜將國家視為具備「人性」（human
nature）之行為者，而應將國家之行為納入更大之國際結構（structure）中
來分析，並將國家之行為視為一致性的（unity）；換言之，在國際架構之

---

[7] 有關層面分析之概念，請參閱：David J. Singer, "The Level-of-Analysis Problem in
　International Relations," *World Politics*, vol. 14 (1961), pp.77-92；Kenneth Waltz, *Man,
　the State,and War* (New York: Columbia University Press, 1959).

[8] Robert Keohane, *After Hegemony: Cooperation and Discord in the World Political
　Economy* (Princeton: Princeton University Press, 1984).

[9] Robert Keohane, "Realism, Neorealism and the Study of World Politics," in Robert
　Keohane, ed., *Neorealism and Its Critics* (New York: Columbia University Press, 1986),
　pp. 1-26.

約束下，國家之行為將漸趨一致，不致因此國家之國內政治、經濟、文化
等特色，而有太大之差異。[10] 這種研究取向，的確有提綱挈領，省去瑣碎
或次要因素之優點，也因此博得「優雅」（elegant）之美譽。[11] 但卻也因
此而失去其對國家行為之解釋力與預測能力動態分析。[12] 在此，吾人要特
別強調的一點是，從結構現實主義的角度來看，在兩岸關係（不管是界定
為國內事物或國際事務）的研究中，台灣內部的政治因素是微不足道的；
因為Waltz認為在一個弱肉強食的國際體系中，每個國家做為國際體系之
一個單元（unit），乃是依自求多福（self-help）之原則在缺乏中央政府之
無政府國際體系中（anarchic international system）來互動。因此，單元層
次（國家）內部之政治結構理念、國家機制、民主發展、利益團體與立法
過程等都將被更高層次之結構（structure）所轄制與決定。[13] 因此，在
Waltz之眼中，當吾人研究國際社會中國與國互動時，國家之行為與功能
是相同的，而其特徵也可以省略。[14] 換言之，這種研究導向認為國家之行
為主要是以國際社會之權力結構來界定的，與該國內部之政治發展、經濟
因素、社會文化或領袖特質皆少有關係。這是為什麼在1990年冷戰在世人
驚訝的眼神中，戲劇性的落幕時，國際關係的研究興起了對結構性現實主
義（structural realism）之躂伐與批判，其原因即為結構現實主義堅持以國
際層面來解釋、分析與預測國家行為之理論，有其不足之處。[15]

但從inside-out的研究取向則將國家行為之研究重心置於國內政治之發

---

[10] Kenneth Waltz, "Politics Structure," in Robert Keohane, ed., *Neorealism and Its Critics* (New York: Columbia University Press, 1986), pp. 70-97.

[11] Robert Keohane, "Realism, Neorealism and the Study of World Politics," in Robert Keohane, ed., *Neorealism and Its Critics* (New York: Columbia University Press, 1986), pp. 158-203.

[12] Ibid.

[13] Kenneth Waltz, *Theory of International Politics* (Reading, Mass: Addison-Wesley, 1979), pp. 60-78.

[14] John G. Ruggie, "Continuity and Transformation in the World Policy: Toward A Neorealism Synthesis," *World Politics*, vol. 35, no. 2 (1983), pp. 136-137.

[15] Michael W. Doyle and John Ikenberry, "The End of the Cold War, the Classic Tradition, and International Change," in Michael W. Doyle and John Ikenberry, eds., *New Thinking in International Relations Theory* (Boulder C.O.: Westview Press, 1997), pp. 1-19.

展或領袖特質之分析。[16] 譬如Peter Katzenstein在比較德國與日本兩國國內之不同社會習俗與理念價值之後,歸納出德國與日本在對國內安全政策之不同主張外,更提出此兩國在處理國際恐怖主義時截然不同之外交政策。[17] 此外,Robert Jervis、 Richard Ned Lebow等人則從政治心理學與個人認知層面切入來研究決策者之特質所可能對國家行為產生之影響時,發現不同的國家有可能因不同之領袖或決策者的不同價值、認知或理念,而對相同的國際體系結構有不同的反應。[18] 也都反映了inside-out之研究取向。

　　Outside-in與inside-out的不同研究導向,觸及理念對政策影響之角色,激起了1980年代政治學界有關理性(rationality)之討論,[19] 及1980年

---

[16] 有關國內政治因素,請參閱:Robert Tollison and Thomas Willett, "An Economic Theory of Mutually Advantageous Issue Likage in International Negotiations," *International Organization*, vol. 33 (1979), pp. 425-449;Linda Brady, *The Politics of Negotiation: America's Dealing with Allies, Adversaries, and Friends* (Chapel Hill & London: The University of North Carolina Press, 1991); Fred Charles Ikle, *How Nations Negotiate* (New York: Harper & Row, 1964), pp. 122-142;John Spanier, *Foreign Policy and Democratic Dilemmas* (New York: The Dryden Press, 1982), pp. 1-7;Thomas Risse-Kappen, *Bringing Transnational Relations Back in: Non-State Actors, Domestic Structures and International Institutions* (Great Britain: Cambridge University Press, 1995), pp. 20-29;Ole Holsti, *Public Opinion and American Foreign Policy* (Aan Arbor: The University of Michigan Press, 1996); Margaret Hermann and Joe Hagan, "International Decision Making: Leadership Matters," *Foreign Policy*, vol. 109 (1988), pp. 124-137;Peter A. Gourewitch, "The Second Image Reversed: The International Sources of Domestic Politics," *International Organization*, vol. 32, no. 4 (Autumn 1978), pp. 881-911.

[17] Judith Goldstein and Robert Keohane, "Ideas and Foreign Policy: An Analytical Framework," in Judith Goldstein and Robert Keohane , eds., *Ideas and Foreign Policy: Beliefs, Institutions, and Political Change* (Ithaca, N.Y.: Cornell University Press,1993), pp. 265-296.

[18] Robert Jervis, *Perception and Misperception in International Politics* (Princeton:Princeton University Press, 1976); Richard N. Lebow, *Between Peace and War: The Nature of International Crisis* (Baltimore: The John Hopkins University Press, 1981); 其他類似以政治認知或政治心理學來研究國家行為者尚包括有:Deborah Welch Larson, *Origins of Containment: A Psychological Explanation* (Princeton:Princeton University Press, 1985); Robert Jervis, Richard N. Lebow, and Janice Gross Stein, *Psychology and Deterrence* (Baltimore: Johns Hopkins University Press, 1985).

[19] 在此階段,強調理性導向之國際關係研究,請參見Robert Keohane, *After Hegemony:*

代末期有關反思主義（reflectionism）之爭辯。[20] 在此，值得一提的是：反思主義者雖然也研究理念與政策產出之間的關係，但他們並不將研究的重心放在政治心理學或政治認知上面，他們強調的是人類往往因歷史、文化、語言（詞彙表達）及其他決策者所可能面臨種種複雜考量，讓這些決策者在面臨如此複雜情形與資訊不完整下，無法以其所謂的「完全理性」來作決策；相反地，在決策過程中，他們深受個人之理念、主觀因素及其他背景因素影響。[21] 反思主義者雖然對理性主義提出了一些耐人省思的批判，而且提出理念研究之重要性，可是反思主義者只提出理念對政策影響之重要性，但卻沒有提出理念如何影響政策。[22] 究其原因為這些學者，傳統上還是以研究外交政策之學者為主，他們缺少將外交政策之研究，降低其分析層次（level-of-analysis），所需之觀念及將國際關係與政策分析這兩種不同政治層次領域整合之工具。[23] 到了1990年代，冷戰之結束對國際

Cooperation and Discord in the World Political Economy (Princeton: Princeton University Press, 1984); Kenneth A. Oye, ed., *Cooperation Under Anarchy* (Princeton: Princeton University Press, 1986).

[20] R. B. J Walker , "Speaking the Language of Exile: Dissident Thought in International Studies," *International Studies Quarterly*, vol. 34 (1990), pp. 259-268 ; Thomas J. Biersteker, "Critical Reflections on Post-positivism in International Relations," *International Studies Quarterly*, vol. 33 (1989), pp. 263-267 ; Robert Cox, *Production, Power, and World Order* (New York: Columbia University Press, 1987); Yosef Lapid, "The Third Debate: On the Prospects of International Theory in a Post-positivism Era," *International Studies Quarterly*, vol. 33 (1989), pp. 235-254 ; Alexander Wendt, "The Agent-Structure Problem in International Relations Theory," *International Organization*, vol. 41 (1987), pp. 335-370.

[21] Judith Goldstein and Robert Keohane, "Ideas and Foreign Policy: An Analytical Framework," in Judith Goldstein and Robert Keohane , eds., *Ideas and Foreign Policy: Beliefs, Institutions, and Political Change* (Ithaca, N.Y.: Cornell University Press,1993), p.3.

[22] 作者認為此遺憾乃導因於在1990年代之前，研究國際關係之學者，尚背負著沈重之層次分析之包袱，在謹守國際層次分析或單一層次分析的情況下，使得國際關係的研究限於其傳統的研究分法語研究工具，自然很難落實到國內政治或決策過程之層面。

[23] 傳統上，政策分析（policy analysis）與決策過程（decision making process）是屬於政策科學的範疇。研究國際關係的學者甚少利用此種工具來作國際關係的研究。究其原因，除了學術界中「門戶之見」與「地盤」觀念外最重要的還是研究國際關係

關係之研究有巨大之衝擊，不僅強調外交政策之傳統現實主義，甚至連強調國際體系中權力結構之新現實主義都不能解釋、分析或預測冷戰之結束。因此不少國際關係之研究者開始在研究方法上特別是分析層次上，揚棄「國際」與「國內」之界線，揭櫫了後冷戰時期跨越層次之分析時代。譬如，Peter Haas於1992年在研究國際關係理論中執牛耳之地位之 *International Organization* 季刊提出認知社群（epistemic community）的觀念，強調知識份子之認知與理念在決策過程中之角色，及其對國家內部政治發展與外交政策之深遠影響，從而提出未來在分析國家之對外政策時，吾人宜掙脫在某個特定層面作分析之束縛的主張；[24] Haas語重心長地指出未來國際關係的研究應嘗試整合國際、國內與個人三個不同層面來分析，才能對國家的行為提出一套更完整的（comprehensive）研究導向。Haas這種打破層面分析，而進入層際分析（cross-level analysis）的研究方法的確反映了許多學者之心聲。[25] 儘管這種層際分析所需要的龐大專業知識與多種研究方法，令許多學者卻步，甚至抵擋。[26] 但在國際互賴日益加深，國與國之間的界線愈來愈模糊，許多國際事務與國內事務更加犬齒交錯的時代潮流中，Haas所大聲疾呼的跨層分析或許可以給吾人在面對錯綜複雜的兩岸關係，以及研究兩岸關係面臨日益迫切的需要科際整合（interdisciplinary），可提供相當之啟發。因此在系統理論之原則下，本章將把國際關係因素納入國內政治之決策過程中，試圖以層際分析之方式將國際政治融匯於國內政治之決策過程中。換句話說，我們將採Peter Gourevitch在其所謂second image reversed中所強調的「國際因素對國內政

的學者，長期以來囿於層面分析，而不願踏入層際分析，所衍生的結果。

[24] Peter M. Hass, "Introduction: Epistemic Communities and International Policy Coordination," *International Organization*, vol. 46, no. 1 (1992), pp. 1-35.

[25] 這些學者包括James Rosenau, John Ruggie, Peter Kazenstein, John Ikenberry, Robert Putnam, Peter Gourevitch, Lisa Martin, Robert Kohane等自由主義學派學者為多。

[26] John Mearsheimer, "Back to the Future: Instability in Europe After the Cold War," *International Security*, vol. 15 (1990), pp. 5-56; Joshph M. Grieco, "Realist International Theory and the Study of World Politics," in Michael W. Doyle and John Ikenberry, eds., *New Thinking in International Relations Theory* (Boulder, C.O.: Westview Press, 1997), pp.163-201.

治之衝擊」之主張。[27] 因為,藉者此種層際分析,我們方可分析在台灣內部之政治發展中,國家領導人如何在國際體系的約制與機會(constraints and opportunities)下透過國內政治發展與決策過程之途徑,將Haas等人所強調之國家行為深深受到決策者與認知社群在理念與國家利益重新定義之學習過程(learning process),來重新定義國家之利益與政策制定之方向。[28] 如此,我們方可以在國際關係的研究上,開啟一扇容許科技整合的窗戶,並在國際關係與政策科學的研究鴻溝上,架起一座可以互補的橋樑;也唯有如此,我們方可在在研究方法上,應用政策分析(policy analysis)之工具,[29] 以理念(ideas)、利益(interests)制度化(institutionalization)等三個具有因果關係之變數(variables)[30],來構思我國深受國際因素與國內因素互動所影響之大陸政策制定過程[31]。

---

[27] Peter A. Gourewitch, "The Second Image Reversed: The International Sources of Domestic Politics," *International Organization*, vol. 32, no. 4 (Autumn 1978), pp. 881-911. 事實上,將國際關係理論進一步與國內政治結合,已是國關研究之最新發展趨勢,請參閱Peter J. Katzenstein, Robert Keohane and Stephen D. Krasner "International Organization and the Study of World Politics," *International Organization*, vol. 52, no. 4 (1998), pp. 667-670.

[28] 有關國家決策者之學習(learning)及其對國家政策的影響與功能請參閱Peter M. Hass, "Introduction: Epistemic Communities and International Policy Coordination," *International Organization*, vol. 46, no. 1 (1992), pp. 1-35;Emanual Adler and Peter Haas, "Conclusion: Epistemic Communities, World Order, and Creation of a Reflective Research Program," *International Organization*, vol. 46, no. 1 (1992), pp. 384-387;Ernst Haas, When Knowledge is Power: Three Models of Change in *International Organization*s (Berkeley: University of California Press, 1990), pp. 1-14;Ernst Haas, "Why Collaborate? Issue-Linkage and International Regimes," *World Politics*, vol. 32, no. 3 (1980), p. 390.

[29] 有關國際關係與政策分析之結合文獻,請參考Graham Allison, *Essence of Decision: Explaining the Cuban Missile Crisis* (Boston: Little, Brown, 1971),但Allison在此文中主要著眼點是官僚政治結構對外交政策之衝擊,他並未對此建立一個簡易明瞭之決策模型。而在本文中所提到之決策分析與其模型之建立是另一種嘗試。

[30] 在本文之分析中,吾人認為理念、利益與制度化等三個變數;雖有某種程度之因果關係,但此因果關係,並非線性的(linear),而是具有回饋現象的。

[31] 有關如何將政策分析納入國際關係之研究請參考本文之第四節。

第三節　「特殊國與國關係」的背景與環境

　　自從冷戰在1990年結束之後,國際體系的改變,使得美國得以在其對台政策上,逐漸跳脫在冷戰時期為了「聯中制俄」的全球戰略考量,從而使得美國之對台政策得以擺脫長期以來處在美國對中共政策之陰影下。此外,中國在1990年代初期驚人之經濟成長及其投射在中共國力之茁壯,也再次引起美國對所謂「中國威脅」論之警戒;而在此同時,台灣卻在經歷了1980年代經濟奇蹟之後,在李登輝總統追求台灣本土化之理念之下,開始邁向各種民主政治改革。因此,國際體系結構之改變,與台灣內部政治之發展,如同一把剪刀之兩個刀葉給予台灣之領導人,企圖剪開自1979年「中」美斷交之後,北京—華盛頓—台北間的一個「默契」[32]:(1)中共不得以武力解決台灣問題;(2)台灣不得追求獨立,或「一中一台」;(3)美國堅持台灣問題必須和平解決。因為對台灣之領導人來說這個「默契」使得台灣在外交上日形孤立;因此,必須從這個「默契」中,尋求一個較有創意之政策,以拓展台灣在國際社會之地位。從決策過程來看,台北對這種美—中—台在1979年之默契的企圖改變,並非在冷戰後一夕之間形成的;相對的,它是一個漫長的過程——台北—北京之間的一種拉鋸戰的演化過程。而「特殊國與國關係」即是在這種隱晦不明的環境中逐漸形成,並嘗試賦予台灣在重重外交困境下邁向國際之一線契機。事實上,在李總統1995年6月之訪美,及其後1996年3月之第三次台海危機後,已呈現出兩岸關係之漸行漸遠,並正式埋下「特殊國與國關係」之遠因。

　　然而中共國家主席江澤民基於美—中關係已因台灣問題及其他有關中美貿易逆差、人權、核武等問題之惡化,乃於1997年10月挾其龐大國內市場之商機進行訪美之旅,欲藉其經濟力量來透過北京在華盛頓各種利益團體來向美國政府施壓,並修好美—中關係。其成果為喧騰一時之「中美、建設性的戰略夥伴」的建立;此外,1998年6月美國總統柯林頓訪問中國

---

[32] 此默契是建立在1972年「上海公報」、1979年「建交公報」、1982年「八一七公報」等中美三個公報及1979年「台灣關係法」上。

大陸時，也透過了一個非正式的方式，在上海發表了對台灣想要走出國際社會，頗為不利的「三不政策」。而美國在兩岸事務之積極介入，卻造成北京與台北之決策者在有關台灣前途定位的問題，有了強烈的急迫感。台北的決策者在面對「三不政策」的同時，已意識到華府的確有向北京傾斜的趨勢；再加上汪道涵訪台之期日益迫近，台北的決策者已開始謀思台灣將以何種身分來面臨兩岸政治談判的問題；此外，一些政治觀察家亦認為，「特殊國與國關係」之提出，或許有助於國民黨提出之總統候選人，贏得西元2000年之總統大選。以上這些因素都促成了「特殊國與國關係」形成之近因。

然而，正如本章前面所陳述的一些有關國際因素作為國內決策之「政策環境」，此時之「特殊國與國關係」，雖然有了初步「環境條件」，但尚缺一條導火線。終於在科索夫美國誤炸北京大使館、中共在美國之間諜案、WTO等政策問題已邁進談判終局、美國國內對中共產生強烈反感、美國國會通過將台灣、南韓與日本同時納入其在遠東之戰區飛彈防禦體系（TMD）計劃及美國國會提議制定「台灣安全加強法」等美—中交惡的高潮的局勢下，台北之大陸決策者，終於在評估政策環境「利多」的條件下，正式提出了強調政治現實與法律事實之「特殊國與國關係」。[33]

「特殊國與國關係」提出之後，台北決策者最關心的卻為美國與中共的反應。對於中共的反應必然又是一番文攻武嚇，台北已了然於心；但美國的反應，卻非台北能掌握。事實上，華府就曾抱怨台北在此重大決策之前並未先通知白宮、國務院或五角大廈，並一度認為台灣利用美—中關係交惡之際，提出「特殊國與國關係」，有將美國一軍之嫌。[34] 台北雖不能掌握美國對「特殊國與國關係」是否支持；但台北之決策者瞭解，在目前亞太之安全體系下，特別是美、日新防衛合作指針之擴大解釋並將台灣安全內納入美日安保範圍之情形下，類似1996年3月之中共對台軍事行為應該不致於再發生。事實上，在台灣提出「特殊國與國關係」之後，美國為

---

[33] 「特殊國與國關係，敏感時機，挑釁作法」，**聯合報**，1999年7月19日，版13。轉述華盛頓郵報，「兩個中國，但只有一個解決方案」專文，1996年7月18日。

[34] 「美警告中共，勿對台灣輕舉妄動」，**聯合報**，1996年8月12日，版2。

防止1996年3月台海危機之重現，已多次清楚地向中共表達，美國不惜以武力來因應中共因任何理由（包括特殊國與國關係）對台之軍事行動。[35]在此同時，美國國會眾議院全會，於7月21日，無異議通過一項法案，認為美國應在中共威脅或武力攻台時，協助台灣防衛，並呼籲中共宣布放棄對台用武。[36]

因此，以國安會諮詢委員會、陸委會、海基會為主軸的大陸政策決策體系，已將「特殊國與國關係」所可能產生的負面效應置於兩個重點：第一、鎖定美國（或許再加上日本）為最主要之政策溝通與說明對象——其理論為美國在「特殊國與國關係」之議題上，當會在軍事立場上採取較為強硬並清晰的立場；明白反對中共對台用武；但在外交與政治上美國在「特殊國與國關係」之議題上，可能會繼續採取較為模糊之外交策略；因此，台北希望能透過溝通，與御國之術（state craft）來追求美、日等國之「諒解」或「支持」——當然，這需要相當長的一段時間。第二、在國內政治上，希望能在意識形態、利益團體與組織制度上，逐漸落實「特殊國與國關係」於政策中——同樣地，這也是急不得，且需循序漸進的政策過程。而在下節中，我們即將透過政策科學的工具，以3i的決策模型來分析我國大陸政策之決策過程。

第四節　3i決策模型的建立

雖然理念與政策產生之間「當有某種關連」是一個普遍的常識，但有關理念之研究卻一直為經濟學家與政治學中理性學派所質疑；甚至有些時候理念被視為只不過是政客們為了譁眾取寵與合法化其個人私利之工

---

[35] 「美眾院無異義通過協防台灣」，**聯合報**，1996年7月23日，版3。

[36] Kenneth A. Shepsle, "Comment" in Roger Noll, ed., *Regulatory Policy and the Social Science*, (Berkeley: University of California Press, 1985), pp. 231-237; Charles Schultz, *The Public Use of Private Interest* (Washington, D.C.: Brooking Institution, 1977).

具。[37] 究其原因,是長期以來理念與政策間關係之研究,往往著重於心理、價值層面之分析,而較少在理念「如何」影響政策上著墨。Goldstein與Keohane即針對此缺憾提出理念如何影響政策之決策分析模型。依據Goldstein與Keohane之理論,理念可以透過三個因果途徑來影響政策:[38] 理念可以在個人面臨各種選擇時,指導其偏好;或在其多元政治策略與政策目標間提供一個指導原則。因此理念具備「地圖」(road map)的功能,一旦政策目標已確定,可以使決策者不致迷失在因策略性考量而有的多元政策選項(policy alternatives)中。從兩岸關係的角度來看,若台北決策者的政策目標是在兩岸進行政治談判前,必須先求得兩岸對等之談判地位,則此種台北要求與北京有對等政治談判地位之理念,就會指導台北之決策者,在「一國兩制」、「一國兩府」、「一中兩國」或「一中一台」等各種政策選項中思考一個可以達到台北與北京對等談判之策略。沿著此邏輯,吾人就不難想像,為何台北的決策者會在海協會會長汪道涵來台之前,拋出「特殊國與國關係」,以使其在有關台灣之國家定位問題上,擇定一個最有利於兩岸政治談判之政策選項。[39]

其次,理念可以在政策目標尚有爭議的階段,也就是在國內政治力量或其他利益團體對決策者所提出的政策目標,未能形成共識時,提供一套策略性之互動方式(strategic interactions)以取得對決策者在推動其政策時,能取得最有效之結果。在此種情形下,決策者之理念可以扮演凝聚(glue)各方不同意見之工具。在「特殊國與國關係」的例子中,我們看到決策者運用各種不同資源,其中包括實質之物質利益,與非實質之物質

---

[37] Judith Goldstein and Robert Keohane, "Ideas and Foreign Policy: An Analytical Framework," in Judith Goldstein and Robert Keohane , eds., *Ideas and Foreign Policy: Beliefs, Institutions, and Political Change* (Ithaca, N.Y.: Cornell University Press,1993), pp. 11-26.

[38] 王銘義,「走出一個中國迷思,陷入兩個中國漩渦?」,**中國時報**,1999年7月14日,版2。

[39] Judith Goldstein and Robert Keohane, "Ideas and Foreign Policy: An Analytical Framework," in Judith Goldstein and Robert Keohane , eds., *Ideas and Foreign Policy: Beliefs, Institutions, and Political Change* (Ithaca, N.Y.: Cornell University Press,1993), p. 12.

利益（如政治意識形態之認同），再透過策略聯盟的方式來整合各方不同的意見，以達到其理念落實於政策之目的。有關此部分，我們將在下一節中作更深入的分析。

最後，理念必須透過制度化（institutionalization）來保障並鞏固其政策目標。事實上，任何理念一旦透過立法程序，並形成制度時，此理念即已落實政策中，並進入實際執行階段。「特殊國與國關係」目前最具爆炸性的議題，即在於「特殊國與國關係」是否將牽動下一步之立法與修改憲法之問題；一旦「特殊國與國關係」入憲，則台灣將正式與「一個中國」政策脫鉤。

Goldstein與Keohane雖然用心良苦地將「理念」會影響政策作了一個很有系統之分析，但此一分析架構仍有一個很明顯的遺漏：即在理念如何影響政策的途徑中，他們只是很籠統的提出決策者可以利用其理念來「凝聚」對其政策目標持不同見解之個人或團體；但至於「如何」凝聚的方面，他們也僅提到以理念可以透過影響策略互動的方式來整合各方不同之意見。[40] 其所遺漏之處為決策過程中最重要，也最不易分析之變數：有關利益團體與政策互動的研究。而Goldstein與Keohane之所以在「理念如何凝聚並整合各方不同之政策意見」議題上，沒有太多著墨，其原因之一即為：若要探討此一問題，則必需涉及政策分析或決策過程之研究。

為解決此一遺憾，我們可先瞭解Deborah Stone在1997年出版之*Policy Paradox: The Art of Political Decision Making*，一書中所論及之決策模型。首先，Stone也與Goldstein與Keohane一樣認為決策者理念或價值會大大地影響政策的產出；[41] 甚至，她認為理念與價值是一切政策之本源。[42] 但Stone認為目前一般研究決策分析的學者所主張的三大決策模型有其修改之必要；因此，Stone乃針對目前一般大眾所熟悉的三大決策模型提出修

---

[40] Deborah Stone, *Policy Paradox: The Art of Political Decision Making* (New York: W.W. Norton and Company, 1997), pp. 11-12. 在此，Stone將價值（value）與理念（Ideas）視為同質性之物質。

[41] Ibid.

[42] Deborah Stone, *Policy Paradox: The Art of Political Decision Making* (New York: W.W. Norton and Company, 1997), pp. 8-11.

正之意見：[43]

第一、理解性模型（model of reasoning）──這個模型強調理性決策，因此，依據此模型之決策必須符合下列步驟：

    1. 釐定政策目標；

    2. 釐定達成政策目標之各種不同政策選項；

    3. 能預測每個不同政策選項所可能發生之結果；

    4. 評估每個不同政策選項之可能結果；

    5. 選定可以達成政策目標之特定政策選項。

但Stone認為這種純理性之模型並不符合政府在處理實際決策時之考量，因此需要加以修正；經過修正後，她提出「政治理由模型」（model of political reason）。政治理由模型可以說明決策者之行為有時看起來似乎改變了其政策目標、有時同時訴求兩種彼此衝突之政策、有時如何扮演豬吃老虎（winning by losing）之角色；有時決策者會假裝故意放出風聲，並聲稱其所主張之方案已經是政府既定之政策，從而形塑民意或以「生米已煮成熟飯」之文宣攻勢，以先聲奪人的策略來達成政策目標之完成。總之，在充滿政策弔詭（policy paradox）的政策環境中，政治理由模型強調決策者常以隱喻（metaphor）的方式來說服別人接受其理念，從而達到其政策目標。[44] Stone這種政治理由模型，事實上是在理性決策的大原則下，容許政策偶發（policy contingency）與政策弔詭之結果。[45] 這種觀點運用在特殊國與國關係中，可以說明台北之決策者利用隱喻方式以迂迴方式來達成政策目標之策略──一方面以「特殊國與國關係」來掙脫「一個中

---

[43] Deborah Stone, *Policy Paradox: The Art of Political Decision Making* (New York: W.W. Norton and Company, 1997), pp. 8-9.

[44] 有關政策偶發之探討，請參閱David A. Baldwin, "Power Analysis and World Politics: New Trends Versus Old Tendencies," *World Politics*, vol. 31, no. 2 (1979), pp.161-194；Amitai Etzioni, Mixed Scanning "A Third Approach to Decision Making," *Public Administration Review*, vol. 27 (1967), pp. 358-392.

[45] 國民黨秘書長章孝嚴於7月12日表示李總統的特殊國與國關係並未放棄兩岸未來和平統一。見「李總統未放棄兩岸和平統一」，**中國時報**，1999年7月13日，版2。

國」之框架，但另一方面又稱特殊國與國關係並未放棄未來兩岸和平統
一。[46]事實上，我們若在決策分析上，採用理解性模型來分析「特殊國與
國關係」，我們將很難在政策目標之釐定上，有一個前後一致
（consistent）的解釋。例如，國統綱領中有關國家前途與定位的問題，如
何使之與「特殊國與國關係」不相互矛盾？若政策目標不能清楚釐定，則
政策選項必定由多元發展成混亂，從而無從針對每一選項進行分析、評估
與選擇。

第二、社會模型（model of society）——這個模型主張個人與社會都會追
　　　求其本身之最大利益，最後在社會機制下，達到政策平衡點。其邏
　　　輯之主要觀點並非在政策市場之平衡，而是將其分析重點置於造成
　　　這種平衡的原因——自我利益之最大效能，自然就可以達到政策市
　　　場之平衡點；因此，其邏輯除了反應經濟學之賽伊法則外，其研究
　　　途徑與理性決策模型是很接近的。

　　但Stone提出，決策者有時會追求非物質（non-material）之利益，人
們有時會因社會價值、傳統或其他個人之理念，做出表面上看起來非物質
性利益的決策，而此種決策有時會與以市場最大效能之社會模型決策相互
牴觸。她因此提出修正模型，稱之為「政治社群」（political community）
或「都市國家」（polis）模型，來說明政策之決策往往可能包含物質利益
與非物質利益上之考量。[47]這一點可以用來說明政府推動「戒急用忍」政
策時，不斷聲稱「戒急用忍」政策乃是基於「全民利益」之考量，而此所
謂「全民利益」常隱含許多非物質利益的考量。此外，它也可以說明「特
殊國與國關係」之所以得到73.3%民眾之贊同；但在同一份民調中，民眾
被問及「特殊國與國關係」之主張是否對我國發展外交空間有幫助時，民

---

[46] Deborah Stone, *Policy Paradox: The Art of Political Decision Making* (New York: W.W. Norton and Company, 1997), p. 10.

[47] 這份民調為中華歐亞學會在7月14日至15日所作。調查方法為電話訪問，有效樣本為1101份，在顯著情形為0.05情況下，抽樣誤差在±3%。「見兩岸兩國，七成四民眾贊成」，**自由時報**，1999年7月19日，版4。

眾則顯得較為保留，認為非常有幫助或有點幫助的合計只有45.4%。[48] 這
兩組民調數字說明了Stone所強調之「政治社群模型」的確能說明物質的
利益（如特殊國與國關係對我政府之外交是否有利）與非物質的利益（如
對台灣是一個國家而非中共之一省的認知）納入其決策過程中。事實上，
「特殊國與國關係」之所以不能用「社會模型」來分析之原因，並非在其
「自我利益最大效能」上出了問題。而是在目前國人在「國家定位」之自
我認知上，還是充滿不確定因素，因此在「自我」不易定位之下，「社會
模型」自然不能解釋「特殊國與國關係」之決策。此外，在「最大效能」
方面，國內各政黨與人民對「特殊國與國關係」所隱含之「政治利益」、
「經濟利益」、「政治成本」、「經濟成本」等問題，亦不易界定。因此，
有關「特殊國與國關係」決策分析，還是需要透過Stone所提出之「政治
社群」模型，較能解釋有關「特殊國與國關係」之決策。

第三、政策制定模型（model of policy making）——這個模型認為政策制
　　　定有其一定的流程、順序、步驟，因此政策過程之每個環節，如政
　　　策目標之釐定、政策選項之臚列、政策選項之評估、政策建議、政
　　　策執行等似乎都是按部就班的順序行為；而傳統之政策分析學者，
　　　也習慣於將這些步驟視為某一種「公式」或「流程」來作相關政策
　　　之研究。

　　　但Stone則認為決策者在政策制定的過程中，往往不按所謂的政策流
程來作決策；許多決策都是在理念擺盪、利益衝突及程序的反饋
（feedback）之後，才逐漸透過立法程序，使決策者之理念落實於制度
面。[49] Stone雖然沒有針對政策制定模型提出代替方案，但他再次對此模型
中有關理性決策及公式化之政策流程提出批判，她認為決策過程固然不可
能以「隨性」或「天馬行空」之方式來制定政策；但許多政策之形成過
程，往往是在政策偶發（policy contingency）、程序插隊、漸進摸索，甚

---

[48] Deborah Stone, *Policy Paradox: The Art of Political Decision Making* (New York: W.W.
　　Norton and Company, 1997), pp. 10-11.

[49] 「兩岸政策，以一個民族兩個國家解說」，**中國時報**，1999年7月16日，版2。

至錯誤中學習的過程中形成。從特殊國與國關係的發展中，我們也清楚地看到政府在決策過程中，確有「摸著石頭過河」之情形，而非依一個僵硬之公式來依照一定程序制定每一個細節之決策。譬如，有關政府對特殊國與國關係之對外文宣，即出現「修正」之現象。本來在1999年7月16日行政院新聞局局長程建人針對特殊國與國關係定位後，政府將以「一個民族、兩個國家」（two states in one nation）來說明兩岸政策。[50] 但陸委會後來針對nation一字易讓人翻譯成「國家」，而又再掉進一個中國之泥沼，反而對我宣傳有不利之影響，因此政府決定只提特殊的國與國關係（special state-to-state relationship），而不再提「一個民族，兩個國家」之政策。此即為Stone所考慮之決策過程往往是許多理念推敲、再推敲，修正、再修正之結果，而非一成不變的公式或順序。另外，有關特殊國與國關係是否要入憲的問題，雖然民進黨秘書長游錫堃1999年7月21日表示對特殊國與國關係入憲應「審慎通盤考量」，但民進黨內新世紀國代湯火聖等人則主張應透過修憲、立法等方式，來保證「特殊國與國關係」落實於未來之大陸政策中。[51] 而政府決策單位目前也儘量就「特殊國與國關係」是否未來會入憲、修法之事表示較為保守的作法，也反映出政府在制定有關「特殊國與國關係」之配套法案時，有Stone所提「政治社群」之考量，而非將決策者之理念以「公式化」的政策流程來實踐。誠然，任何理念若非透過制度化，並使之落實於政策，否則這些理念是有可能消失或被推翻的；但有關「特殊國與國關係」是否入憲的問題，可能還是必須俟政策系統內之條件成熟與政策系統外之環境容許，才可能達成。

　　綜合以上分析，Stone所提出之修正模型，不但在理論面上為Goldstein與Keohane在「理念」與如何轉變成「政策」之過程中，提供了相當程度之理由與辯證；更重要的是，當我們用「特殊國與國關係」之決策過程來檢視該理論時，我們發現Stone所提之修正模型的實用價值。換句話說，Goldstein與Keohane看到了理念「會」影響政策之重要性；Stone則強調理

---

[50] 「特殊國與國關係入憲？民進黨內不同調」，**聯合報**，1999年7月16日，版4。

[51] David Easton, *System Analysis of Political Life* (New York: Wiley, 1965).

念「如何」影響政策，其研究重心已不是「理念」本身，而是理念透過何種途徑，形成了政策。為了進一步說明理念與政策產出的關係，我在以下之分析中，將嘗試Goldstein與Keohane、Stone及我本人之觀點作一結合，並提出一套較為簡易之分析模型。

　　雖然我們已知道理念，特別是政治領袖的理念往往與政策有關，但空有理念並不能解釋政策之產出。事實上，在政治領袖之理念與政策產出之間上有一個一般人認為的「迷思」（myth），這個迷思即為政策科學所謂的「黑盒子」（black box），若用David Easton 的系統理論來探討個人理念與政策產出的關係，我們便可以粗略地以圖5-1來表示以上之概念。

　　為方便起見我們可以用Easton的政治系統圖來說明決策者理念如何發展成為某一特定政策的途徑。在圖5-1中，我們把理念當作輸入，經過所謂「黑盒子」[52] 的政策過程，最後有了輸出，也就是政策產出，而輸出再經過回饋的作用影響輸入，最後達到具有循環性之政治系統。然而在實際的政治生活中，政治領袖的個人理念如何落實於政策的途徑卻遠比圖5-1所描繪的情形來得複雜。為此，我們嘗試建立一個新的模型來輔助說明政治領袖個人理念與政策之間的關係。這個模型我們為方便起見稱之為3i模型，因為它以三個i為字首的英文字：理念（idea）、利益（interests）與制度化（institutionalization）作為此模型之分析單元。我們若把這個模型

圖5-1　政治系統簡圖

---

[52] 在此黑盒子（black box）隱喻政策過程之複雜性與不可知性。

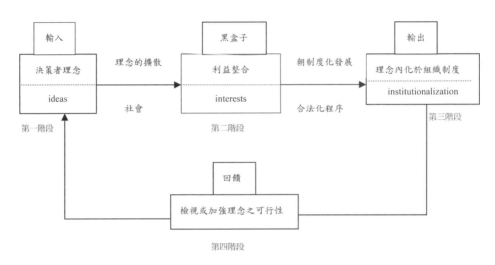

圖5-2　3i決策模型與政策間之關係

融入Easton的政治系統簡圖，則我們可以得到圖5-2。在圖5-2中，我們看到在第一階段時個人理念有其形成之背景因素，政治領袖若欲推動此理念，將面臨多種不同意見或阻力，因此政治領袖除了必須將其理念透過文宣來介紹給社會大眾之外，他還必須在第二階段以利益整合各方不同之意見。在此所提到的利益可以是有形的政治或經濟之利益，也可以是無形的意識形態的認同，或社會地位與榮譽等非實質利益；換句話說，在此我們將反映Stone以「政治社群模型」來修正「社會模型」之決策模型。在這個階段，對政治領袖來說是一項極為嚴峻的考量，其成敗有賴政治領袖的政治智慧與能力。因此在此階段，強調決策者能藉著整合各方不同之利益在某種廣泛的基礎上達成有相當共識的政策制定原則，並為未來之政策執行奠下良好基礎。然而在第二階段之利益整合不能保證政治領袖之個人理念可以在政策上得到完全的落實，政策之形成執行、鞏固必須仰賴第三個階段中所強調的組織與制度化。

　　當理念透過第一與第二階段成為政策，並且得以解決各項問題之後，便開始漸漸地往正式的行政組織中內化入組織成為制度，而慢慢地限制了其他政策或紛歧意見之產生。此時，理念已被組織化或深埋於既定政策中，也就是圖5-2中所描述的第三階段。如果理念在此成了制度化的特定

政策，那麼理念便與利益或權力已糾結在一起；除非習於此一理念的人（也是特定的利益與權力之擁有者）已不存於組織中或在社會中有了革命性或結構性的經濟—社會改變，否則此一理念會因制度化而鞏固其政策，且其影響力會久久不衰。[53] 而第四階段則提供了一個檢視或加強此理念可行性之機制，使理念與政策產生之間形成一種循環的系統。

　　以上之3i模型可以用來解釋在具有相當程度之民主國家內，政治領袖或菁英之理念與政策（包括民主化政策與外交政策）產出之間的關係。但它並不能全然運用於世界上任何政體，譬如在共產極權及因殖民地而產生的新興民族國家中，這個模型就不甚適用；因為3i模型中強調的第三個階段：制度化，是一般非民主國家所不具備的。然而制度化的過程卻是此模型之最後一個，也是最重要的一個步驟。[54]

第五節　3i模型的理論分析與其策略應用

　　至於決策者是否能整合各方不同利益團體來支持其理念，則涉及國家機制之研究。像在日本、瑞典和奧地利的國家中，往往有某特定團體得到國家的特許、承認或鼓勵，有權代表其社會部門，有時還可以提出自己的理念與政府共同構思、執行政策，甚至在某些議題上有主導政府的地位，我們稱之為新統合主義的國家（neocorporatist state）。[55] 而當此種利益團體的力量大到可以左右政府之公共政策時，公共利益就受到了此利益團體之嚴重侵蝕。而此利益團體對政策之影響力愈大，人民之損失也愈大，從而斲斷國家之利益，逐漸地，政府將無法負荷利益團體所施諸於其上之壓

---

[53] Judith Goldstein and Robert Keohane, "Ideas and Foreign Policy: An Analytical Framework," in Judith Goldstein and Robert Keohane , eds., *Ideas and Foreign Policy: Beliefs, Institutions, and Political Change* (Ithaca, N.Y.: Cornell University Press,1993), pp. 12-13.

[54] Ibid.

[55] Lehmbruch and Philippe Schmitter, eds., *Patterns of Corporatist Policy Making* (Beverly Hills: Sage Publications, 1982).

力;主張此種看法的學者稱之為超負荷理論家(overload theorists)。[56] 但有些學者從另一方面來強調國家機制,卻認為利益團體的建立與運作都是依照國家機制訂定、執行的規則,所以利益團體事實上是受到無所不在的國家機制作用所影響。此派的學者強調「把國家機制帶回來」(bring the state back in)。[57] 這些支持國家機制的學者,除了批判超負荷理論之外,他們也反對多元主義者[58] 相信利益團體與國家機制是分庭抗體的組織,利益團體是自發創建的,是在國家機制之外的自主性組織,甚至會反施壓力給國家,以制定對其有利之政策。譬如,Skocpol認為多元主義者太過高估「社會為中心」的力量,以至於忽略了決策者之決心與其掌握之行政力量。Eric Rordlinger甚至主張國家機制可以自由行動,不理會任何利益團體的意願而行事;國家機制可以藉著聯合某些利益份子,和其他利益份子抗衡,以沖銷利益份子對國家政策之反對力量;國家機制也可以利用策略聯盟的方式選擇自己的合作伙伴,以落實其理念於組織與制度中。[59]

從國內政治發展的層面來說,政治民主化對一國的外交政策也有巨大的影響,除了以上所提到的Haas與Checkel外,Michael Doyle也提出一國之民主化程度與其外交政策有密切關係,Doyle認為民主國家之間,由於其社會價值、政治理念與政治制度較易彼此融合、對話與滲透,因此民主國家間有衝突時,往往可以透過和平的方式來解決其紛爭。反之,極權國家則因缺乏這些機制,因此常以戰爭的型態來解決國與國之間的紛爭。[60] 在

---

[56] 如Anthony King, *The New American Political System* (Washington D.C.: American Enterprise Institute , 1978); James O'Connor, *The Fiscal Crisis of the State* (New York: St. Martin's Press, 1971); S.E. Finer, *Anonymous Empire* (London: Pall Mall Press, 1966).

[57] Peter B. Evans, Dietrich Rueschemeyer , and Theda Skocpol, eds., *Bring the State Back In* (Cambridge: Cambridge University Press, 1985).

[58] 如Robert Dahl, *Dilemmas of Pluralist Democracy* (New Haven: Yale University Press, 1982); Charles E. Lindblom, "The Science of Muddling Through," *Public Administration Review* (1977).

[59] Eric Nordlinger, *On the Autonomy of the Democratic State* (Cambridge, Mass.: Harvard University Press, 1981).

[60] Michael Doyle, "Liberalism and World Politics," *America Politics Review*, (December 1986), pp.1151-1169.

這方面，學者對國家行為的研究重心是置於其國內政治民主化的主題之上的。

　　有關民主化理論的研究途徑大致上可以分為兩派：即功能學派（functional approach）與起源學派（genetic approach）。功能學派可以Lipset為代表，強調民主體制的建立需要某些「社會要件」的配合。[61] 換句話說，此派的學者認為民主體制是有其先決條件的，除非這些先決條件已臻成熟，否則民主體制將無從建立。而這個「社會要件」基本上是指社會的「經濟發展程度達到某個水準以上」時，民主體制才有可能建立，持類似立場的學者如Cutrightm與Bollen等人大都把研究重心置於經濟發展和社會動員、中產階級的參政與政治轉化等對民主政治之影響，持此種觀點之民主學派較能認同利益團體之功能上之獨立性，並認為利益團體不易被國家機制所約束。[62] 在另一方面，起源學派則較不強調社會的經濟、文化與民主政治之間的因果關係，它強調的重心是在民主化過程中政治菁英互動的結果。換句話說，政治菁英之政治智慧或策略行動對民主化的成功與否具有決定性的影響，也因比較能認同與國家機制學派對利益團體較具主導性之主張能結合。[63] 從這個角度出發，我們對Robert Putnam所提出之「二階遊戲」（two-level game）外交談判，可以對「特殊國與國關係」與台灣民主化之間的關係，作進一步的瞭解，依據Putnam之見解，當某個政府或國家在進行對外談判時，談判者除了要與談判對手達成共識外，他必須也在同時，受到國內立法機關的監督與批准。而在民主化的過程中，反對黨的要求，往往成為執政黨在談判時的一個重要籌碼。在「特殊國與國關係」的例子中，我們看到在野的民進黨對執政的國民黨，不斷要求在兩岸政治談判時之對等地位，及其對台灣是一個主權獨立國家之主張等，已無疑地

---

[61] S.M. Lipset, *Political Man* (New York: Doubleday, 1959), pp. 69-105.

[62] P. Cutright, "National Political Development: Measurement and Analysis," *American Sociological Review*, vol. 28 (1963), pp. 253-264 ; Kenneth A. Bollen, "Political Democracy and the Timing of Development," *American Sociology Review*, vol.44 (1979), pp.527-588 .

[63] P.G. Schmitter, O'Donnell, and L. Whitehead, *Transitions From Authoritarian Rule* (Baltimore, MD: Johns Hopkins University Press, 1986).

提供台北決策者在面對中共時，不時發出反應台灣內部「多元聲音」之談判策略的最佳理由。[64]

在本章中，吾人認為國家機制學派頗能說明台灣目前之政治結構及我國大陸政策之制定過程。簡單的說，我們認為一個國家民主化成功的條件固有如功能學派所主張的巨觀的經濟─社會之政治文化客觀條件，但政治菁英在促進民主化的過程角色不宜被忽略。特別是在國家認同這個議題上，國民黨之決策者與民進黨在「特殊國與國關係」之議題上已運用民主化與民意支持來進一步整合此兩黨對「特殊國與國關係」之支持，並使得「一個中國」政策逐漸在台北之決策過程中褪色。但這並不是說我們主張政府之決策者可以不受經濟─社會之政治文化約制，而是主張強調經濟─社會的功能學派宜與強調政策決策過程之間菁英互動的起源學派一起納入考量，才能解釋目前有關「特殊國與國關係」之發展。

但國家機制如何影響利益團體呢？事實上影響的方式很多。其中最有效的方式是國家機制提供憲法與法律的環境來約制利益團體，甚至形塑利益團體。其途徑有很多，包括：以減稅的方式補助聽話的利益團體、以行政程序來掣肘不支持政府政策之利益團體、透過政黨協商來主導利益團體對政府政策之支持等等。譬如，國民黨與民進黨，即透過政黨協商的方式，同意將「特殊國與國關係」列入7月21日之憲改諮詢會議的討論議程中，後來雖然民進黨所主張之「藉修憲來落實特殊國與國關係」之主張與國民黨認為「特殊國與國關係目前僅為政策性之宣示，不一定要修憲」有某種落差，但基本上國、民兩黨在協商之後對「特殊國與國關係」之入憲立場，已與新黨之「完全不能接受特殊國與國關係入憲」之立場有極大的落差。[65]

此外，政府為因應「特殊國與國關係」所可能引發在中共文攻武嚇後對台內部股市之影響，財政部長邱正雄與證期會主委林宗勇針對國內股市之波動，即在「特殊國與國關係」發布不久之後，除呼籲國人要對政府之

---

[64] Robert Putnam並說明雖然「特殊國與國關係之決策」本身並非是一種民主決策，但它卻可以利用「民主」作為決策者之理由。

[65] **中國時報**，1999年7月14日，版2；**聯合報**，1999年7月22日，版4。

經濟結構有信心之外，並說明政府將儘快立法通過「國家安定基金」來穩定國內股市。其作法是以國庫提供價值2,000億元股票，加上郵儲、勞退、勞保、退撫等四大基金籌資3,000億元，組成5,000億元之國家安定基金。[66]（其中3,000億是整合政府基金，不必等專法完成立法，緊急必要時可先進場護盤）。此種國家安定基金之成立，即為3i模型中，有關決策者以「利益」來「鞏固」其決策之另一明證。當然，其效果如何，如同表5-1所列之問號依然有待未來台灣股市之發展方能定論。但依政府歷年來以穩定基金進場股市之結果來看（表5-1），國家安定基金對國內股市與民心之鎮定作用，應是可以被預期的。

　　但政府在以「利益」來鞏固其決策時，也經常採取「否認」或「模糊」之策略，以追求其政策之最小阻力。譬如，在「特殊國與國關係」發布不久後，美國政府即在其政治考量下，透過國務院對外發表了美國依然遵守一個中國政策之主張。而在此敏感時刻台灣傳出將原定全數向美國波音訂購之總金額30億之華航更新機隊之採購案，轉而分別向美國波音與法國空中巴士採購，並引起美國商務部長道利（William Daley）之關切。[67]但包括華航與政府部門，全部都對台北官方曾給華航壓力，並要求華航配合政府政策一事否認。[68]從這些事，吾人可以瞭解，在3i決策模型的分析中，許多決策者利用「利益」來鞏固其政策之行為，往往是透過非正式、非官方或模糊之管道，此種策略之應用，無疑地增加了決策分析之不確定性。

　　在本章中，吾人認為雖然政府的確有利用國家機制學派所強調之策略與能力，來整合各種不同利益團體，以推動決策者之理念並落實於制度之中；但在此吾人必須指出，研究國家機制與利益團體的互動關係，必須是建立在動態（dynamic）的觀念上，而不是建立在刻板的理論主張或靜態的公式化中，而武斷地把國家與利益團體視為靜態的分析單元。譬如，像

---

[66] 「邱正雄：安定基金隨時予進場」，**中國時報**，1999年7月14日，版4；**中國時報**，1998年7月17日，版6；**中國時報**，1998年9月14日，版6。

[67] **中國時報**，1999年8月6日，版5。

[68] 「李總統：華航購機純屬商業行為」，**中國時報**，1999年8月10日，版6。

表5-1　歷次穩定基金進場時空背景比較表

穩定基金進場次數	第一次	第二次	第三次
穩定基金進場時點	85年第一次總統大選前	亞洲金融風暴引爆本土經濟危機	後李時代的總統大選前
大盤重挫時間	84至85年為期一年多	87/3至88/2為期近一年	88/7/12日起為期一週
大盤重挫原因	經濟＋政治面因素：信合社風暴、經濟表現低迷、總統大選前引發台海飛彈危機	純經濟面因素：本土性金融風暴造成的經濟危機	純政治面因素：特殊國與國關係再度引發台海關係緊張
穩定基金進場前重挫幅度	84年起半年內崩跌37%至8/14創4503.37低點整理期半年	87/3/2起半年內重挫32.6%隨後再盤跌達5個月	88/7/12起一週內重挫1052.32點跌幅達12%
穩定基金成立時間	85/2/12成立	87/11/13進場	近期成立
穩定基金規模	2000億	2000億	3000億
穩定基金進場後短線指數升幅	3月個大漲30%，成效卓著	兩週內小漲12%成效不彰指數於88/2/5再觸底創5474.79點低點	？
穩定基金進場後中長線股市表現	利空出盡搭配景氣觸底一年半大多頭展開，漲幅115.7%	景氣回升半年內大漲57%	？

資料來源：怡富投顧，載於**中國時報**，1999年7月17日，版6。

美國這種國家機制高度分化的國家，其形塑利益團體的能力就在先天政體結構上不如法國此種統合凝聚力量極大之領導型國家（至少在法國第五共和之全盛期）。此外，同一國家，在不同議題上，國家能形塑利益團體的能力也不同。譬如，台北決策者在形塑「台灣優先」的議題上，就比同屬政治議題之「台灣獨立」或經濟議題之「戒急用忍政策」來的困難。

　　當理念通過利益整合的階段之後，即可以「政治主張」的方式納入政府之決策中；但「特殊國與國關係」之重要性與深遠性卻遠遠的超出一般的「政治主張」，由於它涉及國家之定位與憲法之解釋，因此，像「特殊國與國關係」這種涉及憲法之解釋與國家定位議題之理念，若要確實以政策之形式呈現出來，則必須經過制度化（institutionalization）之階段方能

將抽象的理念，透過具體的政治制度與政府各項法規，以公共政策的方式來呈現在人民的日常生活當中。[69] 在此階段之首要工作是決策者利用政府的組織架構，以立法或修憲的方式來取的其理念在政策上之合法性（legitimacy），因為從政治學與公共行政的觀點來說，唯有政府能賦予政策合法性之地位；其意涵是政治制度必須透過認可化（legitimization）的過程。因此，決策者之理念若能透過此合法化之程序，即可為支持其理念之政策取得法律之背書或保障。雖然並非政府所有的政策都具有法律上的契約責任，惟一旦政策透過制度合法化的運作，它就能執行政治社會化的工作，從而促成人民對決策者所欲推動之目標具有更大之認同感；此種效果，又將進一步鞏固政策之合法性。因此，從制度來說，合法權力（legitimate power）是落實決策者理念透過合法程序取得其在組織中不可動搖位置（position）之關鍵。而一旦決策者理念已內化於組織的規章制度之後，其理念將在合法程序的保障中，持續運作，直到有新的理念透過另一項合法程序來推翻或取代它。

雖然透過合法程序之制度化，為決策者理念落實於政策上之保障；但這並不是說，所有的理念與政策都必須立即透過和法程序以追求制度化。相反的，理念與政策制度化往往是一個漫長的過程，甚至有許多時候是採漸進的方式來達成此一目標的。從決策理論來說，當代學者已不再視「正式立法」為理念落實於政策之必要條件；因為人民的期望、利益的整合與政策的環境等，這些都經常在改變。這可以解釋為何權變理論（contingency theory）已逐漸為研究決策之學者所重視。事實上，政府在考量決策過程時，不再要求一種立即或制度的立法程序；相反的，決策的過程被認為應該採取權宜變通的原則，端視政策方案的外在環境、技術以及方案發展的需求而定；而且在決策立法過程中儘量採取迂迴之策略（strategic）途徑，此即所謂以「環境的必要性」（environmental

---

[69] Charel O. Jones, *An Introduction to Study of the Public Policy* (North Scitnate Mass: Duxbury Press,1977); Thomas R. Dye, *Understanding Public Policy* (Englewood Cliffs, N.J. : Prentice-Hall, Inc. 1988).

imperative）為主軸之決策命題。[70] 根據這個觀點，一個成功的決策過程有時是會採取漸進、非正式，甚至模糊的策略，以追求其政策目標。[71] 從這個角度來看，我們就比較能理解台北之決策者在面臨「特殊國與國關係」一旦牽動修憲之際，有可能引發多項之法律相關之衝突或排擠之效應。[72]

綜合以上之分析，我們可以看出目前台北之決策者在國家定位上，一方面雖欲以「特殊國與國關係」來掙脫目前有關兩岸關係之台灣定位等問題上之模糊定位，但戰術面上仍然必須在相當程度上，採取漸進取向（incremental oriented）的決策方式。所謂漸進取向之決策乃因為現代決策者由於時間的限制，多元的政策意見，及完整政策考量所需之資訊難求，加上其他內在外在之政策環境之約束，決策者欲以「模糊過渡」（muddling through）之策略來追求其政策目標。[73] 綜合以上分析，吾人認為這種漸進取向的決策具備下列特色：

一、它必須清楚釐清政府目前有哪些政策選項；

二、它必須清楚地分辨何者為「可以解決之政策選項」或何者為「社會急於解決之問題」；

三、它已具有某種程度之政策目標，但此政策目標目前可能因為尚未在國內形成共識，或面臨政策環境困難，所以必須以策略來調整其政策目標；

四、將政策視為一具有生命性之系統，在適合生長的目標環境中，決策者會加快推動政策之速度；反之，在不利生長的政策環境中，決策者會以較緩慢的速度來推動政策；

五、政策目標不可一蹴即成時，決策者會將整個政策目標切割成數個

---

[70] Charles D. Elder and Roger R. Cobb, *The Political Use of Symbols* (New York: Longman, 1983).

[71] Jearid Hage and Michael Aiken, *Social Change in Complex Organization* (New York: Random House, 1970).

[72] 譬如，若「特殊國與國關係」之配套法案或入憲所可能引發之「國統綱領」及「國統會」之矛盾問題如何解決等問題。

[73] Charles E. Lindblom, "The Science of Muddling Through," *Public Administration Review,* vol. 19 (Spring 1959), pp. 79-88 ; David Braybrooke and Charles E. Lindblom, *A Strategy of Decision* (N.Y.: Free Press, 1963).

小政策目標，並分段達成此總體之政策目標；

六、此種決策過程，不同於理性決策（一旦某一階段之決策失敗，往往導致整個政策之失敗），由於它強調政策目標可以分段達成，所以它較能容忍某個階段之決策可以有嘗試錯誤（trial-and-error），並通過這些嘗試與錯誤修正其政策手段與目的。

總結的說，漸進取向之決策一般傾向保守性格（conservative），因此其政策之推動往往呈現演進（evolution）之途徑，而非革命（revolution）之途徑。其優點為既可以維持目前政策之現狀（status quo），又可朝政策修正的方向發展，因此往往較易達到政策共識（policy consensus）。但其缺點為往往在政策目的與手段間令人混淆，也在決策過程中，投入大量人力與物力。在利益整合之下決策者之理念之所以落實在政策面，並非具有實證的效力，而是溝通、協調與利益整合的結果；因此，往往造成政策雖經立法程序通過，但在短期內依然在政策執行面有許多阻力，甚至最後造成政策之終極目標被扭曲。[74]

此外，漸進決策模型為了要避開其政策阻力，往往採用一些「模糊策略」；在此種情況下，許多政策目標採用了一些「象徵」（symbol）之用語。這些象徵用語如「一個中國」，往往不是真正的政策目標，而是一個權宜之象徵用語；它可以同時有兩個不同意義之解釋；它也可以在不同的人身上有不同之意義；此外，它也可以在不同之場合（context）指不同的事。譬如「一個中國」之意含，即可以同時指「一個中國，台灣是中國的一部分」；也可以被解讀成對中國大陸來說是「中華人民共和國」，但對台灣來說是「中華民國」；此外，它在不同意識形態的人身上可以是「未來式的一個中國」（對國民黨來說）、「現在式的一個中國」（對新黨來說）或「過去式的一個中國」（對民進黨來說）。[75] 我們從表5-2可以清楚

---

[74] Neil Gilbert and Harry Specht, eds., *Planning for Social Welfare: Issue, Models, and Task* (Englewood Cliffs, N.J.: Prentice-Hall, Inc., 1977).

[75] 對一些台獨意識較強的民進黨黨員，可能連「過去式的一個中國」都不能接受；同樣地對某些國民黨黨員來說「未來式的一個中國」也是不能接受的。

看出，政府在國統會、兩岸人民關係條例及國家統一綱領中，對「一個中國」之意涵與應用都有些微妙的出入；而「特殊國與國關係」發表後，陸委會主委蘇起對「一個中國」內涵之解釋與強調重點，亦與李總統所強調之層面有所不同。而由表5-3我們也可以看出蘇主委在7月中旬對有關「一個中國」之闡釋，有Stone所謂的「模糊」與「漸進」之策略應用；亦即對「一個中國」之解釋意涵逐漸向「兩國」傾斜。

表5-2　政府部門就兩岸關係定位的內涵比較

項目 / 內容	定位模定	相關定位的內涵
李登輝總統	特殊的國與國關係	・1991年修憲以來，已將兩岸關係定位在國家與國家，至少是「特殊的國與國的關係」而非一合法政府，一叛亂團體，或一中央政府，一地方政府的「一個中國」內部關係。
陸委會主委蘇起	走出「一個中國」迷思	・李總統只是對兩岸定位做出政策宣示，現行大陸政策沒有任何改變。政府並未放棄追求民主、和平、統一的「新中國」。「一個中國」具欺騙性、不平等，將徹底擺脫。
國家統一綱領	一個中國，兩個對等政治實體	・海峽兩岸應在理性、和平、對等、互惠的前探下，經過、交流、合作、協商，建立民主、自由、均富的共識，共同重建一個統一的中國。兩岸應在「一個中國」原則下，以和平方式決解爭端。
兩岸人民關係條例	一個國家，兩個地區	・國家統一前，以兩個地區的不同陸域，規範兩岸人民權益。「台灣地區」：指台灣、澎湖、金門、馬祖及政府統治權所及之其他地區。「大陸地區」：指台灣地區以外之中華民國領土。
國統會	關於「一個中國」的涵義	・海峽兩岸均堅持「一個中國」之原則，但雙方所賦予之涵義有所不同。中共當局認為「一個中國」即為「中華人民共和國」，將來統一以後，台灣將成為其轄下的一個「特別行政區」。我方則認為「一個中國」應指1912年成立迄今之中華民國，其主權及於整個中國，但目前之治權，則僅及於台澎金馬。

資料來源：王銘義整理，**中國時報**，1999年7月16日，版2。

表5-3 陸委會主委蘇起在「特殊國與國關係」發表後對「一個中國」說法比較

日期	相關說法內容比較
7/12	・蘇起在記者會強調：「今後將不再使用『一個中國』、『對等政治實體』等說法，避免中共用『一個中國』原則扭曲我方的善意。兩岸關係要正常化，必須跳脫中共『一個中國』說法的迷思。」
7/14	・蘇起在國民四中常會報告：「中共利用其自己所定義且具有霸權性的『一個中國原則』，在兩岸關係及國際間做了無限的延伸，使我方的國際生存空間遭到壓制。中共『一個中國原則』的框架不僅阻礙兩岸關係的正常發展，也愈來愈成為破壞兩岸交流的因素。」 ・蘇起在記者會強調：「中共的『一個中國』隱含貶低我為地方政府的設計，並有意從『一個中國』推向『一國兩制』的終局，中共請君入甕，我們也不是笨蛋。我自們就是要破除中共這種具有欺騙性的『一個中國』原則。」
7/20	・蘇起答覆記者詢問時說，我們反對的是中共所稱的「一個中國」，「一個中國」是未來的事，不是現在，我們追求的是民主統一的「新中國」，但不是中華民國併到中華人民共和國，而是兩個合在一起的新產物，其前提必然是民主的。

資料來源：王銘義整理，**中國時報**，1999年7月21日，版2。

　　持平來說，漸進決策之模式強調模糊策略，雖有其為人詬病之不夠「科學化」或「制式化」或「語意不清」之問題，也因此在學術界經常遭受許多批評；但從實際之政治運作上來看，的確有其政治考量價值，這些考量包括：[76]

一、模糊策略有轉換個人意圖與行動成社會大眾共同認知與目的之功能，使得各自為政之情形減少。[77]

二、模糊策略有助決策領袖有更寬廣的解釋空間去整合不同之政策意見，使其支持某一特定政策。

三、模糊策略有助利益團體的領袖與其他政治團體，去整合持不同政見者，因為模糊策略並未完全排除這些人的政治或經濟利益期望。

---

[76] Deborah Stone, *Policy Paradox: The Art of Political Decision Making* (New York: W.W. Norton and Company, 1997), pp. 156-160.

[77] Deborah Stone, *Policy Paradox: The Art of Political Decision Making* (New York: W.W. Norton and Company, 1997), p. 157 ; Wiley Elder, Charles D. and Roger W. Cobb, *The Political Use of and Symbols* (New York: Longman, 1983), p. 28.

四、模糊策略可以拉攏那些雖對此政策持不同意見，但卻可能是此政策受
　　益者，以減少政策推動之阻力。

五、模糊策略可以在大眾並不知情或不熟悉的議題上運作一些極重要之政
　　策配套方案，為未來之政策合法化，先埋下伏筆。

六、模糊策略可以用懷柔的手段，來使原本相互競爭之對手皆支持自己的
　　政策，這些懷柔手段包括把裏子給一方，再把面子給另一方。

七、模糊策略可以透過談判與相互妥協的方式，來讓對抗之雙方都可以宣
　　稱已經在此一特定政策獲得勝利

八、模糊策略可以幫助個人認清：其實自己也可以在某一特定議題上之立
　　場有相當程度之模糊性、與前後不一致立場，從而使得這些個人可以
　　不再堅持自己之原有之立場，轉而支持或接受決策者與其政策。[78]

　　從這個角度來看，目前美國對兩岸「促談不促統」之立場及「一個中
國各自表述」或「兩個政治實體」等模糊策略，其過程雖然耗時且不盡科
學，但的確有其政治藝術之價值，而政府長期以來也以相當程度之模糊策
略來因應錯綜複雜之兩岸關係與大陸政策。「特殊國與國關係」的提出，
固然清楚地陳述了兩岸之政治事實，但也因政策太過清晰，而使得原本可
以藉模糊策略來「自圓其說」的政策彈性喪失，從而將逼使北京與華盛頓
攤牌。這種作法，有其政策目標清晰之果效，但其風險也相對的提高。[79]
這些風險考量達成了「特殊國與國關係」之決策雖欲採較為激進之戰略，
以因應美國總統柯林頓所提之「三不政策」及兩岸即將到來之政治談判；
但在決策後的政策執行面，卻不斷出現在戰略面以漸進決策之方式來摸索
前進。此種戰略與戰術之落差正是造成國人對「特殊國與國關係」仍有相
當困惑之重要原因。依目前「特殊國與國關係」之發展，尚在圖5-2之第
二階段；但從中長期看來，「特殊國與國關係」是否會繼續朝圖5-2之第

---

[78] Philp Converse, "The Natural of Belief System in Mass Public," in David Apter, ed.,
Ideology and Discontent (New York: Free Press, 1964).

[79] 馬維敏，「主導遊戲規則，風險大幅提高」，**中國時報**，1999年7月13日，版2。

三階段邁進，則有賴在政策環境與政策系統內之條件下，台北決策者之政治智慧了。

第六節 結 論

以國際關係出發來研究兩岸關係，已漸漸成為國內研究兩岸關係的主流。但此同時，吾人卻發現兩岸關係的研究，正如同國際關係的研究一樣，發生了一些瓶頸。這些瓶頸並非來自於國關理論本身之不完備或國際關係實際運作時資訊之不完整，而是在更基本的層面——「觀念」——上出了一些問題。傳統上將政治學門切割成國際關係、比較政治與公共行政的研究導向，使得兩岸關係的研究往往「必須」被界定在以上三個政治學次領域中之某個框框中；當然，這種研究導向有其「專業」之考量，但卻輒因此而喪失其「完備」（comprehensive）之訴求。在此種研究導向下，學者往往不敢嘗試用新的研究方法、工具，甚至觀念去分析一個在實然面極不易分割的議題。換句話說，學術界強調「分工」的比重似乎比強調「整合」之比重多了許多，其結果為理論之實用性與應用性受到了相當大的限制。

兩岸關係是極為錯綜複雜的一個研究領域，它涉及的不但不止於政治學門中的三個次領域，它更涉及傳播、教育、法律、社會、心理、科技、管理等之專業知識；誠然，吾人不可能在有限的生涯中，同時精通如此龐雜之各項專業知識。但在同一學門中，藉著各個次領域之間的對話，以激發新的思維及學習新的研究方法，實有其必要。

雖然在本章中，我們所主要闡述的主題是有關決策者如何在理念、利益及制度化的過程中，逐漸將決策者之意圖落實於政策之中；為說明方便，我們用了3i決策模型來說明我國大陸政策之決策過程。但本章前面三節中，我們卻不厭其煩地強調3i決策模型之政策環境因素，所可能給政策本身帶來的衝擊，因此我們從理論面（第二節）與實務面（第三節）作了一些國際政治與國內政治互動對政策影響之分析，其目的是讓吾人避免在

作決策分析時，誤以為決策是可以在密閉系統中並可以置於政策環境於不顧，作機械式的操控。

　　而在對系統內部作分析時，本文也在追求「有限理性」（bounded rationality）的大前提下，去構思所謂的「3i決策模型」；這個模型雖然簡單，但要整理出一套有系統的分析架構，卻必須借用國際關係學者較不熟悉的政策工具，來說明政策環境、政策系統及政策系統內組成份子間互動之情形。因此，在建構我國大陸政策之決策模型時，作者盡量以「事實」來說明文本中提出之分析架構，以追求理論與實際之結合。雖然這些分析架構交織在國際關係與政策科學中，有時不免讓人覺得不習慣或生疏；但本著「兩岸關係之研究宜多整合」的精神，本章只是在此精神下的一個嘗試、初探與學習。

第三篇

研究設計篇

第六章 全球化與全球治理之互動之模型分析：以人文與社會科學之「科際整合」為例*

第一節 前 言

近年來全球化（globalization）的現象與其相關議題之研究不論是在國內外皆受到實務界與學術界的極大重視。但「全球化」這個名詞或許是因為太過盛行，以致於這個名詞似乎已成了一個各自表述之通俗名詞，而不易在學術領域有一個嚴謹且共通的定義。一般來說，全球化泛指國際事務間因科技、交通與貿易之發達而促成許多議題之日益相互依賴（interdependence）而產生的議題之外擴或內斂現象關係。[1] 這種日益增加的相互依賴進一步又刺激了全球地球村（global village）的效應，此種地球村使國家與社會在天涯若比鄰的情況下面臨更多的「惡鄰」與「善鄰」；而全球治理（global governance）則是針對全球化所衍生之種種現象的一種善治（good governance）觀念或理想。換句話說，全球化是一個人類社會發達所產生的一個「既惡且善」的互賴現象，而全球治理是期望能針對這些「既惡且善」的互賴提出一個好的「治理」辦法。

從這個角度來看全球化與全球治理間確實存在著某種規範性

---

* 章內容曾刊登於《理論與政策》，第17卷第3期（2004年1月），頁59-75。

[1] 有關相互依賴的觀念，是研究全球化很重要的基礎理論，相關理論請參考：Edward Morse,, "The Transformation of Foreign Policy: Modernization, Interdependence, and Externalization," *World Politics*, vol. 22, No. 3 (1970), pp. 371-392.；Richard N. Cooper, "Economic Interdependence and Foreign Policy in the Seventies," *World Politics*, vol. 24,No.2 (1972), pp. 159-181.；Keohane, Robert O. and Joseph Nye, *Power and Interdependence* (Boston: Little, Brown, 1977).

（normative）或指示性（prescriptive）的關係。目前國內學術界對全球化之研究較多，但對全球治理之探討較少。事實上，全球化之普遍化、流行化或通俗化所衍生的名詞定義問題，反而令某些想對全球化或全球治理作進一步互動分析的人，帶來一些困擾。但在此同時，我們也必須認知並瞭解全球化在其所謂的「全球在地化」與「在地全球化」的雙軸座標[2]中帶來許多有關全球化未來發展與學術界如何因應的問題。特別從人文社會科學的研究角度來看，全球化的相關研究將提供人文社會科學一個很好的「平台」，這種「平台」對人文社會科學內各學門間之「互動」是極重要的。畢竟人文社會科學內針對各學門的分類，在研究方法上雖有專業、分工與效率之考量，但也不宜忽略各學門間「對話」、「互動」與「整合」之重要性；因為任何涉及人文或社會科學的研究若能從「網絡」（network）及「系統」（system）的視野去分析，輒能獲得較為全面性（comprehensive）的研究結果。特別是，從全球化與全球治理來看人文社會科學未來之發展，就較能同時兼具人文社會科學各學門間之專業、分工與對話及整合之重要性。

　　為什麼全球化與全球治理之研究，有裨於人文社會科學各學門間之對話呢？要回答這個問題，我們可以從艱澀的理論或分析架構來切入；但也可以從一些圖像（chart or image）、隱喻（metaphor）、來作概念性（conceptual）的說明。為方便概念之說明，作者在此嘗試透過圖6-1來說明在全球化下人文社會科學各學門群間「對話」之四個不同階段。[3] 並說

---

[2] 在此，所謂雙軸座標旨在強調「全球在地化」與「在地全球化」會同時（simultaneously）發生，也就是指「全球化」同時涉指外擴性的「普遍化」即內斂性的「特殊化」，請參考：宋學文，「全球化與全球治理對我國公共政策之影響：並兼論對兩岸關係研究之意涵」，**中國大陸研究**（2001年），頁11-12。Giddens, Anthony, *The Consequences of Modernity* (Cambridge: Polity Press,1990); Robertson, R., *Globalization: Social Theory and Global Culture*, (London: Sage, 1992)；Beck, Ulrich , "The Reinvention of Politics," In Ulrich Beck, Anthony Giddens & L. Lash, (ed.), *Reflexive Modernization,* (Cambridge: Polity, 1994).

[3] 在圖6-1中為了製圖的方便，作者將人文社會科學相關學門，概括地分為A、B、C三類，此A、B、C三類依序代表「人文」、「社會」、「法政」。但事實上，人文社會科學內之學門極為繁多，作者瞭解此論文中之分類不能涵蓋所有人文社會科學相關的學門或次領域。但圖6-1的目的是在強調各學門間在全球化與全球治理趨勢下的對

明「全球在地化」與「在地全球化」如何使各學門群間開始「對話」（請參考圖6-1）。在圖6-1中，我們把人文社會科學分類後，透過四個不同階段來說明全球化如何使圖6-1中之A、B、C對話。基本上，階段二著眼之「全球在地化」是強調一個普遍現象之在地化（indigenization）或特殊化（particularization）；譬如，「人權普世價值」可能會影響到某國之國內政治或社會之發展，使得哲學（人的本體論）、人權、社會運動、國際政治、法律間有更進一步的對話，甚至影響到一個國家之誕生。譬如，東帝汶之獨立運動，一開始是一些人權議題與社會運動，後來這些人權議題之發展，成為東帝汶獨立運動與聯合國人道干預之議題，最終使得東帝汶從印尼獨立出來。[4] 而階段三之「在地全球化」則強調某種特殊事務或現象之普遍化（generalization）；譬如，近年來恐怖主義已由中東之地區性的宗教與政治鬥爭，擴散為全球性之議題，而反恐議題，已在2001年九一一事件後，快速地成為一個全球性的議題。[5] 這些情況都會影響人文社會科學學門內之學術研究分工、對話，甚至整合，而產生哲學、宗教、社會、經濟、政治、法律間之對話與整合研究之重要性與必要性。在此要特別提出的是，在圖6-1中之第四個階段，已將「全球在地化」與「在地全球化」同時納入分析中，使得人文社會科學各學門群間在分工之餘，有更多機會對話與整合。在此階段，對人文社會科學的各學門間的結構關係來說，已有「天涯若比鄰」的對話機會，A、B、C任何一個學門群，已在結構上緊接著另外兩個學門群，從而進一步使得人文社會科學之研究，邁入一個有利於「科際整合」之紀元。

話關係，而非其分類學本身。

[4] 宋學文、黃子哲，「從東帝汶獨立運動探討美國的干預主義」，**問題與研究**，第41卷第3期（2002年），頁83-108。

[5] Cronin, Andrey Kurth , "Behind the Curve: Globalization and International Terrorism," *International Security*, vol. 27, No. 3 (2002), pp. 30-58.

階段一、傳統學門群間之結構

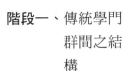
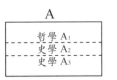
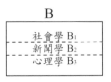

說明：人文社會科學A、B、C三個學群間互動極少。

階段二、受「全球在地化」影響後之學門群間之結構

說明：「全球在地化」造成A、B、C三個學群門間結構變為更為密切。

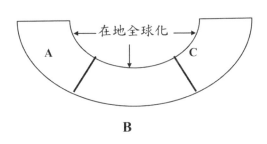

階段三、受「在地全球化」影響後之學門群間之結構

說明：除了階段二由外而內之「全球在地化」的衝擊外，在階段三，強調「在地全球化」亦由內而外地對A、B、C三個學群間之結構產生衝擊使各學門群間關係更為密切。

階段四、受「全球在地化」與「在地全球化」影響之學門群間之結構

說明：「全球在地化」與「在地全球化」同時對A、B、C三個學群產生結構之重構現象，使得A、B、C每個學門群都同時與另兩個學門群「比鄰而居」。

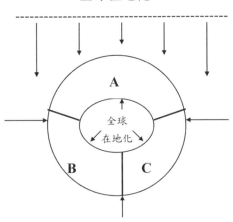

資料來源：作者製圖

圖6-1　在全球化下人文社會科學各學門群間之對話階段

第二節　全球化與全球治理之「二律背反」互動之分析架構

　　由於全球化寓含著「全球在地化」與「在地全球化」同時發生的雙軸座標，[6] 那麼全球化此種「外擴」與「內斂」之張力，將對國際社會帶來許多不確定之衝擊，從而造成全球化與全球治理間存在著某種「二律背反」（antinomy）[7] 的微妙關係。這種二律背反的關係導因於全球化所產生的種種國際政治、經濟與社會的「脫序」現象，而此種脫序現象，將對國際政治經濟帶來許多資源與權力分配的問題；從而造成國際社會必須去面對全球治理的問題。因為不論「全球在地化」或「在地全球化」都將衍生國家主權（state sovereignty）的獨立性及國家自治權（state autonomy）的問題；[8] 而這些問題又將進一步引發國家與政府是否有能力因應全球化的問題，與國際社會是否需要一個比主權國家更高的「政府」或「機制」來「治理」許多跨國界或超越主權之議題。這些問題包括：「全球化是什麼？」、「為什麼全球化會發生？」、「全球化如何發生？」、「誰在全球化中受益？」、「這些受益者有否合法性？」、「全球化是善是惡？」、「需不需要更多的全球治理？」、「全球化問題由誰來治理？」等。儘管這些問

---

[6] Robertson, R., *Globalization: Social Theory and Global Culture* (London: Sage, 1992)；宋學文、黃子哲，「從東帝汶獨立運動探討美國的干預主義」，**問題與研究**，第41卷第3期（2002年），頁83-108。

[7] 依照Webster's Ninth New Collegiate Dictionary，所謂的 "antinomy"（二律背反）是指："a contradiction between two apparently equally valid principles or between inferences correctly drawn from such principles"，請參見：*Webster's Ninth New Collegiate Dictionary*, (Springfield: Merriam-Webster Inc., Publishers, 1987), p. 92.；此種定義與中國文化中「相剋相生」之隱喻頗為相似。換句話說，全球化既伴隨著反全球化，而反全球化又常伴隨著「如何管理全球化」之命題，也因此賦予全球治理在全球化中的必要性。

[8] James Rosenau, *Turbulence in World Politics: A Theory of Change and Continuity* (Princeton, N. J.: Princeton University Press,1990); Susan Strange, *The Retreat of the State: The Diffusion of Power in the World Economy*, (Cambridge: University Press, 1996); 宋學文，「全球化與全球治理對我國公共政策之影響：並兼論對兩岸關係研究之意涵」，**中國大陸研究**，第44卷第4期（2001年），頁17-18。

題反映了許多不同的視野（perspectives），但它們卻道出了一個共同的弔詭：「全球化」與「全球治理」間似乎存在著某種既「相剋」又「相生」的「矛盾」。但此「矛盾」正是全球化未來與全球治理不可分割的重要邏輯及其「二律背反」關係的基本原理。

面對此種弔詭，個人在本章中嘗試從「議題領域」（issue-area）的研究途徑來說明全球化與全球治理「二律背反」之互動關係。在此，所謂議題領域之研究途徑是指：不同的議題領域常在全球化與全球治理之互動關係中扮演著關鍵角色，從而使得不同議題產生不同之全球化與全球治理之視野與互動關係。換句話說，我們在研究全球治理時，必須認知不同議題領域之全球化會帶來不同形式之全球治理命題。[9] 從此一角度來看，任何想作全球化與全球治理相關研究的學者，首要之務是確定其研究之議題領域，並針對此議題領域之系統（system）與單元（units）提出一個「可辨識的脈絡」（identifiable networks），作為研究全球化與全球治理之分析架構。[10] 事實上，由於全球化未來可能之發展模式之不確定性必定會進一步在全球治理上產生更多見仁見智的觀點，[11] 從而使得欲建構一種放諸四海皆準，且又能應用於任何議題之全球治理模型成為不可能的任務；因此，在全球化下，不同之議題或不同之研究設計中，可能會需要不同之「模型」對此全球化或全球治理之相關議題作進一步之研究。[12] 更有甚者，有

---

[9] 類似觀念請參考：Allison, Graham, "The Impact of Globalization on National and International Security," in Joseph S. Nye, Jr. and John D. Donahue, (ed.), *Governance in a Globalizing World*, 72-85 (Washington, D. C.: Brookings Institution Press, 2000), pp. 72-85. 在此Allison所謂的 "identifiable networks" 與本文所在此強調的「議題領域」概念極為類似，請參考該文第72頁。

[10] Allison, Graham, "The Impact of Globalization on National and International Security," in Joseph S. Nye, Jr. and John D. Donahue, (ed.), *Governance in a Globalizing World*, 72-85 (Washington, D. C.: Brookings Institution Press, 2000), pp. 72-73.

[11] 全球化之未來發展模式至少包括國家中心型（state-centric model）、多元分歧型（pluralist model）及全球治理型（global governance model），請參考：Held, David et al著，沈宗瑞、高少凡等譯，**全球化大轉變**（台北：韋伯，2000年）。頁14。宋學文，「全球化與全球治理對我國公共政策之影響：並兼論對兩岸關係研究之意涵」，**中國大陸研究**，第44卷第4期（2001年），頁18。

[12] Allison, Graham, "The Impact of Globalization on National and International Security," in

些議題領域之全球化必然會引起反全球化（anti-globalization），而此反全球化之命題又勢必激起全球治理中「需不需要全球治理？」、「由誰治理？」及「如何治理？」之研究，而此種研究導向，又會使我們由單一之議題研究，進入「議題聯結」（issue-linkage）之研究。[13] 為了方便說明全球化與全球治理在不同議題領域間之不同關係，筆者在圖6-2中針對此全球化與全球治理之「二律背反」關係提出三類不同模型說明之。（請參考圖6-2）

　　從圖6-2中，我們看到全球化與全球治理在不同議題間存在著不同形式之互動關係（為製圖方便起見，在圖6-2中，G代表全球化，GG代表全球治理）。這種互動關係對人文社會科學之研究到底蘊藏著何種意涵？在圖6-2中個人想進一步針對全球化與全球治理之互動，作一些不同模型之探討與分析，並期望藉著這些模型之分析，或許有助於我們進一步瞭解一些人文社會科學之研究面對全球化未來可能面臨的規範性或指示性命題時所可能涉及之全球治理研究，以及人文社會科學各學門間面臨此種發展趨勢所可能存在的分工與對話機會。

　　在圖6-2中，個人透過三種模型來介紹全球化與全球治理之「二律背反」之互動關係。此三種模型中，A（內含型）說明全球化與全球治理間之互動，是一種「包含」之關係，但此種「包含」關係，只存在於A-1，並不存在於A-2。所以此模型強調全球化與全球治理之「二律背反」關係是一種因果關係（全球化是因，全球治理是果）。

　　在B（併立型）中，我們可以看出全球化與全球治理間存有另一種「水平」的相斥或相吸關係。事實上，我們可以在國際事務中發現許多B-1（相斥）及B-2（相吸）之實例，就如同圖6-2中所說明之例子。弔詭的事是，在併立型中之「相斥」或「相吸」模型在某些情形下也可能發展成「既相斥又相吸」之關係。譬如，透過武力之人道干預（humanitarian

---

Joseph S. Nye, Jr. and John D. Donahue, (ed.), *Governance in a Globalizing World*, 72-85, (Washington, D. C.: Brookings Institution Press, 2000), pp. 72-73.

[13] James Rosenau, *Linkage Politics*, （New York: Free Press, 1969）；宋學文，「議題聯結與兩岸關係之研究」，**問題與研究**，第37卷第2期（1998年），頁21-35。

A. **內含型**（適用於任何議題）

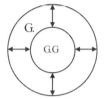

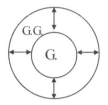

A-1. 全球化包含全球治理

說明：全球治理係包理於全球化現象之中。
　　　此種互動關係，常隨著全球化之不確
　　　定因數而改變。

A-2. 全球治理包含全球化

說明：此種互動形式在邏輯及理論上有倒因
　　　為果的危險；因此，此種互動模式不
　　　太可能取得長久均衡狀態。

B. **併立型**（適用於相斥或相吸之議題）

B-1 全球化與全球治理相斥

說明：在某些議題上全球化與全球治理的互
　　　動是互斥的。譬如，在環境保護議題
　　　之全球治理上，常與經濟開發之全球
　　　化間有相斥的互動關係。

B-2. 全球化與全球治理相吸

說明：在某些議題上，全球化與全球治理的
　　　互動是相吸的。譬如，在環境全球治
　　　理的議題中，常可與人權全球化或綠
　　　色和平全球化之概念合作而達相輔相
　　　承之效。

C. **互生型**（適用於具有良性循環之議題：書同文、車同軌效應）

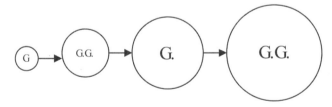

C-1 全球化與全球治理互生

說明：全球化與全球治理之間可能具有共生的關係。譬如，以資訊全球化為例，它可能會透過
　　　國際制度而建立某種規範全球資訊之國際協定，因而為全球治理奠下初步基礎；而此種
　　　國際協定又將進一步與全球經貿議題聯結，從而加速資訊之全球化，此種資訊全球化又
　　　將引發進一步資訊經貿議題之全球治理需求。

資料來源：作者製圖

圖6-2　全球化與全球治理之「二律背反」互動模型

intervention）即為此模型之最佳範例，因為從人文社會科學（上述圖6-1中）之學門群A的角度來看，人道與人權基本上強調的是一種「和平」概念與手段，但當此「和平」之概念與手段無法發揮其感召力時，有時此議題會由圖6-1中之A（哲學、史學、文學）領域擴散至B（社會學、新聞學、心理學）及C（法律學、政治學與經濟學），從而演化為透過武力去解決此人權問題。因此在人權全球化之同時，我們不但看到「人權普世價值」之全球治理概念與原則，我們也看到「人道干預」與「人類安全」等強調以武力或軍事力量來進行人道干預之全球治模式。[14]

在圖6-2中之C（互生型）主要是強調全球化與全球治理間之「良性循環」互動關係；也就是說，全球化與全球治理在某些議題上，會有一種「魚幫水，水幫魚」的效果。資訊全球化與經貿全球治理最能說明此種模型。事實上，在國際組織（如WTO）之理論研究上，建制理論（regime theory）即強調，國際組織盛行之原因有二：（一）提供可靠、豐富之資訊；（二）透過制度化提供各會員國之遊戲規則或相關法規。[15]而上述兩者之互動會產生一種「良性之循環」，此即制度論者所謂之「建制的互惠原則」（principle of reciprocity of regime），而「建制」最終將能促進國際之合作，消弭國際衝突。因此「建制」是透過資訊之全球化，而達到一個國際合作之全球治理。

簡言之，筆者主要想透過圖6-2之各種模型分析，來說明全球化與全

---

[14] 有關人權、人道干預、人類安全在全球治理之研究，請參考：Axworthy, Lloyd, "Human Security and Global Governance: Putting People First," *Global Governance*, vol. 7, No. 1 (2001), pp. 19-23.；Ayoob, Mohammed, "Humanitarian Intervention and International Society," *Global Governance*, vol. 7, No, 3 (2001), pp. 225-230.；Khong, Yuen Foong, "Human Security: A Shotgun Approach to Alleviating Misery?" *Global Governance*, vol. 7, No. 3, (2001),pp. 231-236.；Ogata, Sadako and Johan Cels, "Human Security—Protecting and Empowering the People," *Global Governance*, vol. 9, No. 3 (2003), pp. 273-282.

[15] Keohane, Robert O., "The Demand for International Regimes," in Stephen Krasner, (ed.), *International Regimes* (Ithaca: Cornell University Press, 1983), pp. 141-171.；Krasner, Stephen D., "Structural Causes and Regime Consequences: Regimes as Intervening Variables," in Stephen Krasner, (ed.), *International Regimes* (Ithaca: Cornell University Press, 1983), pp. 1-21.

球治理間所存在的「二律背反」互動關係，此種「二律背反」關係有「包含」、「相斥」、「相吸」、「既相斥又相吸」及「良性循環」等關係。而這種複雜關係所蘊釀能量，正是未來人文社會科學各學門間「對話」或「科際整合」之動力來源。

第三節　由全球化到全球治理之分析架構：一個「科際整合」的研究途徑初探

　　在全球化的相關研究中，一個最值得吾人注意的議題是：全球化常伴隨著反全球化之運動；而反全球化運動，事實上，隱藏著全球資源分配、文明衝突、勞務分工或權力競爭的問題；[16] 這些問題將不可避免地引發有關國際社會之秩序（order of international society）之全球治理相關研究。為解決這個問題，個人認為，我們有必要認真思考全球治理所可能衍生的國際衝突與合作的問題。但人文社會科學之領域極為廣泛，專業分工又極為細膩，並非人人都具有所有涉及「全球化」與「全球治理」之學識。面對此問題，若吾人要對全球化與全球治理作一較全面的研究，則人文社會科學各學門間之分工與對話就變得極為重要，這也正是政府多年來強調、鼓勵學門間「科際整合」（interdisciplinary）之原因。而圖6-3中的An→Bn→Cn之研究途徑（圖6-3由全球化到全球治理之斜線部分）即針對此種學門間「分工」與「對話」所設計之分析架構，今說明如圖6-3。

　　傳統之人文社會科學之分工，強調各學門之獨立與分工，也就是圖6-2中之A（A1、A2、A3）、B（B1、B2、B3）、C（C1、C2、C3）學門群或學門分類，在此種傳統觀念中，各學門群及其內之各學門之互動、對話較少；因此，一種由A→B→C之科際整合研究途徑，並不多見。但在

---

[16] 譬如，Wallerstein及從世界體系的角度，提出「全球」經貿結構所可能產生核心國家對邊陲國家剝削之理論，請參考：Wallerstein, Immanuel, *The Modern World System: Capitalist Agriculture and the Origins of the European World-Economy in the Sixteen Century*, (New York: Academic Press, 1974).

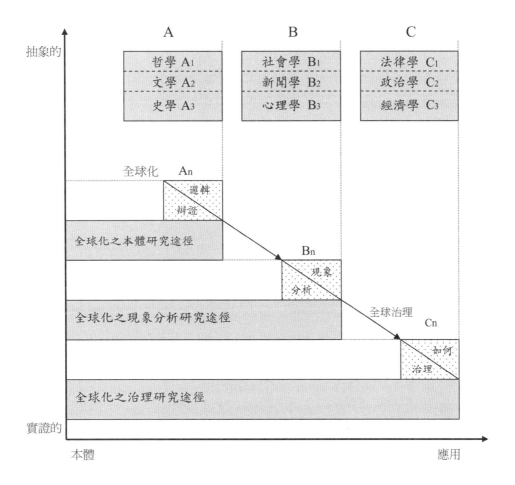

說明：

一、A、B、C強調人文社會科學中各學門群之專業分工：A、B、C各學門群內對話較多但群際對話較少。

二、全球化提供了各學門群內之對話途徑：A1→A2→A3，B1→B2→B3，C1→C2→C3。

三、全球化與全球治理之互動提供了各學門群際之對話途徑：透過An→Bn→Cn之對話與互動邏輯使得A、B、C間的畛域逐漸鬆散甚至重構，從而使得A、B、C各學門群間各個學門或學門內之次領域間有更多異中求同或對話與互動之機會。

資料來源：作者製圖

圖6-3　人文社會科學中全球化與全球治理之「分工」與「對話」之分析 架構初探

全球化與全球治理互動之激盪下，A、B、C之間逐漸出現由An→Bn→Cn之研究途徑，而克服了傳統上A、B、C間之隔閡。今說明如下。

　　持平而論，面對全球化衝擊，人文社會科學各學門間之反映並非一致的。目前在人文社會科學中，文學、史學及哲學中所涉及較多現象的描述（description of phenomena）；因此，其所關心的命題可能是「全球化」多於「全球治理」；但在社會學、新聞學及心理學的領域之研究，除了現象描述外，亦涉及一些社會現象中實際問題之處理與解決，因此已有針對現象提出針砭之研究必要，而逐漸朝「指示性」（prescriptive）的方向發展，因此會涉及部分之「全球治理」命題；在法律學、經濟學及政治學中，「全球治理」的命題已因其研究涉及社會之規範、管理及政策而愈來愈為重要。因為這部分往往在國際法、國際金融、國際貿易、國際資訊、國際交通、國際犯罪、國際衛生及國際政治中，衍生出關乎全人類秩序與安全的命題。從實務的角度來看，我們可以說，目前在人文社會科學中在全球治理上投入較多的研究還是以法律、經濟以及政治學門為主，而這也正是圖6-3想要強調的重點。但A、B、C間對全球化不同的反應，卻因全球治理之必要性，而使得A、B、C間必須更進一步對話，因為「治理」所涉及的絕非單純政治、法律或行政管理，他涉及形而上的價值，宗教、歷史、語文、社會、心理、傳播等學術之研究。[17]最明顯的例子，就是美國在2003年5月順利攻佔伊拉克後，在「治理」伊拉克上面，出現了許多政治、軍事、法律以外有關如何「善治」的問題。這個問題不但直接挑戰美國攻打伊拉克的正當性與有效性，它亦使得美國在伊拉克之軍事佔領行動，直接與反恐運動聯結，從而激起了「文明衝突」之議題聯結及相關的治理問題。而這正是圖6-3要強調之重點：即全球化與全球治理之互動，將進一步啟動人文與社會科學學門間之「對話」與「整合」。其中，A_1、A_2及A_3所著重之全球化本體之研究將透過An→Bn之研究途徑與B_1、B_2及

---

[17] Pierre, Jon et al, *Debating Governance: Authority, Steering, and Democracy*, (Oxford: Oxford University Press, 2000); Pierre, Jon and B. Guy Peters, *Governance, Politics and the State*. (New York: St. Martin's Press, 2000)；張亞中，「全球治理：主體與權力的解析，」**問題與研究**，第40卷第4期（2001年），頁1-24。

B₃所著重之全球化現象之分析研究途徑「對話」與「整合」；然後，再透過Bn→Cn之研究途徑與C₁、C₂及C₃所著重之全球治理研究途徑「對話」與「整合」，最後達到An→Bn→Cn之議題聯結研究途徑。

此種受到全球化與全球治理互動衝擊之議題聯結分析模型，不但適用於人文社會科學各學門間之「對話」，它亦適用於次學門（subfield）間之「對話」與「整合」。譬如，在C類學門群中之政治學門內，有兩個次領域：國際關係（International Relations, IR）與公共行政暨政策（Public Administration and Public Policy, PA/PP），已在全球化之相關議題中不但接續了圖6-2中A類學門群所強調之「全球化本體研究途徑」，亦接續了B類學門群所強調之「全球化現象分析研究途徑」，它亦已涉及了C類學門群中所強調的指示性（prescriptive）或治理（governance）之研究途徑發展。因此，其研究重心就逐漸由「全球化」之現象描述研究導向轉為「全球治理」之「由誰治理？」與「如何治理？」的研究導向。

以國際關係研究為例，於1994年創刊的*Global Governance*是目前有關全球治理研究最具權威性的期刊；此期刊這幾年來一直對全球治理相關之理論與實務提供了極具學術與實務（特別是人權與經貿與安全議題）價值之文獻。其後，有不少原本作國際建制（international regime）[18] 及其他制度主義（institutionalism）學派的學者，[19] 也開始加入全球治理的研究陣營，並在*International Organization*、*International Security*、*World Politics*及*Global Environmental Politics*等著名期刊發表有關全球治理之著作，這些

---

[18] 請參考：Andreas Hasenclever, Peter Mayer and Volker Rottberger, *Theories of International Regimes* (Cambridge: Cambridge University Press, 2000); Robert Jervis, "Security regimes," *International Organization*, vol. 36, No. 2 (1982), pp. 357-378. ; Stephen D.Krasner, *International Regimes*, (Ithaca: Cornell University Press, 1983); Rittberger, Volker, *Regime Theory and International Relations*, (New York: Oxford University Press, 1995).

[19] Robert O. Keohane, *International Institutions and State Power: Essays in International Relations Theory*, (Boulder: Westview Press, 1989); Lisa L. Martin, *Coercive Cooperation: Explaining Multilateral Economic Sanctions*, (Princeton: Princeton University Press, 1992); John Ruggie, "Multilateralism: The Anatomy of an Institution," *International Organization,* vol. 46, No. 3 (1992), pp. 561-598.

著作大都試圖從理論面或政治實務面提供一些可作為全球治理之分析架構。此種研究導向對國際關係的新自由制度主義（neoliberal institutionalism）有極為深遠的影響。因為全球治理之研究將使得新自由制度主義朝「如何治理」的方向發展，並進一步將其研究領域延伸到法律、政策管理、策略分析或其他專業領域。[20]

　　這些有關全球治理的著作或論文，有一個共通的特色：「反映自由主義、制度論與務實態度」，換言之這些論文大都嘗試結合現實主義所強調的權力平衡與自由主義主張透過國際建制追求國際和平或解決國際衝突的辦法，以提出一套可以對全球化提出「善治」的理論、政策或分析架構。譬如，Joseph S. Nye Jr.即堅持，就算美國作為目前國際社會之單一超強，也不宜步上傳統美國霸權之途徑，應多利用美國之「軟性力量」（soft power）來增加美國在全球治理中之正當性與有效性，即為一種欲透過美國在國際社會之領導地位，提供全球治理之「善治」研究途徑。[21] 這些對全球治理研究的學者，率皆認為隨著全球相互依賴之廣度與深度的不斷增加，國際事務之衝突也更形複雜，但透過戰爭或硬性力量來解決衝突的成本卻越來越高。因此，全球治理中有關「如何治理」或「善治」的問題，已對IR的學者形成日益緊迫的挑戰。[22] 特別是在「政策分析」或「策略管理面」上，IR的學者已面對如何加強一些研究工具與方法，以因應全球治理中不可迴避的「全球公共政策」（global public policy），或因治理而產

---

[20] 譬如International Organization在2000之特刊中即為新自由制度主義與法律相關專業知識「對話」之一個重要里程碑，其他如Global Public Policy亦為IR與PP/PA結合之實例，請參考：(International Organization, 2000) 與Wolfgang H. Reinicke, *Global Public Policy: Governing without Government?* (Washington, D.C.: Brookings Institution Press, 1998) 二書。

[21] 在此，Nye所強調的軟性力量包括科技、資訊、經濟及文化等力量。請參考：Joseph S. Nye, *The Paradox of American Power: Why the world's only superpower can't go it alone*, (New York: Oxford University Press, 2002), pp. 91-95. ; Joseph S. Nye, "The Velvet Hegemon: How soft power can help defeat terrorism," *Foreign Policy,* No. 136 (2003), pp.74-75.

[22] 有關IR學者如何面對全球治理之觀點，請參考：Nye, Joseph S., Jr. and John D Donahue, *Governance in a Globalizing World*, (Washington, D. C.: Brookings Institution Press,2000).

生的某種「全球行政」（global administration）之知識需求。[23] 持平而論，
一般IR學者可能不具公共行政或公共政策的專業知識，而IR的學者若要面
對全球治理之研究，極可能要從公共政策或公共行政來「借用」一些研究
工具與知識。因為「治理」本身會涉及到「組織」與「政策」之專業知
識。可惜的是在國內由於政治學門之三個次領域（sub-field）：國際關
係、比較政治及公共行政暨政策間，因強調分工與專業而使得彼此間「對
話」與「互動」的廣度與深度皆有所不足，以致於在面對全球化與全球治
理時，政治學門的反應與貢獻是受到相當大限制的。[24]

第四節　結論：全球化與全球治理在「科際整合」上的分工與合作

　　雖然在本章中，作者嘗試以「持平」或「客觀」的態度來探討全球化
與全球治理在人文社會科學研究時，所可能在「科際整合」內扮演的角
色；但不可避免地，因個人知識有限，作者還是以政治學（特別是國際關
係與公共行政暨政策）的「主觀」來從事全球化與全球治理的互動關係分
析，其中，就難免落入專業的偏見。畢竟，同樣是分析「全球化與全球治
理關係」這個命題，人章社會科學之不同學門或專業，大概都會有一些不
同的重心與焦點；譬如，本章在全球治理上的著墨，就比全球化的部分多
些。儘管如此，作者還是想在此強調，全球化與全球治理對話的重要性；
其邏輯是：既然全球化與全球治理有著「二律背反」或「相剋相生」的弔
詭關係，那麼全球化與全球治理就不太可能是兩個各自獨立的變數，而老
死不相往來。重點是，若「全球化」與「全球治理」目前分屬不同人文社

---

[23] Elaine Ciulla Kamarck, "Globalization and Public Administration Reform," in Joseph S. Nye, Jr. and John D. Donahue, (ed.), *Governance in a Globalizing World*, (Washington, D. C.: Brookings Institution Press, 2000), pp. 229-252.

[24] 宋學文，「全球化與全球治理對我國公共政策之影響：並兼論對兩岸關係研究之意涵」，**中國大陸研究**，第44卷第4期（2001年），頁2-4。

會科學學門群之研究範圍，及在所謂「自古文人相輕」的知識社群條件約制下（特別是人文社會科學），我們如何讓全球化與全球治理對話，甚至進一步合作呢？個人在此謹提出一些不成熟的見解供學術界參考：

一、全球化為全球治理之母；因此，在開始研究此二者之關係時，宜從全球化入手；

二、各個學門或專業分工，可以在開始研究全球化時以各自的學術主觀（academic subjectivity），作為研究概念之核心，然後再以此核心之外溢（spill-over）效應，透過個人之學術研究之次領域（sub-field）來尋找與其他學門或領域對話的機會；

三、既然全球化與全球治理之定義、範圍或方式常存有不同見解或一些弔詭，因此用隱喻（metaphor）、意象（image）、圖形（map）、表格（table）或模型（model）作為研究（質性研究）上之輔助工具，往往可以協助別人瞭解作者想要表達的意思；

四、一旦涉及跨學門的對話，要逐漸將自己對學術主觀的堅持，轉化為對別人學術主觀的尊重。然後，在最小的議題上，尋求共同合作研究之最大公約數。這個最大公約數可能是強調邏輯或實證的研究方法，也可能是某種抽象的概念；若是屬於前者，可以先嘗試針對此最小的議題設計一個跨領域間非互斥（not mutually exclusive）的分析架構，再建構一個在跨學門間有共通性或互補性之研究方法，以利跨學門間之對話。若是屬於後者，可以嘗試將此抽象概念，透過一些能被科際整合接受的共通語言，再尋找這些抽象概念在其更大的本體論中之共通性，以建立某種程度之「分析架構」或「準理論」。換句話說，前者強調研究方法上由巨觀到微觀（from macro to micro）之研究導向，故可能會涉及一些經驗上的或實證上的研究；後者強調研究方法上的由微觀至巨觀（from micro to macro）之研究導向，故可能會涉及一些本體或理論的研究；

五、延續著上述巨觀與微觀之不同研究導向，巨觀研究途徑可在全球化與全球治理之對話或合作過程中，提供一些「道」的研究方向；微觀研究途徑可提供一些「術」的技術指導。用西方的術語來說（特別是

regime學派），巨觀研究途徑可以在原則（principle）與觀念（norm）方向提供寶貴智慧，微觀研究途徑可在規則（rules）與決策過程（decision-making procedure）上提供相關知能。

事實上，全球化與全球治理不但提供了不同學門間對話的平台；個人相信，在全球化與全球治理不斷透過「二律背反」而「相剋相生」的結果，不但在研究方法上使「道」與「術」有更多互動的機會，也將進一步拓展東方文化與西方文化對話及合作之空間。最後，個人想以中國唐代惟信禪師之「禪道參透」的隱喻及其應用在全球化與全球治理中可能產生的啟示，作為結論：

老僧三十年前未參禪時，見山是山，見水是水。及至後來，親見知識，有個入處，見山不是山，見水不是水。而今得休歇處，依前見山只是山，見水只是水。

從這個隱喻，我們或許可以略略領悟全球化與全球治理因「二律背反」而產生「相剋相生」之道理：「不明白全球化與全球治理『二律背反』關係時（未參禪時），看全球化與全球治理只見其本體（見山是山，見水是水）；俟找到一個合適的研究方法與研究議題（初悟禪時，『有個入處』），偶而看到了全球化與全球治理之『相剋』，偶而又看到全球化與全球治理之『相生』，但很難將相剋看成相生，也很難將相生看成相剋，因此對全球化與全球治理的認識開始嘗試超越其本體而產生一些矛盾的錯覺（故而產生見山不是山，見水不是水）；最後，經歷了學術之不斷淘煉與洗禮（悟禪之後，『得休歇處』），瞭解全球化與全球治理之互動既可相剋又可相生，此時已能跳脫全球化與全球治理的『二律背反』之矛盾，故能用平常心待之，並能明白全球化與全球治理之『相剋相生』的道理（依前見山只是山，見水只是水）。」

第七章 全球化與全球治理對我國公共政策研究之影響：並兼論此影響在兩岸關係研究之意涵*

第一節 前 言

　　長期以來，我國在公共政策之研究，深深受到傳統公共行政研究之影響。此種影響最大之特色即為公共行政所強調以「行政」（administration）與「政府」（government）之研究重心，無形中限制了公共政策之發展，而無法真正釋放許多在「公共政策」中之學理與政策工具。然而這些學理與政策工具在許多其他學門或政治學中之各次領域的研究上是極為重要的。譬如，在兩岸關係之研究中，有關決策過程（decision making process）之研究，或許有一些人用外交決策之學理來研究，但尚有許多值得學者開發或致力之政策科學與政策工具尚未被應用到有關外交決策或我國大陸政策之研究中。[1]而目前有關我國大陸政策制定過程之研究，能從公共政策中萃取其原理與政策工具者，尚屬少數。其部分原因即為國內研究兩岸關係之學者大都將自己（或被別人）定位為「國際關係」或「兩岸關係」領域之學者，而視「公共政策」為「公共行政」之領域。[2]但國內一些研究公共政策之學者又指出：「公共政策」中之

---

* 文曾在2001年發表於《中國大陸研究》，第44卷第4期（2001年4月），頁1-31。

[1] 有關利用公共政策之學理來作國際關係領域之研究著作，請參考Allison Graham T., *Essence of Decision: Explaining the Cuban Missile Crisis.* (Boston: Little, Brown, 1971).

[2] 目前國內將政策科學之理論應用於國際關係或兩岸關係之研究尚不多見。相關研究請參考：宋學文，「『特殊國與國關係』之決策及其發展：3i模型的決策分析」，**中國大陸研究**，第42卷第11期（1999年），頁67-92。

「公共」兩字絕非狹隘地指「政府」部門或「行政」而已；[3] 它應該是具有更寬廣的延展性，而可以應用到「公共行政」以外之領域。

事實上，將「公共政策」定位在「公共行政」之情形普遍反映在我國大專教育中，有關公共行政與公共政策系所之設計。目前國內大專院校，有關公共政策之研究，大多附屬於公共行政研究之下。而一般政治系暨研究所下之分組亦大部分將「公共政策」與「公共行政」並列，或甚至歸併於公共行政之中，而鮮有將公共政策作為一個獨立之研究中心或系所。[4] 再加上許多研究國際關係與兩岸關係的學者對政策科學之忽視；因此，他們對公共政策之相關學理是相當陌生的。從另一方面來說，公共政策之學者亦常將「兩岸關係」或「國際關係」定位在「國際關係」的範圍內，而不敢去碰觸一些有關國際關係我國大陸政策之研究。其結果不但是公共政策的學者受困於「政府」與「行政」之研究領域，且亦造成國際關係或兩岸關係的研究少了在「政策科學」上深耕的機會。

當然，造成此種情形之原因很多，而公共政策之定義及其研究範圍一直很難在學術界或實務界有一定的共識，是一個極重要的原因。[5] 譬如，公共政策之定義可以極為廣義如：「公共政策是政府所選擇去做或不去做任何事情」；[6] 它也可以極為狹義如：「政府藉執行某項公共計畫以實現某種特定社會目標之政治決定」。[7] 這種廣義與狹義定義之落差正反映了公共政策定位之困難。甚至有一本書發現公共政策有十種不同之意義。[8] 而這些定義的不一致也反映在國內有關公共政策研究之書籍。目前坊間以

---

[3] 譬如，丘昌泰，**公共政策：基礎篇**（台北：巨流，2000年），頁7。

[4] 曹俊漢、陳朝政，「我國公共政策發展：學術面、實務面與社會面的評估」，何思因、吳玉山主編，**邁入二十一世紀的政治學**，中國政治學會；政治學報特輯，Vol.31（December 2000），頁453。

[5] Laurence Lynn, *Managing Public Policy.* (Boston: Little, Brown, 1987), p.28.

[6] Thomas R. Dye, *Understanding Public Policy* (Englewood Cliffs, N.J.: Prentice Hall, 1972), p.2.

[7] Charles L. Cochran and Eloise F. Malone, *Public Policy: Perspective and Choice* (New York: McGraw-Hall, Inc., 1995), pp.1-2.

[8] Brian W. Hogwood and Lewis A. Gunn, *Policy Analysis for the Real World* (Oxford: Oxford University Press, 1984).

「公共政策」或「政策科學」為名之教科書或研究參考書有數十本之多，但書中內容與章節卻有極大之出入；而其為理論導向或實務分析導向？又常因作者之分工與專業不同而有極大的出入，其結果就成了許多政治系學生所譏稱的：「什麼都可以被稱為公共政策，但公共政策卻也可以什麼也不是。」（Anything can be called public policy, but public policy can mean nothing too）。由此來看，Lerner與Lasswell於五十年前出版《政策科學》（*Policy Science*）一書中所期望政策科學可以成為一個獨立學門之理想，[9] 在台灣或許還有一段艱辛的路要走。

　　正當公共政策被「囚困」在公共行政中而躊躇不進時，卻有兩股力量正挾其不可遏止之勢前來，為公共政策之研究再注入新的生命。此兩股力量一個由公共行政之改革而來，另一個則由「全球化（globalization）與全球治理（global governance, G.G.）」所激發的科際整合研究趨勢而來。前者在「新公共管理」（new public management, NPM）的研究風潮中，已為國內公共行政與公共政策之研究學者所熟悉；後者則因發源於國際關係的領域，因此對國內之公共行政與公共政策學者來說較為陌生。而此兩股力量，我們可簡稱之為相互依賴與新公共管理。此兩股力量不但將傳統上較少互動或聯結的國際關係與公共政策聯結在一起；也進一步提供了全球公共政策（global public policy）之理論基礎。[10]

　　在圖7-1中，作者將目前我國政治學門中之三個次研究領域（sub-field）：國際關係（International Relations, IR）、比較政治（Comparative Politics, CP）及公共行政與政策（Public Administration and Public Policy, PA/PP）彼此關係之結構以四個不同階段說明之。階段一為傳統結構，在此一階段中，IR、CP及PA/PP之關係是IR與PA/PP間鮮少有重疊或互動之機會。在階段二時，此三個次領域受到新自由主義（neoliberalism）中相

---

[9] Lerner and H. D. Lasswell eds., *Policy Science* (Stanford University Press, 1951).

[10] 有關「全球公共政策」（global public policy）一詞，是一個較新的名詞，它基本上是結合了國際關係與公共政策兩個次領域而產生的一個新的研究途徑。有關此方面之研究，請參考Wolfgang H. Reinicke, *Global public policy: Governing without Government?* (Washington, D.C.: Brookings Institution Press, 1998).

互依賴理論（interdependence theory）之影響而在結構上有了變化。[11] 也就是說此三個次領域之互動性（interaction）已開始加強，使得IR、CP及PP都有更多對話與互動之必要（有關此部分請參考本章之第四節）。到了階段三時，除了國際環境有相互依賴因素之外，在公共行政之研究上亦有了一些變革，而開始朝企業型政府或新公共管理（New Public management, NPM）的方向發展，並進一步刺激PA/PP之學者參考一些與國際事務相關之公共政策或管理途徑（有關此部分，請參考本章之第五節）。到了階段四，相互依賴與新公共管理之發展更趨蓬勃，而進一步對全球化與全球治理形成推波助瀾的效果；在此階段中，IR、CP及PA/PP之結構已完全轉型（如圖7-1中第四階段所示），且IR與PA/PP已可以直接接軌、對話。

圖7-1雖然提供了我們一個IR與PA/PP接軌的概念，但若要在學理上進一步探討IR與PA/PP如何接軌，則吾人須用一個已盛行之社會現象（prevailing social phenomena）作為事實，來檢證或說明IR與PA/PP接軌之分析架構。而全球化與全球治理正提供了此一盛行之社會現象。因此，本章謹就全球化與全球治理為何會對公共政策產生深遠影響？其研究途徑為何？其理論為何？對我國公共政策發展有何衝擊？對兩岸關係之研究又具有何種意涵？提出一些或許對公共行政與政策的學者來說有些生疏之另類研究途徑（alternative research approach）；其目的並非在譁眾取寵，而是希望公共政策之研究藉本章之拋磚引玉可以注入更多之創新，拓寬更廣的研究領域，或許在促進「科際整合」（interdisciplinary）上面可略盡棉薄。

---

[11] 相互依賴理論強調國際關係之研究重心必須同時包含結構（structure）與過程（process）。這派學者並在複合相互依賴理論（complex interdependence）中，提出「多元溝通管道」、「軍事角色式微」及「議題間無高低順序」等，三個作為「理想型」複合互賴之重要立論；依此三個重要立論，國際關係的研究方向勢必觸及比較政治（如domestic structure學派），及公共政策（如決策過程學派），從而使得國際關係與公共政策之對話與結合日趨重要。相關文獻參考Wolfgang H.Reinicke, *Global public policy,* pp.52-74；Robert Keohane and Joseph Nye, *Power and Interdependence* (Boston: Little, Brown, 1977).

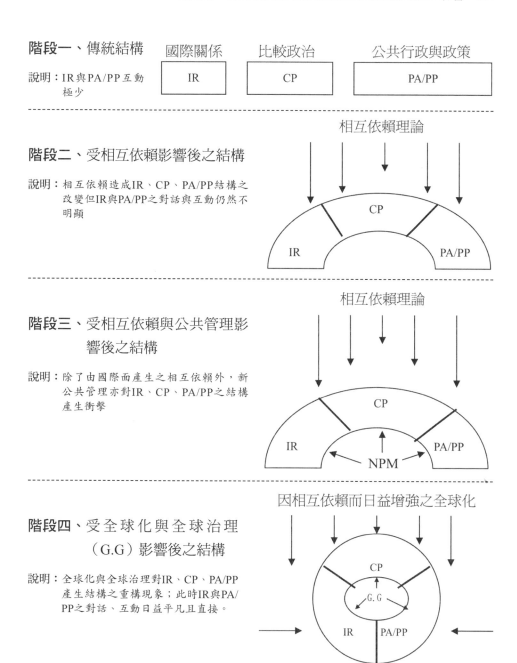

階段一、傳統結構

說明：IR與PA/PP互動極少

國際關係　　比較政治　　公共行政與政策

IR　　CP　　PA/PP

階段二、受相互依賴影響後之結構

說明：相互依賴造成IR、CP、PA/PP結構之改變但IR與PA/PP之對話與互動仍然不明顯

相互依賴理論

CP

IR　　PA/PP

階段三、受相互依賴與公共管理影響後之結構

說明：除了由國際面產生之相互依賴外，新公共管理亦對IR、CP、PA/PP之結構產生衝擊

相互依賴理論

CP

IR　　NPM　　PA/PP

階段四、受全球化與全球治理（G.G）影響後之結構

說明：全球化與全球治理對IR、CP、PA/PP產生結構之重構現象；此時IR與PA/PP之對話、互動日益平凡且直接。

因相互依賴而日益增強之全球化

CP

G.G

IR　　PA/PP

資料來源：作者製圖

圖7-1　國際關係與公共政策接軌過程之結構改變

第二節　我國「公共政策」研究的一些限制

　　前文提到，政治學門中可再細分為國際關係、比較政府及公共行政暨政策等三個次領域。在過去的研究文獻中，我們比較常看到國際關係的研究與比較政治有重疊；我們也不難看到比較政治的研究與公共行政及政策重疊。而從傳統之觀點來看，此三個次領域中，國際關係與公共行政暨政策可以說是「最少互動」或「最少相關」之兩個次領域。因此，一個公共政策的學者若去碰觸國際關係領域或一個國際關係的學者去碰觸公共政策的領域，常常遭人以「撈過界」、「不務正業」等「地域」的觀念所詬病。這種「詬病」的來源，固有因「資源爭奪」及「既得利益」等主觀因素，但也有其客觀因素。這個客觀因素為：不管由國際關係出發去探討公共政策，或由公共政策出發去探討國際關係率皆需要具備四個條件：第一，需具備堅實之國際關係理論或公共政策理論之能力；第二，需具備相當程度之研究方法能力；第三，需具備將理論延展、應用到實務之能力；第四，需尋找到一個同時與國際關係及公共政策皆有相關的議題。

　　但我國在政策科學之研究上，卻輒因理論面之研究不能像美國一樣形成一個供給與需求可達平衡之市場。因此公共政策或國際關係之學者，往往在現實考量下追逐實務之分析。譬如，學術界在承攬政府之相關委託研究計畫時，政府往往提示學者，「需要更多之實務與『政策』，而不需要艱澀之理論」。因此，學者們不得不在「實務掛帥」下偏重議題與個案研究。長時間下來，理論面的探討自然就少些。但實務導向之研究，往往因研究個案之性質，而將研究重點置於比較注重技術性之政策下游，因此在不同研究個案間，彼此之「共通分析架構」就少些。譬如，幾個人都在做有關「戒急用忍政策」之研究，有人著重兩岸經貿相互依存之各種統計技術，有人著重經貿互賴所衍生之政治與國家安全議題，有人著重兩岸統獨意識型態之爭。再加上研究之個案之政策重心互異、著重面向亦不同或不同政黨之委託、不同國際因素考量、不同之政策階段……等差異性，往往造成這些「大陸政策」屬性極為不同，也因此所謂之「大陸政策」亦常淪

為「某個個案之某個政策面向研究」，而不易建立一個可貫穿我國大陸政策之理論基礎。

在研究方法上，情形也類似理論之研究，而常被國內學者忽視。但依筆者個人之經驗，研究方法對吾人研究某一議題時，若欲突破其視野，擴大其研究廣度（scope）與深度（depth）時扮演極為重要之角色。譬如，不少人在做某一政策分析時，往往忽略問題建構（problem structuring）之重要性，誤以為只要以經濟理性（economic rationality）之政策分析為原則，即可求得最好之政策效率（efficiency）；但卻忽視了效能（effectiveness）之問題，甚至衍生出第三類型謬誤（type Ⅲ error）。[12] 此時對政策分析之工具或方法之堅持，不但不能反映目前民主決策之事實，反而往往造成「專家決策之有限性」，從而導致公部門資源之浪費。[13] 因此，問題建構的良窳，往往決定了政策論述之途徑及政策產出之優劣。但在研究方法上，問題建構與政策論述往往與該政策本身分屬不同之研究領域。[14] 譬如，在有關「全球人權政策」的研究中，經常有一些問題之建構是同屬「國際」與「國內」的。雖然其政策之論述常在「國內」公共政策之領域，且其政策之執行又常屬於「國內行政機關」的領域，但此政策之評估卻又必須受到國際人權組織相關法規之約束，或國際力量之干預。在此種議題上，一個跨層分析（cross-level-analysis）研究方法之突破就顯得格外的重要；[15] 如何建構一個可以整合不同分析層面之研究方法，在此類

[12] Deborah A. Stone, *Policy Paradox and Political Reason* (New York: Karper-Collins, 1988); John Portz, "Problem Definitions and Policy Agendas: Shaping the Educational Agenda in Boston," *Policy Studies Journal,* vol.24, No.3 (1996), pp.371-386.

[13] 吳英明，「公私部門協力關係和『公民參與』之探討」，**中國行政評論**，第2卷第3期（1993年），頁1-14；林水波，**公共政策新論**（台北：智勝，1999年），頁27-53。

[14] 林水波，**公共政策新論**（台北：智勝，1999年），頁54-92；95-132。

[15] 有關跨層分析之研究涉及「分析層次」（level-of-analysis），相關文獻請參考J. D. Singer, "The Level-of-Analysis Problem in International Relations," *World Politics*, vol. 14 (1961), pp. 77-92. Kenneth N. Waltz, *Man, the State, and War* (New York: Columbia University Press, 1959).而有關跨層分析在結合國際關係與政策科學之應用，請參考Robert D. Putnam, "Diplomacy and Domestic Politics: The Logic of Two-level Games," *International Organization*, vol. 42, No.3 (summer 1988), pp. 427-460.

議題上已成為極為重要的課題。而在全球治理下之國際環保及國際人權之研究都有此種現象。此外，隨著兩岸經貿互動之頻繁與兩岸加入WTO後，有關「全球化」之議題，勢必也會衝擊我國大陸政策制定之研究。屆時，上述所提之種種問題亦將出現在有關兩岸關係之研究上。

最後，在理論之延展與應用上，一些政策實務工作者在高唱「實務至上」的情況下，往往視理論為「無用之物」；而另一些有心作理論研究之學者，卻又常面臨徒具理論之形式而不見可以貫穿整個研究之分析架構的弊病。其結果是：在研究報告中，不是毫不具理論，不然就是「堆砌」一些理論作為某一章節，然後再「堆砌」另外一些實務資料作為另一些章節；而較少見此理論與實務之對話、印證、批判或創新。彷彿在一篇研究論文中，把理論「放進去」就表示此文有「理論基礎」、有「理論交代」。殊不知理論之所以有其價值，乃在於其與實務面之結合。當然理論不一定要「符合」或「遷就」每一個大大小小的事實，但理論卻不能不接受主要事實之檢證。當理論不能合於事實之檢證時，吾人必須去查證此「事實」（fact）是否為一真實（truth）？其作為data之研究資料或所謂之「事實」的獲得方法是否有問題？此事實是否適合檢視此理論？若以上問題皆為肯定，而理論卻作出不同之解釋、分析或預測時，則吾人需進一步針對此理論提出修正，甚至推翻。而所謂好理論（good theory）總是能解釋過去發生的事實，又能分析現在正在發生之事情及預測未來將發生之事情。[16]

事實上，「理論無用論」之偏見或「對理論忽視」之疏失，對我國公共政策之研究產生極為深遠之負面影響。而在這些負面的影響中，最嚴重的厥為：在公共政策的領域「一人一把號、各吹各的調」之現象普遍存在；而這種現象又造成許多公共政策之研究不是在相關議題上淪為「各自

---

[16] 有關理論（theory）之優劣或評判標準，請參考Imre Lakatos, "Falsification and Methodology of Scientific Research Program," in Imre Lakatos and Alan Musgrave eds., *Criticism and growth of Knowledge* (Cambridge: Cambridge University Press, 1970), pp. 154-177；Kenneth N. Waltz, *Theory of International Politics* (McGraw-Hill, Inc., 1979), Chapter 1.

表述」就是「雞同鴨講」，甚至對同一個研究議題也經常產生類似上述之問題。其結果為「公共政策」之研究繼續淪為「散兵游勇」，未能真正釋放其在「科際整合」上之能量。

第三節　全球化與公共政策互動之分析架構：國家主權之解構與重構

　　前文中，我們提到目前有兩股力量為公共政策之研究注入新的動能。第一股為由公共行政之改革而來之新公共管理；另一股力量由全球化與全球治理之興起而來。雖然此兩股力量，在巨觀面已有許多社會現象可以佐證一個穿越國際事務與公共政策的時代已經來到，但在微觀面的理論建構上，還尚處於萌芽階段。[17] 本章中，筆者嘗試建構一個可以銜接國際關係與公共政策之分析架構，作為「全球治理」之理論基礎。

　　就如同公共政策一樣，有關「全球化」之定義也是眾說紛紜。簡單的說，全球化指涉國際事務往來聯繫的擴張化、深化與迅速化。在學理上，全球化是指「互賴程度的增加」、「時空的壓縮」、「跨越疆界之活動」。[18] 因此，全球化可以同時在國家之部會（中央政府）、地域（縣市政府）或更基層的地方行政單位等不同層級的領域發生。[19] 換句話說，全球化有時可以不受國內或國外、中央或地方等「疆界」（boundary）之限制。事實上，全球化不但不受這些疆界之限制，甚至可以藉其強大的穿透力，解構這些在傳統公共行政極為重要的「疆界」概念。因為傳統的公共行政基本上是處理「國內」行政機關之事務，並且在「中央」與「地方」

---

[17] 宋學文，「全球化與非政府組織對國際關係之影響」，載於吳英明、林德昌主編，**非政府組織**（台北：商鼎，2001年），頁78-81。

[18] Ohmae, Kenichi, *Borderless World: Power and Strategy in the Interlinked Economy* (London: Collins, 1990). A. Giddens, *The Consequences of Modernity* (Cambridge: Polity, 1990).; D. Harvey, *The Condition of Postmodernity* (Oxford: Blackwell, 1989).

[19] B. Buzan, O. Waever and Jaap de Wilde, *Security: A new Framework for Analysis* (Boulder: Lynn Reinner, 1998).

有明顯之區隔下，進行政府之管理。換句話說，傳統公共行政將「中央」與「地方」以「科層」的方式賦予其相對權力之定位；同時也透過組織分配的方式將「國內事務」之管理權力歸屬於「公共行政」；並將「國際事務」之管理權力歸屬於「外交部門」。[20] 但全球化卻改變了傳統上權力的組織、分配與運作方式。譬如，人權、環保之議題，不但有「國際事務」之屬性，也有「公共事務」之屬性；而在政府內之對口單位，也往往同時涉及「行政」部門與「外交」部門。此外，許多人權與環保相關活動是透過非政府組織（NGOs）或所謂的第三部門來運作。因此，它既非傳統公共行政著重之「公部門」，也非企業界所著重之「私部門」。在公、私及第三部門互動下，提供了全球化與全球治理之基礎，也提供了公共政策與國際關係合作時極為寬廣的空間與契機。[21] 簡單的說，在全球化與全球治理下，政府的權力與公共行政之種種管理同時面臨來自中央／地方、國內／國際、疆界／非疆界等犬牙交錯之挑戰。[22]

從國際社會日常生活之實務面來看，有關全球化之現象正日益充斥在我們日常生活中。譬如，從美國向世界各地擴散之「麥當勞」速食文化、可口可樂、好萊塢巨星、微軟視窗及目前極為盛行之行動電話及其他的資訊工具等，都快速地改變了人們的生活習慣與社會價值，從而挑戰傳統「公共行政」或「公共政策」之意涵、運作方式及適用範圍。更重要的是這些改變人類生活之企業以全球併購的方式繼續膨脹而成為真正富可敵國之跨國公司（MNCs），這些MNCs雖然可能在某一「母國」註冊，並在

---

[20] Phillip J. Cooper, Linda P. Brady, Olivia Hidalgo-Hardeman, Albert Hyde, Kathrine C. Naff, J. Steven Ott and Harvey White, *Public Administration for the Twenty-First Century* (Orlando: Harcourt Brace, 1998), p.334, p.367.

[21] A. G. McGrew, "Conceptualizing global politics," unit 1 in A. G. McGrew ed. *Global Politics* (Milton Keynes: Open University, 1988), pp.18-19 ; R.B.J. Walker, *Inside/Outside* (Cambridge: Cambridge University Press, 1993); Phillip J. Cooper, Linda P. Brady, Olivia Hidalgo-Hardeman, Albert Hyde, Kathrine C. Naff, J. Steven Ott and Harvey White, *Public Administration for the Twenty-First Century* (Orlando: Harcourt Brace, 1998), p.367.

[22] James N. Rosenau, *Among The Domestic-Frontier: Exploring Governance in a Turbulence World.* (Cambridge: Cambridge University Press, 1997); Jon Pierre ed., *Debating Governance: Authority, Steering, and Democracy* (Oxford University Press, 2000).

另一「子國」運作，但此MNCs之「權力」卻往往超溢「母國」與「子國」之主權或政府所能規範的範圍。[23] 譬如，世界上最大的三百家公司，幾乎控制全世界生產資源之四分之一。這些公司不但挑戰傳統之國家主權觀念，事實上，其擁有之財力已實際凌駕許多國家之生產總值（見表7-1）。

其中更重要的是，在全球化之風潮下這些MNCs大大地利用國際分工及國際資金之流動性，從事許多跨國之經濟行為，以降低其生產成本及投資風險之趨勢，已挑戰傳統上「國際」與「國內」之畛域；它也使得公共行政暨政策研究之範圍、議題及研究工具必須作進一步的調整或更新。譬如，耐吉（Nike）球鞋，往往是美國設計、台灣接單、大陸製造之「跨」國產品。這種多國籍公司不但會對國際關係有著極為深遠之影響，也會對許多國內之公共政策產生實質之政策衝擊。這些影響與衝擊包括：

1. 國際勞務分工（distribution of international labor）使得國際間之經貿相互依賴日漸增高；而經貿相互依賴之增高又造成國與國之間戰爭成本之增加；戰爭成本的升高又使得國際之衝突往往須仰仗NGOs來促進國際間合作協議之達成；最後，NGOs進一步「分享」政府的主權，從而刺激公共行政中政府職能之定位問題；

2. 傳統上由政府主導之外交與國際關係，已快速地被MNCs與NGOs所侵蝕。特別是像IBM、新力（SONY）、麥當勞（McDonald）等大型多國籍公司及各類型的民間智庫或基金會，往往在實質面上更可以或更方便的透過其經貿、政商或學術網絡之關係成就許多從外交或政府切入不易達成之工作。而全球人權組織及全球環境組織，亦透過聯合國機制，進行許多跨越國家及主權之活動，並直接與地方政府或國內某些弱勢族群取得政策的串聯。其結果是為產、官、學之合作與對話提供了更為寬廣的空間，進一步刺激各學門在科際整合上之迫切性；

---

[23] P. Hirst, and G. Thompson, *Globalization in question: The International Economy and the Possibilities of Governance* (Cambridge: Polity Press, 1996).

表7-1　MNCs與國家之經濟力比較

排名	國名	生產總值（億美元）	公司名	市場總值	公司名	年收入（億美元）
1	美國	74335	GE	2716	通用汽車	1782
2	日本	51492	微軟	2090	福特汽車	1536
3	德國	23646	殼牌石油	1957	三井物產	1427
4	法國	15336	可口可樂	1935	三菱	1289
5	英國	11521	EXXON石油	1725	殼牌汽油	1281
6	義大利	11405	MERCK	1399	伊藤忠	1266
7	中國+香港	10593	PFIZER	1330	EXXON	1224
8	巴西	7095	日本電話	1309	WAL-MART	1193
9	加拿大	5699	WAL-MART	1235	丸紅	1111
10	西班牙	5632	英特爾	1212	住友	1024
11	大韓民國	4831	NOVARTIS	1162	豐田汽車	951
12	荷蘭	4026	PROCTER	1125	GE電器	908
13	澳洲	3678	IBM	1108	日商岩沖	819
14	印度	3578	BRISTOR-MYERS	1070	IBM	785
15	俄國	3560	ROCHE-HOLDING	989	日本電話	770
16	墨西哥	3417	AT&T	989	AXA	769
17	瑞士	3137	GLASO WELLCOME	961	賓士汽車	716
18	阿根廷	2951	豐田汽車	943	大宇電子	715
19	比利時	2686	LUCENT TECHNOLOGY	931	日本人壽	714
20	瑞典	2273	JOHNSON & JOHNSON	929	英國石油	712
21	奧地利	2265	PHILIP MORRIS	907	日立	686
22	印尼	2143	BERKSHIRE HATHAWAY	877	國民汽車	653
23	土耳其	1775	DUPONT	871	松下電器	643
24	泰國	1775	UNILEVER	867	西門子	638
25	挪威	1521	AIG	866	克萊斯勒	611

資料來源：世界銀行，1998年世界銀行地圖（*1998 World Bank Atlas*），頁42-43；商業週刊（*Business Week*），1998年7月13日，頁53。

3. 由於國際金融、貿易及資訊之流通已使得海外直接投資、併購、
策略聯盟等快速地透過「全球化」作進一步之整合，並穿越傳統
國際關係之束縛與規範，使得國界（border）之觀念愈來愈模糊；
而這點在長遠上來看有可能使得世界公民的觀念逐漸取代國民
（citizen）之觀念。[24] 換句話說，當個人、地方政府也享有參與
「國際事務」能力時，公共行政的觸角也悄悄由「行政」伸入國
際關係。而這種「個人」直接與「國際」直接接軌之趨勢又將進
一步挑戰行政倫理中所謂「行政責任」與「行政倫理」的問題。
因為「世界公民」或所謂的"civil society"，基本上並非以「國家」
作為效忠之最高對象。

　　以上三點對研究國際關係、兩岸關係或公共行政的學者來說，具有實
質且重大之衝擊。譬如，兩岸三通之後在經貿及文化之密切互動及全球化
對國家主權之衝擊，可能會在我國大陸政策之制定上面臨有關「國家認
同」之建構、解構與重新建構的政策變遷相關問題。而台北之陸委會與北
京之對台工作小組是否對此已有充分之準備？凡此種種皆將進一步刺激國
際關係與公共行政（公共政策）對話與合作之必要。

　　當國界的模糊正刺激學者對「全球化」與「國際化」所帶來之衝擊作
進一步之探討之際；一些研究國際關係或社會學的學者，已開始為全球化
與公共政策的接軌作初步之探討。譬如，Giddens即認為「全球化會將遠在
地球另一端的事務或事件之發生與本地作更多的聯結」。[25] 而Robertson則
提出「全球化概念將強調世界之壓縮與世界一家之觀念」。[26] Robertson進
一步指出全球化之發生乃是透過全球國際化（global internationalization）、
全球社會化（global socialization）、全球個人化（global individualization）

---

[24] Kenichi Ohmae, *Borderless World: Power and Strategy in the Interlinked Economy* (London: Collins,1990).

[25] A. Giddens, *The Consequences of Modernity*, (1990), p.64.

[26] R. Robertson, "Globalization, Modernization, and Postmodernization: the Ambiguous Position of Religion," In *Religion and Global Order*, edited by R. Robertson and W.R. Garrett, (New York: Paragon House, 1992), p.8.

以及全球人性化（global humanization）等四個過程之同時（simultaneously）互動（interaction）而形成的。因此，此四個過程藉著一種「普遍的特殊性」（particularization of the universal）與「特殊的普遍性」（universalization of the particular）之交互作用，最後淘煉出全球化與在地化之鑲嵌與交織。[27]這種研究立場充分地賦予了傳統公共行政從「地方政府」、「國內事務」、「國內行政」解放的能量；它也同時賦予研究國際關係的學者，必須重視「在地化」（localization）與「國際化」（internationalization）之互動關係。換句話說，全球化賦予了公共行政暨政策邁向「國際」的能量；它也賦予國際關係深入「國內行政」之能量。

　　這種全球化與在地化的配合對國家主權有極大之衝擊。德國社會學家Beck針對歐洲之整合趨勢提出「跨國國家模式」（transnational states），作為後民族國家時代之國家觀。[28] Beck認為全球化的二個主要跨國行動者NGOs與MNCs之力量將愈來愈大，而民族─國家（nation-state）則相對式微。但Beck認為正因為MNCs與NGOs力量之上揚，而國家主權相對式微之趨勢，有可能引發新的霸權以「世界國家」的姿態出現，去奴役一些較弱小的國家，反而使得全球化淪為新霸權主義之工具。因此Beck主張的跨國國家模式雖然揚棄了民族─國家之主張，但還是肯定主權國家之概念。他進一步提出「跨國內政」之觀念，認為在全球化之激盪下，國內政治與具有國際屬性之MNCs及NGOs將做更多之聯結與互動。因此「全球化-地方化」之雙軸座標將取代民族─國家之互動模式。[29] 從這個角度來看Beck的觀念與Robertson所提出之「全球地方化」觀念是一致的。換句話說，普世主義與特殊主義將成為全球化之重要特色。而此兩者之所以可以兼容並

---

[27] R. Robertson, "Globalization, Modernization, and Postmodernization: the Ambiguous Position of Religion," In *Religion and Global Order*, edited by R. Robertson and W.R. Garrett, pp.281-283; R. Robertson, *Globalization: Social Theory and Global Culture* (London: Sage, 1992), pp. 177-178.

[28] Ulrich Bech, "The Reinvention of Politics" In *Reflexive Modernization*, edited by Ulrich Bech, Anthony Giddens and L. Lash, (Cambridge: Polity, 1994).

[29] 孫治本，「世紀末解構的歐洲──後民族國家思維、文化界線與民族國家間的交互激盪」，**當代**，第139期（1999年3月），頁80-93。

蓄，主要的邏輯是「全球化」所強調的並非是排他性（exclusive）的國家主權學說，而是極具包容性（inclusive）之人本、文化、社會及經濟等多元主義之產物。

在國際關係理論方面，早在1970年代國際關係理論中的新自由主義學派（neoliberalism）學者已針對現實主義（realism）所主張之「國家是國際社會中之主要成員」的假設提出了強烈的質疑。這些具有自由主義思想的學者，從經濟合作與社會分工的角度來觀察當時的國際社會，提出國際間相互依存，分工合作的重要性與未來趨勢。[30] 而典則理論（regime theory）則針對如何「管理」（govern）國際衝突，及如何促進國際合作，提出理論基礎及實務操作之國際組織，從而奠立了全球治理之基石。[31] 典則理論雖受到Robert Keohane、John Ruggie及Susan Strange等人之影響而對非以主權國家為基本成員之國際社會作深入之探討，但對大部分之新自由主義學派的學者來說，以國家為單元之國際組織，仍然在國際體系中佔有極重要之地位。[32] 但到了1980年代，有更多學者對所謂「政府是國家參與國際社會唯一合法之決策者」與「國家資源開發或管理者」，提出反對之意見，[33] 且強調非政府組織NGOs與公民社會（civil society）之國際角色參與模型，來說明新的國際互動模式，[34] 即所謂的「活化民間社會模型」

---

[30] Robert Keohane and Joseph Nye, *Power and Interdependence: World Politics in Transition.* 2nd ed. (Boston: Little, Brown, 1989).

[31] 有關典則理論，請參考Robert O. Keohane, *After Hegemony: Cooperation and Discord in the World Political Economy* (Princeton: Princeton University Press, 1984)；Charles, P. Kindleberger, *The World in Depression 1929-39* (Berkeley: University of California press, 1973)；Stephen D. Krasner, ed. *International Regimes* (Ithaca, N.Y.: Cornell University Press, 1983).

[32] 許多研究國際關係的學者，常誤以為新自由主義之學者（如Robert Keohane）是反對國家為國際體系之「基本」成員之主張。但作者認為大部分新自由主義學者（如Robert Keohane，Joseph Nye. Jr.及Susan Strange）並未反對國家是國際體系之基本成員之主張；他們只是強調在國際體系中國家並非「唯一」之成員，其他成員如NGOs、MNCs，甚至個人都可能在國際社會扮演重要之角色。

[33] David Korten, *Getting to the 21st Century: Voluntary Action and the Global Agenda* (West Hartford, Conn.: Kumarian, 1990).

[34] Kendall W. Stiles, "Civil Society Empowerment and Multilateral Donors: International Institutions and New International Norms," *Global Governance*, Vol.4, No.2 (Apr-June, 1998), pp. 199-216.

（civil society empower model），[35] 這種模型主張逆轉（reverse）傳統上以國家為主要著眼點之國際關係，而著重非以國家為單位之成員，如NGOs、MNCs所可能對國際關係帶來之實質衝擊。從這個角度來分析，全球化正符合了國際關係中自由主義學派認為國家並非為國際體系唯一成員之主張，因為全球化具備了下列四個特色：[36]

1. 全球化之共趨性與同質性，有助於泯除國際間因文化、宗教、政治而產生之完全對立與疏離。因為，全球化強調的是一種「異中求同」的國際社會新價值；

2. 全球化雖有共趨性與同質性之特色，但它不一定要建立一個「標準之制式」規範；相反地，它能容許、包容在共趨與同化中，仍能保有本身之獨特性與異樣性，以滿足不同之文化、價值觀、市場或利益；

3. 全球化所憑藉之手段與工具，基本上不是政治的或軍事的；它主要是透過經貿、文化、社會價值等軟性力量（soft power）來達成；

4. 全球化將使個人、社團、企業或其他NGOs能透過正式與非正式之方式來進行跨國對話，進而謀求降低國家間衝突解決之成本；因此，全球化下的NGOs與政府之關係將是既依賴又獨立的關係。簡言之，在解決國際衝突的過程中，NGOs比政府更具彈性，因此，其不受制於公部門之獨立性較高；但在衝突解決之後的協議執行中，NGOs則有賴政府部門之配合，才能在政策執行面上，有較為具體之結果。

在此，有一點要特別強調的是：社會學學者如Giddens、Robertson及

---

[35] Kendall W. Stiles, "Civil Society Empowerment and Multilateral Donors: International Institutions and New International Norms," *Global Governance*, Vol.4, No.2 (Apr-June, 1998), p. 199.

[36] David Held and Anthony McGrew with David Goldblatt and Jonathan Perraton, "Globalization," *Global Governance*, Vol.5, No.4 (1999), pp. 483-496.

Beck等人所強調的「全球化」（globalization），國際關係學者如
Keohane、Nye及Strange等人所強調之「全球治理」（global governance）是
有一些差別的。基本上，社會學學者較著重在國際社會「全球化現象」的
描述、分析及介紹，但他們很少提出「治理」的觀念。相對的，國際關係
學者，特別是新自由主義學派中之功能主義（functionalism）及典則理論
（regime theory）之學者則特別注重國際衝突與和平之規範與管理。而此
種管理主義之傾向，使得未來之國際關係，將由國際現勢之描述、介紹等
敘述性（descriptive）之研究途徑，逐漸朝管理、治理之規範性
（prescriptive）方向發展。而這種發展最終將在政策、策略上日益增加IR
與PA/PP之對話及合作。

　　在上面我們討論了經濟互相依賴所伴隨而來的全球化效應與NGOs之
功能已對國家主權產生相當程度之侵蝕；但這並不表示在今日的國際關係
中，國家主權將日漸式微而最終將由NGOs或MNCs所取代。相反地，正
如Susan Strange所強調：隨著國際經濟、文化、環保、人權等議題之相互
依賴之增加，也伴隨著這些議題之互動而衍生出來之問題日趨複雜，政府
為了維持國內之秩序或解決問題而干預（intervention）百姓日常生活事物
之情形也愈來愈有其必要性。[37] Strange進一步提出，目前國際關係之研究
必須重新將經濟、社會、文化與政治之互動作進一步之聯結，吾人才能明
白政治權力日益膨脹，但國家主權卻又更加受到NGOs與MNCs挑戰之弔
詭。[38] 這個弔詭進一步又激盪出未來在研究全球化對國家主權之衝擊時必
須注意的三大前提：[39]

　　1. 政治乃眾人日常生活之事，並非政治家或政治官員所專屬；
　　2. 權力愈來愈市場化，而且經常是在交易中自然產生；
　　3. 社會威權之產生並非來自於國家之授權，乃是來自於投身社會工

---

[37] Susan Strange, *The Retreat of the State: The Diffusion of Power in the World Economy.* (Cambridge: Cambridge University Press, 1996), pp. 4-5.

[38] Susan Strange, *The Retreat of the State: The Diffusion of Power in the World Economy.* (Cambridge: Cambridge University Press, 1996), pp. 4-12.

[39] Susan Strange, *The Retreat of the State: The Diffusion of Power in the World Economy.* (Cambridge: Cambridge University Press, 1996), pp. 12-15.

作者，普遍地獲得社會成員之支持。

　　以上三點將國家主權之觀念進一步解構成一種「交易後之自然產物。換句話說，Strange 強調以往認為國家壟斷主權之觀念，已逐漸由代理人（agent）之觀念所取代。這種「誰有能力提供最佳服務者，誰就擁有權力」之觀念，正是造成今日國家主權觀必須重新建構及公共行政必須改革之最主要原因。[40] 綜合以上全球化之種種效應，我們可以歸納出全球化對公共政策之影響至少包括下列數項：

1. 全球化效應之加深，將使得政府必須借助於許多非傳統公部門之資源或工具來處理「經濟日趨整合，政治日趨分離」之全球弔詭；

2. 一個「企業型的政府」可以透過許多「產官合作」或「學官合作」的策略，並以更靈活、更具彈性的方式來增加其處理跨國議題（如跨國環保或人權）時之議價空間；

3. 從效率的角度來看政府部門之層層節制與僵化觀念將無法在速度上有效處理瞬息萬變與複雜的公共與國際事務；而由於 NGOs 不必受到行政官僚之行政包袱影響，因此在策略上較具靈活性。事實上，公部門如何與私部門及第三部門配合，會是未來政府在全球化挑戰下，成敗之關鍵；

4. 電腦資訊化的來臨使得企業或第三部門能以最經濟的成本享有以往只有政府才能擁有之資訊；而企業或第三部門可以藉著對資訊之掌握，逐漸在某些領域分享政府之職能；

5. 自由與民主將形成國際社會價值之主流，因此國內之行政運作方式及組織，都必須反應此種「市場模式」，以符合「全球在地化」之精神；

6. 在政府部門中加速的民營化與自由化將進一步破除「公部門」與

---

[40] Susan Strange, *The Retreat of the State: The Diffusion of Power in the World Economy.* (Cambridge: Cambridge University Press, 1996), pp. 91-99.「成本交易」、「公共選擇」及「代理人」之相關理論在 NPM 中有極重要之意涵，請參考本文之第五節。

「私部門」之界線，使「政府」、「官方」與「非政府」、「非官方」之職能犬齒交錯，從而挑戰公務員永業制度及其他科層制度。

　　雖然我們在前面提出許多全球化與NGOs對國家主權之挑戰，並提出一些NGOs在未來國際關係上所能扮演之功能及其所依據之理由；但這並不表示NGOs將顛覆現實主義所揭櫫的國家主權觀念。從理論面來說，NGOs也有其理論上之限制。[41] 事實上，由於大部分有關闡揚全球化與NGOs之學者主要源自於國際關係（或社會學）中自由主義學派的觀點，因此它也就不可避免地承襲著一些自由主義學派有時帶有天真主義色彩的問題。此外，由於自由主義思想傾向在爭取合作的過程中強調妥協；但在實務運作中，哪些議題可以妥協？哪些議題不能妥協？當政府各部門中對同一議題有不同之政策主張時，部會間如何協調？政策議程如何設定？政策問題如何建構？政策執行面的效果如何？由誰評估？等等問題，卻仍然困擾著實際負責決策的人。針對有些議題是完全不可能妥協時，自由主義的學者並未提出一套令人滿意的理論或實務之建議。另外在自由主義所強調的「互惠」（reciprocity）原則中，也缺乏一套像Weber官僚組織模式一樣清晰的「行為準則」，並依此準則來決定在互惠的過程中有關利益分配或損失補貼（side-payment）的問題。這些都是未來研究全球化對公共政策研究之衝擊時可能實際上面臨的問題。因此，我們雖然在本論文中強調全球化與全球治理對公共政策研究之重要性，但我們也要在此指出全球化因其依據之理論基礎——自由主義，而衍生的種種問題。這些問題包括：

---

[41] 有關NGOs之理論依據，主要是源自於自由主義（liberalism）之支派，針對自由主義在國際關係理論上之論述，除了Robert Keohane, John Ruggie及Stephen Krasner等人強調國際典則（international regime）的角度外，Andrew Moravcsik提出一些新的見解，頗有助於未來吾人在探討全球化與NGOs之管理時做為參考。特別是他提出議題順序（issues preferences）之觀念與理論論述，對全球化、國際典則、NGOs管理有極為重要之參考價值。見Andrew Moravcsik,"Taking Preferences Seriously: A Liberal Theory of International Politics," *International Organization*, vol. 51 (1997), pp. 513-553.

1. 由於「第三部門運作之機制非常多元化，所涵蓋的議題範圍也十分廣泛」。[42] 因此，如何整合各種不同之第三部門所可能產生之對立與衝突時，就有可能出現「多頭馬車」或「各自為政」的問題。此時政府宜扮演協調角色或「主管」角色？將會是未來公共行政或NPM所面臨最大的挑戰；

2. 由於第三部門強調多元管道之溝通與協調，因此對同一議題，可能出現多種不同之解決方案，如何在眾多方案選項中建立「議題處理之優先順序」及「議程設定」將會是未來政府在全球競爭下成敗的關鍵；

3. 由於第三部門強調「非官方」、「非正式」等彈性運作方式，因此在運作過程中有關「由誰負責？」、「權限如何劃分？」、「如何整合民間與企業資源？」的問題，必須先行解決；

4. 當第三部門之理念、價值、處理事務之程序等與政府正式編制之單位在運作上有衝突時，其中之協調機制如何建立？

5. 在一些具有國際衝突之議題上，政府如何在支持「全球治理」的原則下維持自治權（autonomy）之問題。

持平而論，「全球化」與「全球治理」確有其時代之意涵與未來發展之無限潛力。但在目前之國際關係中，國家主權及軍事安全議題依然是所有政府在各種議題中最高順位之考量；有關全球公共政策之管理在下列三種情形中，將難免受到高階政治或國家主權運作之影響：

1. 垂直式的議題加溫：當某一低階政治之議題與高階政治議題有所掛勾時，往往會使得原本較為單純之議題變為更複雜，而導致NGOs毫無著力點；而必須透過政府來處理時，則國家主權之觀念會頓時變的重要。譬如，在1990年代美國與中國大陸在人權議題（低階政治）之衝突，導致美國以301條款經濟制裁方式來處理

---

[42] 朱雲漢，「全球主義、區域主義及第二軌外交：台灣務實外交的新座標」，**國際空間在突破之策略學術研討會**（台北：財團法人國家發展研究文教基金會，1996年11月23日），頁1。

美—中貿易問題。而此一議題後來又涉及美國之對華政策及其在西太平洋戰略部屬之考量。當最後產生高階政治排擠低階政治之效應時，則NGOs所強調之人權議題就常因為美、中兩國之經貿與軍事安全考量而被犧牲。另外一個例子是，近年來台塑在生產過程中所產生的汞污泥，因台灣之環保法規與環保團體之抗爭，使得這些汞污泥不能在台灣就地掩埋。但對某些國家（如北韓）而言，由於其需要經濟發展之資金，故在某些經濟誘因下，可能願意接受汞污泥在其國家之掩埋。然而，此單純之環保議題，可能衍生出一些外交與政治的問題。在中共之干預下，北韓可能也無法再接受台塑的汞污泥之處理。因此，這個議題已衍生出一些高階政治的相關考量，而非NGOs可以單獨處理，必須回歸到傳統之外交與政治來思考此議題。

2. 水平式的議題擴散：當議題互相激盪，而出現因議題間雖無垂直之排擠效應，但卻有水平之連結現象時，往往導致某一特殊NGOs無法單獨處理這些議題，而必須在各種不同的NGOs作進一步之協調與整合時，此時，政府之介入往往變為必須。最常見的例子是在環保NGOs與經濟發展NGOs有不一致之意見時，政府往往扮演協調與仲裁、干預之角色。當各種不同之NGOs在同一議題中堅持其不同立場時，實有賴政府發揮整合NGOs之角色之與功能。譬如，在原住民保留地是否要進行經濟開發時，就可能引發人權及環保NGOs與經濟發展NGOs產生衝突之情形。政府在此種衝突中，往往很難置身事外，而必須作某種協調與干預時，主權的觀念就會浮現出來。[43]

3. 全球化所帶來的NGOs有可能成為已開發國家對未開發國家或開發中國家之變相資源剝奪。在此情況下，NGOs已違反國際典則中所

---

[43] 有關政府在面對各種水平議題之聯結而必須干預之文獻，請參考宋學文，「溝通、談判在公共管理中的角色」，**談判策略與技巧**（高雄：高雄市政府公教人力資源發展中心，1998年），頁1-24。吳秀光，「政府談判之博奕理論分析」，**談判策略與技巧**（高雄：高雄市政府公教人力資源發展中心，1998年），頁77-102。

強調的互利（mutual benefit）原則，甚至有些國家可以藉NGOs之
多邊組織，來遂行其霸權之政策，使得NGOs淪為霸權之背書與合
法化之工具。[44] 針對此，政府之政策考量會變得極為複雜。

　　儘管如前文已提到，目前有關全球化與全球公共政策之學術研究，特
別是有系統之理論建立尚在萌芽階段。但全球化與全球治理的觸角及足跡
已如風行草偃般地在世界各地及各行各業中展開。在前文中我們已闡述了
全球化與全球治理對國家主權之衝擊，並造成國家主權觀念消褪
（retreat）之現象；但這並不表示國家主權將從此一蹶不振，而是會以更
多元的形式及更彈性的運作來適應全球化與全球治理時代的來臨。針對
此，Strange列出十點未來可以立足於全球化與全球治理之國家主權存在之
條件與理由：[45]

1. 保護國民免受外來之侵犯；
2. 維護國家貿易的穩定與成長；
3. 選擇適合國家經濟發展之途徑；
4. 矯正市場經濟，使其朝良性循環發展；
5. 在自由競爭之經濟制度下，提供一套可以兼顧貧富、老少、強弱
   之社會安全政策；
6. 透過稅收（taxation），使國家各項開支不虞匱乏；

---

[44] 有關這方面的論述，涉及早期「依賴理論」與「世界體系理論」，請參見James A.
Caporaso, ed.,"Dependence and Dependency in the Global System," *International
Organization* vol.32 (1978), Special issue; Emmanuel Wallerstein, *The Modern World
System: Capitalist Agriculture and the Origins of the European World-Economy in the
Sixteen-Century* (New York: Academic Press, 1974).而近年來學術界對「全球化」與
「NGOs」在世界開發中之角色亦有見仁見智之紛歧。持正面觀點者，請參見Leon
Gordenker, "The U.S. Origin of Organized Global Politics," Global Governance Vol. 4 No.
4 (Oct-Dec 1998), pp. 201-514; 持負面觀點者，見David Hulme and Michael Edwards,
"Conclusion: Too Close to the Powerful, Too Far from the Powerless?" in David Hulme
and Michael Edwards, eds., *NGOs, States and Donors: Too Close for Comfort?* (New
York: ST. Martin's Press, Inc., 1997), pp. 275-284.

[45] Susan Strange, *The Retreat of the State: The Diffusion of Power in the World Economy*
(1996), pp.73-81.

7. 透過經貿關係，制定國家全面性之發展策略；

8. 提供、保護及穩定其國民在領土內之生活安定、便利及舒適；

9. 提供國內市場競爭之篩選制度，以強化國民與企業在國際之競爭能力；

10.透過各國政府作為其領土內唯一合法使用武力之機制，來解決國內各種不同之爭端。

　　我們從以上十點可以看出，未來國家主權與國家行政管理繼續存在之理由並不強調西方傳統上所著重之政治性因素（領土、主權、人民）及東方所著重之文化因素（民族、倫理、歷史等）；而較著重在「國家市場化」（state marketization）之觀念。換句話說，國家主權之所以存在與延續其理由既不是建立在權力（power）之觀念上，也不是建立在民族的認同上；而是建立在以自由主義為基本之契約（contract）的觀念上。這種契約、市場化觀念下的政府，重點已非如傳統公共行政之公部門所謂「政府」（government）之行政（administration）或「機關」（institute）；其重點將轉移至政府作為人民之「代理人」（agent），如何「治理」（governance）國家及公共選擇或交易成本之主題上。[46] 從這個觀點來說，全球化與全球治理下的國家主權與政府，將會是人本主義（humanism）與市場契約（market contract）相互激盪下的產物。而這也正是未來研究全球化與全球治理所可能對PA/PP帶來衝擊之最重要的焦點。而此點衝擊，在兩岸關係的研究中將有更為深遠之影響，因為目前兩岸關係之研究，及台北或北京有關兩岸關係之政策，尚不能脫離政治性之「主權」或文化性「民族主義」觀念。但長遠來看，兩岸的政府，可能遲早要面對Strange所強調之「代理人」或「市場契約」的觀念如何在具體的政策中落實出來。

　　但目前全球化之發展，還充滿一些不確定之因素繼續對國家主權產生

---

[46] 有關政府與人民間之「契約」或「代理」之「市場」關係，請參考Susan Strange, *States and Markets* (London: Pinter, 1988).

深遠的衝擊。總括的來說，全球化未來之發展至少包含三種型式：第一、回復到國家中心之型式，第二、發展成多元分歧之型式，第三、朝全球治理的型式。而以上這三種型式對IR及PA/PP的研究都將有著極為不同之衝擊。如表7-2所示。

表7-2　全球化之不同發展型態對公共行政與政策發展之影響

全球化型態 政策理論與實務	國家中心型 State-centric Model	多元分歧型 Pluralist Model	全球治理型 Global Governance Model
政府在國際社會之地位	強	弱	自治 （Autonomous）
政府與國際社會之契約關係	無	不明	代理（Agent）
政府與國際社會互動之主權觀	國家主權至上，國際社會是無政府狀態	國家主權衰退，但國際社會仍然是無政府狀態	國家受國際社會之規範，但卻不受控制
理論依據	現實主義 （Realism）	自由主義 （Liberalism）	制度主義 （Institutionalism）
中央與地方權限	傾向中央集權	傾向地方分權	傾向中央與地方分工且配合
政策過程方式	傾向由上而下之決策，決策易有共識	傾向由下而上決策，決策不易有共識	傾向互動模式之決策
行政效率	偏高	偏低	不一定
公共政策管理	強調X理論及馬克斯‧韋伯之行政管理	強調Y理論及阿吉里斯之人本主義管理	強調溝通及企業型政府之管理
政策科學之強調面向	公共行政	新公共行政	新公共管理
人權政策	常受到忽略	重視，但屬於國內事務範圍	重視且漸受國際人權組織之規範
環保政策	重視，但以國內環保政策為主要研究範圍	重視，但環保政策輒因多元意見而形成政策紛亂	重視，且漸受國際環保組織之規範

資料來源：作者製表。

第四節　由國際關係到公共政策之全球治理架構

　　由於國際關係與公共政策長期以來被視為兩個較不相關的領域。因此在本節中，我們要建構一個由國際關係出發，最後可以與公共政策銜接之全球化分析架構，則有必要先從層面分析（level-of-analysis）的角度切入。從理論上來說，若我們在國際關係的研究中，謹守國際體系層面（international systemic level）的分析，則我們的確不需要分析體系內單元（unit）——也就是國家——之行為特色或表現；[47] 如此一來我們就更不可能在國際關係與公共政策間建構任何具有理論基礎的聯結。但我們若採取跨層分析（cross-level analysis）的研究方法，則我們將視國際體系層面、國內政治結構層面及決策層面上則有其互動之關聯性。這種研究取向將任何一個「政策」視為一個生命系統（living system），而政策的形成與產出皆會受到政策之環境（policy environment）所影響。[48] 這種分析架構，對政策科學的學者來說，是政策與環境互動的研究途徑。乍看之下，並沒有任何特殊之處；但從國際關係學者的角度來看，則涉及複雜的理論重構問題。因為國際關係的研究，長期以來，受到國際體系單一分析層面之約制，以至於在研究方法上常常不能突破一些傳統的包袱，而自囿於國際層面之分析。因此，我們有必要在探討國際關係如何與公共政策聯結時，先介紹國際關係理論中有關分析層面之沿革與發展。

　　從國際關係理論之角度來說，研究國家與國家互動之行為可由三個不同的層面來分析：第一是國際層面，第二是國內層面，第三是個人層面。[49] 傳統上，國際關係的學者往往採用「由外而內」（outside-in）的分

---

[47] Kenneth N. Waltz, *Theory of International Politics* (Reading, Mass.: Addison-Wesley, 1979), chapter: 1,2,3.

[48] David Easton, *System Analysis of Political Life* (New York: Wisley, 1965); David Knoke , *Political Networks : The Structural Perspective* (New York: Cambridge University Press , 1990), pp.1-27.

[49] J. D. Singer,"The Level-of-Analysis Problem in International Relations," *World Politics*, vol. 14 (1961), pp. 77-92; Kenneth Waltz, *Man, the State, and War* (New York: Columbia University Press, 1959).

析方法，也就是先分析國家所處之國際體系，次分析國家之外交政策，再分析造成國家外交政策之內政因素。另一方面，一些研究決策者行為之學者則採用「由內而外」（inside-out）的分析法，也就是先分析決策者的理念（ideas）或其行為模式，次分析決策者之個人特質對國家行為之影響，再分析此種具有濃厚個人人格色彩之國家行為所可能對國際社會帶來之影響。雖然Kenneth Waltz明白地指出：分析國家在國際體系結構約制下之行為時，不宜將以上三個層次分析同時納入同一分析架構中，以免在因果（causal-effect）關係上，失去其簡約性（parsimony）。[50] 此外，Waltz亦主張在研究一國之對外行為時，不宜將國家視為具備「人性」（human nature）之行為者，而應將國家之行為納入更大之國際結構（structure）中來分析，並將不同的國家之行為視為具有一致性的（unity）特質；換言之，Waltz認為在國際架構之約束下，國家之行為將漸趨一致，不致因此國家之國內政治、經濟、文化等特色，而有太大之差異。[51] 這種研究取向，的確有提綱挈領，省去瑣碎或次要因素之優點，也因此博得「優雅」（elegant）之美譽。[52] 但卻也因此失去其對國家行為之解釋力與預測能力；此外，它也成為一種靜態分析，而無法預測一個動態的國際政治。[53] 在此，吾人要特別強調的一點是，從結構現實主義的角度來看，對任何有關全球化與全球治理的研究來說，一個國家內部的政治因素或是其行政組織及政策制定過程是微不足道的；因為Waltz認為在一個國際權力分配（distribution of power）決定一切的國際體系中，每個國家做為國際體系之一個單元（unit），乃是依自求多福（self-help）之原則在缺乏中央政府之

[50] Robert O. Keohane, "Theory of World Politics: Structural realism and Beyond" In *Neorealism Its Critics*, edited by Robert O. Keohane (New York: Columbia University Press, 1986), pp. 158-203.

[51] Kenneth N. Waltz, "Political Structure" In *Neorealism and Its Critics*, edited by Robert Keohane (New York: Columbia University Press, 1986), pp. 70-97.

[52] Robert O. Keohane, "Realism, Neoliberalism, and the Study of World Politics" In *Neorealism and Its Critics*, edited by Robert O. Keohane (New York: Columbia University Press, 1986), pp.1-26.

[53] Robert O. Keohane, "Realism, Neoliberalism, and the Study of World Politics" In *Neorealism and Its Critics*, edited by Robert O. Keohane (1986), pp. 1-26.

無政府國際體系中（anarchic international system）互動。因此，單元層次（國家）內部之政治結構理念、國家機制、行政組織、民主發展、利益團體與立法過程等都將被更高層次之國際權力結構（structure）所轄制與決定。[54] 因此，在Waltz之眼中，當吾人研究國際社會中國與國互動時，每個國家或政府之行為與功能是相同的（unitary），而其特徵也可以省略。[55] 這種研究導向明顯的忽略了國家內部之行政結構、決策過程、經貿政策、社會價值等所可能對國家之外交政策產生之外溢效果（spill-over effects）。這是為什麼1990年冷戰在世人驚訝的眼神中，戲劇性的落幕時，國際關係的研究興起了對結構性現實主義（structural realism）之韃伐與批判，從而興起了「國際與國內互動」之政策學派。其原因即為結構現實主義堅持以國際層面來解釋、分析與預測國家行為之理論，有其不足之處。[56]

　　但從inside-out的研究取向則將國家行為之研究重心置於國內政治與經濟之發展、政府結構、行政組織特色及決策者理念之分析。[57] 譬如Peter

---

[54] Kenneth N. Waltz, *Theory of International Politics* (1979), pp.60-78.

[55] John G. Ruggie, "Continuity and Transformation in World Polity: Toward a Neorealist Synthesis," *World Politics*, vol. 35 (1983), pp. 136-137.

[56] Michael Doyle and John Ikenberry, "The End of the Cold War, the Classic Tradition, and International Change" In *New Thinking in International Relations Theory*, edited by Michael W. Doyle and John Ikenberry (Boulder C.O.: Westview Press, 1997). pp. 1-19.

[57] 這類學者大都是屬於國內結構學派（domestic structure），他們在學理上強調國內政治結構可以掙脫國際體系之約制；此外，他們在方法論上亦傾向採用inside-out之研究途徑。譬如，Robert Tollison and Thomas Willett, "An Economic Theory Of Mutually Advantageous Issue Linkage In International Negotiations," *International Organization,* vol. 33 (1979), pp. 425-449; Linda Brady, *The Politics of Negotiation: America's Dealings with Allies, Adversaries, And Friends* (Chapel Hill & London: The University of North Carolina Press, 1991); Fred Charles Ikle, *How Nations Negotiate* (New York: Harper & Row); John Spanier, *Foreign Policy and Democratic Dilemmas* (New York: The Dryden Press, 1982); Thomas Risse-kappen, *Bringing Transnational Relations Back In: Non-State Actors, Domestic Structures And International Institutions* (Great Britain: Cambridge University Press, 1995), pp. 20-29; Ole Holsti, *Public Opinion and American Foreign Policy* (Ann Arbor: The University of Michigan Press, 1996); Margaret Hermann and Joe Hagan, "International Decision Making: Leadership Matters," *Foreign Policy,* vol. 109, pp. 124-137; Peter A. Gourevitch, "The Second Image Reversed: The International Sources of Domestic Politics," *International Organization,* vol. 32 (Autumn 1978), pp. 881-911.

Katzenstein在比較德國與日本兩國國內不同之行政結構、政策環境、社會習俗及理念價值之後,歸納出德國與日本在對國內安全政策之不同主張外;更提出此兩國在處理國際恐怖主義時截然不同之政策與策略。[58] 此外,Robert Jervis、Richard Ned Lebow等人則從政治心理學與個人認知層面切入來研究決策者之特質所可能對國家行為產生之影響時,發現不同的國家有可能因不同之行政領袖或決策者的不同價值、認知或理念,而對相同的國際體系結構有不同的反應。[59] 這些例子也都反映了inside-out之研究取向。

在研究方法上,inside-out的研究將國際事務「分解」為三個不同但卻具有延續性的研究途徑:第一是剩餘變數途徑(residual variance approach);第二是國內結構途徑(domestic structure approach);第三是雙層賽局途徑(two-level game approach)。[60]

所謂剩餘變數途徑是指「雖然國際體系(international system)決定了大部分國家在國際社會之行為模式,但仍有一些非體系的因素(non-system factors)可能對國家在國際社會之行為有相當程度的影響」。因

---

[58] Judith Goldstein and Robert Keohane, "Ideas and Foreign Policy: An Analytical Framework," In *Ideas and Foreign Policy: Beliefs, Institutions, ad Political Change*, edited by Judith Goldstein and Robert Keohane (Ithaca, N.Y.: Cornell University Press, 1993). p. 7; Gourevitch, Peter A. "The Second Image Reversed: The International Sources of Domestic Politics," *International Organization,* vol.32,No.4 (1978),pp. 811-911.Peter J. Katzenstein, Robert Keohane and Stephen D. Krasner. "International Organization and the Study of World Politics," *International Organization* ,vol.2, No.4 (1998), pp. 645-686.

[59] Robert Jervis. *Perception and Misperception in International Politics*. (Princeton: Princeton University Press, 1976);Richard N. Lebow. *Between Peace and War: The Nature of International Crisis*. (Baltimore: The John Hopkins University Press.1981);其他類似以政治認知或政治心理學來研究國家行為者尚包括有:Deborah W. Larson, *Origins of Containment: A Psychological Explanation*. (Princeton: Princeton University Press, 1985);Robert Jervis, Richard Ned Lebow, and Janice Gross Stein, *Psychology and Deterrence* (Baltimore: John Hopkins University Press,1985).

[60] 此點為作者所提出,但在本文中,限於篇幅之考量,無法在此詳述,有關此三個不同研究途徑 (approaches) 之理論基礎、特色及其對國際關係研究之衝擊,請參考 Hseik-wen Soong, "The Implication of Cross-Level Analysis on International Relations Theory,"「政治分析的層次問題」**國際學術研討會**(嘉義:國立中正大學,2000年5月19、20日)。

此，剩餘變數途徑是指涉在「國際體系為主，非國際體系為輔」的政策環境下之外交政策研究途徑；它對結構現實主義的主張是採取「不反對，但需修正」的立場。換句話說，剩餘變數途徑將分析重點置於國際體系層面（即level 1）上，但它也不排除國內結構層面（即level 2）對國家在國際政治上之影響。[61]

所謂國內結構途徑則是較剩餘變數途徑更為激進的研究途徑。這個研究途徑強調「一個國家對外政策之產出主要是受到政策所處的國內政治所影響，而國際體系對國家在國際社會之外交政策的產出影響並非是絕對的」。換句話說國內結構途徑強調外交政策的產出大部分是受到國內之政經結構、國會、行政部門、官僚文化及社會價值等「國內政治經濟與行政體系」的影響。這個研究途徑，已注意到「公共行政」對國際事務之影響；但其著眼點是在「靜態」的行政組織，而非在「動態」的政策過程。

而所謂的雙層賽局途徑，雖然原本是源自於國際談判時需「同時」考量國際因素與國內因素的一種談判策略。但有關「雙層賽局」的研究，目前已逐漸超脫「國際談判」之範圍，而朝更為動態的「策略管理」或「政策過程」的方向發展。[62] 這個研究途徑在架構全球化與全球治理時有其極大的潛能。因為全球化「同時」兼具「國際」與「在地」的屬性，使得吾人在研究全球治理時，也必須「同時」在「國際關係」與「公共政策」間建構一個可以聯結此兩者的分析架構。正如圖7-2所示，以跨層分析之研究方法，吾人可以將國際關係、比較政治、公共行政暨政策科學等三個次領域，透過剩餘變數途徑（由國際關係之領域向下聯結），延伸到國內結

---

[61] 一般說來，有關國際關係研究之層面分析，包括三個層面：第一個層面（level 1）為國際體系層面，第二個層面（level 2）為國內結構層面，第三個層面（level 3）為個人決策層面。相關文獻請參考：J. D. Singer,"The Level-of-Analysis Problem in International Relations," *World Politics*, vol. 14 (1961), pp. 77-92；Kenneth Waltz, *Man, the State, and War* (New York: Columbia University Press, 1959).

[62] 有關雙層賽局之研究，在1990年代時已逐漸由「國際談判」轉為外交政策之制訂需同時著重國際與國內之政治因素之研究途徑。此外，此種研究途徑將「外交」之重心置於決策過程、策略管理、政策制訂等面向。請參考：Peter Evans, Harold Jacobson, and Robert D. Putnam, eds.*Double-Edged Diplomacy: International Bargaining and Domestic Politics* (Berkeley: University of California Press, 1993).

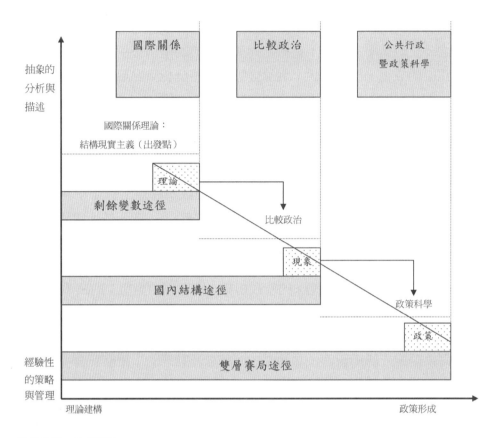

資料來源：作者製圖。

圖7-2　從國際關係到公共政策之全球治理模型

構途徑（開始進入比較政治之領域），再延伸到雙層賽局途徑（開始進入
公共行政與政策科學領域）。換句話說，藉著圖7-2中所標示的「理論」
→「現象」→「政策」之研究途徑，賦予吾人將國關、比政及公行暨政策
之間的鴻溝透過跨層分析的方法銜接起來。而此種銜接將直接「要求」IR
與PA/PP之對話及合作，才能使國際關係之研究逐步在政策面得以更具體
之方式呈現出來。

　　Outside-in 與inside-out的不同研究導向，觸及一個政策所處之社會文
化與決策者理念對政策影響之角色；並激起了80年代政治學界有關理性

（rationality）之討論及80年代末期有關反思主義（reflectionism）之爭辯。[63] 在此，值得一提的是：反思主義者雖然也研究理念與政策產出之間的關係，但他們並不將研究的重心放在政治心理學或政治認知上面。他們強調的是人類往往因歷史、文化、語言（詞彙表達）及其他決策者所可能面臨種種複雜考量，讓這些決策者在面臨如此複雜情形與資訊不完整下，無法以其所謂的「完全理性」來作決策；相反地，在決策過程中，他們深受個人之理念、主觀因素及其他背景因素影響。[64]

反思主義者雖然對理性主義提出了一些耐人省思的批判，而且提出理念研究之重要性，可是反思主義者只提出理念對政策影響之重要性，但卻沒有提出理念如何影響政策。究其原因為這些學者，傳統上還是以研究廣義的「國際關係」之學者為主，他們缺少將外交政策之研究，降低其分析層面所需之觀念，及將國際關係與政策分析這兩種不同政治層次領域整合之工具。[65] 到了1990年代，冷戰之結束對國際關係之研究有巨大之衝擊，不僅強調外交政策之傳統現實主義，甚至連強調國際體系中權力結構之新現實主義都不能解釋、分析或預測冷戰之結束。因此不少國際關係之研究者開始在研究方法上特別是分析層面上，揚棄「國際」與「國內」之界線，揭櫫了後冷戰時期跨越層面之分析時代。譬如，Peter Haas於1992年

---

[63] Robert O. Keohane, *After Hegemony: Cooperation and Discord in the World Political Economy* (Princeton: Princeton University Press, 1984); Kenneth A. Oye ed. *Cooperation under Anarchy* (Princeton: Princeton University Press, 1986).

[64] R.B.J. Walker, "Speaking the Language of Exile: Dissident Thought in International Studies," *International Studies Quarterly*, vol. 34 (1990), pp. 259-268; Thomas J. Biersteker, "Critical Reflections on Post-positivism in International Relations," *International Studies Quarterly,* vol. 33 (1989), pp. 263-267；Robert Cox, *Production, Power, and World Order* (New York: Columbia University Press, 1987); Yosef Lapid, "The Third Debate: On the Prospects of International Theory in a Post-positivist Era," *International Studies Quarterly,* vol. 33 (1989), pp. 235-254；Alexender Wendt,"The Agent-Structure Problem in International Relations Theory," *International Organization,* vol. 41 (1987), pp. 335-370.

[65] 傳統上，政策分析（policy analysis）與決策過程（decision making process）是屬於政策科學的範疇。研究國際關係的學者甚少利用此種工具來作國際關係的研究。究其原因，除了學術界中「門戶之見」與「地盤」觀念外最重要的還是研究國際關係的學者，長期以來囿於層面分析，而不願踏入層際分析，所衍生的結果。

在研究國際關係理論中執牛耳之地位之*International Organization*季刊提出認知社群（epistemic community）的觀念，強調知識份子之認知與理念在決策過程中之角色，及其對國家內部政治發展與外交政策之深遠影響；從而提出未來在分析國家之重大政策時，吾人宜掙脫在某個特定層面作分析之束縛的主張。[66] Haas語重心長地指出未來任何重大政策（包括內政與外交）的研究應嘗試整合國際、國內與個人三個不同層面來分析，才能對國家的行為提出一套更完整的（comprehensive）研究導向。Haas這種打破層面分析，而進入層際分析（cross-level analysis）的研究方法的確反映了許多學者之心聲。[67] 儘管這種層際分析所需要的龐大專業知識與多種研究方法，令許多學者卻步，甚至抵擋。[68] 但在國際互賴日益加深、資訊科技進一步壓縮全球成地球村、國與國之間的界線愈來愈模糊、許多國際事務與國內事務更加犬齒交錯的時代潮流中，Haas所大聲疾呼的跨層分析或許可以給吾人在面對與日俱增的全球化效應，以及研究全球治理面臨日益迫切的需要科際整合，可提供相當之啟發。

　　簡言之，在系統理論之原則下，吾人需將把國際關係因素納入公共政策研究之政策過程中，並試圖以層際分析之方式將國際關係與公共政策建立其聯結關係。換句話說，我們將採Peter Gourevitch在其所謂「第二意象之逆轉」（second image reversed）中所強調的「國際因素對國內政治之衝擊」之主要分析途徑。[69] 因為，藉著此種層際分析，我們方可分析在涉及

---

[66] Peter Haas,"Introduction: Epistemic Communities and International Policy Coordination," *International Organization* vol.46, No.1 (Winter 1992), pp. 1-36.

[67] 這些學者包括James Rosenau, John Ruggie, Peter Kazenstein, John Ikenberry, Robert Putnam, Peter Gourevitch, Lisa Martin, Robert Keohane等自由主義學派學者為多。

[68] 譬如，John Mearsheimer,"Back to the Future: Instability in Europe After the Cold War," *International Security,* vol. 15 (1990), pp. 5-56；Joseph M. Grieco, "Anarchy and the Limits of Cooperation: A Realist Critique of the Newest Liberal Institutionalism," *International Organization,* vol. 42 (1988), pp. 485-507.

[69] Peter A. Gourevitch, 1978. "The Second Image Reversed: The International Sources of Domestic Politics," *International Organization*, vol. 32 (Autumn 1978), pp. 881-911. 事實上，在最近幾年中，以美國為主流之國際關係研究，已將國際關係理論進一步與國內政治結合，請參閱Peter J. Katzenstein, Robert Keohane and Stephen D. Krasner. 1998. "International Organization and the Study of World Politics," *International Organization*,

公共政策與國際關係的全球治理之相關議題中，決策者如何在國際體系的約制與機會（constraints and opportunities）下透過國內行政機構與決策過程之途徑，將Haas等人所強調之決策者與認知社群之理念納入政策制定過程中，並重新定義國家之利益與政策制定之方向。[70] 如此，我們方可以在國際關係的研究上，開啟一扇容許科際整合的窗戶，並在國際關係與政策科學的研究鴻溝上，架起一座可以互補的橋樑。而當此橋樑建構完畢時，有關兩岸關係之研究才可以引進更多政策科學之知識；並對目前處於膠著或敵對狀態的兩岸關係，提供一些新的思維及新的分析工具。

第五節　由公共行政到新公共管理之全球治理架構

　　傳統的公共行政可以說是以 Max Weber之官僚組織為典範。依據官僚組織之理論，公共行政之基本原則大致可以包括下列四點：[71]
　　一、政府應該依據層級節制的官僚原則加以建構；
　　二、政府可藉由官僚組織成為國家所需之財貨與服務的直接供應者；
　　三、政治與行政事務可以且應該互相區隔；
　　四、透過終身任職之專業官僚，公共行政提供了最好，甚至是唯一的行政管理；且此種管理系統可以服務任何不同的上司。

vol. 52, No.4 (1998), pp. 645-686.

[70] 有關國家決策者之學習（learning）及其對國家政策的影響與功能請參閱:Peter Haas, "Introduction: Epistemic Communities and International Policy Coordination," *International Organization,* vol.46, No.1 (Winter 1992), pp. 1-36；Emanual Adler and Peter Haas, "Conclusion: Epistemic Communities,World Order, and the Creation of a Reflective Research Program," *International Organization* vol. 46, No.1 (Winter 1992), pp.384-387；Ernst Haas,*When Knowledge is power: three models of change in international organizations*. (London, England: University of California, 1990), pp. 1-14；Ernst Haas, "Why Collaborate? Issue-Linkage and International Regimes," *World Politics,* vol.32, No.3 (1980), p. 390.

[71] Max Weber, "Bureaucracy" in H. Gerth and C. Wright Mills eds. *From Max Weber: Essay in Sociology* (New York: Oxford University Press, 1946); Max Weber, *The Theory of Social and Economic Organization* (N.Y.: Oxford University Press, 1947).

　　以上四點不但建構了Weber的官僚組織理論；事實上，也等同於建構了傳統公共行政的理論。誠如Ostrom所言，[72]「Weber的官僚組織理論事實上，在形式與方法上完全指導了傳統公共行政的理論」。從Weber式的公共行政來說，公共行政與國際事務之聯結是不多的，因為Weber所詮釋的是「國內」行政的效率與管理。對Weber來說「國際事務」並非「公共行政」之重心所在。但就如我們在前文所提到的，全球化的現象基本上已挑戰了所謂「國際」與「國內」事務之畛域，從而動搖了Weber式的政府管理方式。而在上節中我們透過跨層分析的途徑介紹了由「國際」面出發到「公共政策」之分析架構。在這節中，我們則要從「Weber式的公共行政」之批判出發而朝NPM的方向變革，來建構一個屬於政策科學的全球治理研究途徑。

　　Weber的公共行政觀點一直主導著二十世紀之公部門的管理模式。但到了1970年代中葉之後，由於公共行政之學術界對公私部門分野之熱烈討論，使得公共行政領域內開始大量引進商學院中企業管理之知識，並興起「跨部門管理學院」（Inter-government management school）之研究熱潮。到了1980年代中期，一種新的公部門管理模式已出現在英、紐、澳等「新公共管理三國」（Three new public management countries）[73] 所採行之新的管理政府方式。這種新的政府管理方式將公共行政的重心，逐漸由行政組織、政策規劃及分析，轉移到「政策執行的管理」（the management of policy implementation），從而奠立了近代新公共管理發展之基石。這種新的模式強調官僚不是提供政府財貨與服務的唯一管道；此外，又主張以「市場」（market）與「契約」（contract）的經濟概念來重構政府之管理模式，以追求政府能兼具經濟（economy）、效率（efficiency）和效能

---

[72] Vincent Ostrom, *The Intellectual Crisis in American Public Administration* (Alabama: University of Alabama Press, 1974), p.9.

[73] 詹中原，「企業精神政府的設計與限制」，**「企業型政府」研討會**（台北：世新大學，1988年）；Walter Kickert, "Public Management in the United States and Europe" in W. Kickert eds. *Public management and Administrative Reform in West Europe* (U.K.: Edward Elgar Publishing, Inc., 1997).

（effectiveness）等"3Es"之職能。[74] 此外，在美國，Osborne與Gaebler亦提倡以企業精神來「再造」（reinvent）政府。[75] 這種「新政府運動」（Reinventing government）在1990年代中葉成為美國與一些先進國家在政府管理上之新指針以追求一個「可以為人民做更多事，但卻花費更少的政府」。[76] 主要之原則如下：

一、從墨守成規之繁文縟節的行政中改革為以政策結果為審核該項政策成敗之標準；

二、透過「政治市場」（political market）的觀念，「顧客優先」的觀點落實於政策中；

三、打破文官永業制度之精神，授予實際負責工作之下屬更多之權責；換句話說高級官員將更熱衷於政治而非行政中立；

四、在預算縮減之原則下政府也可以作更多的事，而其途徑可透過契約外包等方式；

五、透過民營化或其他市場契約（如外包），來進行政府事務的縮減，將會是未來的趨勢。

這種新的政府管理模式，有許多不同名稱，但在我國較常見的有「新公共管理」（New public management, NPM）及「企業型政府」（Entrepreneurial government）。[77] 在本章中，我們以「新公共管理」來代表公共行政的變革。簡單的說，傳統公共行政將重心置於過程

---

[74] Christopher Hood, "A Public Management of all Reason?" *Public Administration* Vol.69, spring. (1991).

[75] David Osborne, and Ted Gaebler. *Reinventing Government: How the Entrepreneurial Spirit Is Transforming the Public Sector form Schoolhouse to Statehouse* (Reading, MA.: Addison Wes., 1992).

[76] A. Gore, *From Red Tape to Results: Creating a Government that Works Better & Costs Less* (New York, N.Y.: A plume Book, 1993).

[77] Christopher Hood, "A Public Management of all Reason?" *Public Administration* Vol.69 (1991),spring；Walter Kickert, "Public Management in the United States and Europe" in W. Kickert eds. *Public management and Administrative Reform in West Europe* (U.K.: Edward Elgar Publishing, Inc., 1997)；江岷欽、劉坤億，**企業型政府理念、實務、省思**（台北：智勝，1999年）。

（procedures）、程序以及各種相關規定或法規之鑽研，目的為鞏固官僚組織之運作；但NPM則更重視效率、責任、目標或成果（results）之達成。[78]

因公部門管理的研究在NPM之趨勢下，逐漸脫離以「組織」或「官僚」為重心之管理，而開始朝以「政策管理」為重心的方向發展；而其範圍已逐漸由「政府」、「行政」轉變為「公部門」，再轉變為「公共事務」（public affairs）。這種轉變意味著NPM將較以往公共行政更注重外部環境或政治系絡，[79] 也意味著傳統公共行政所強調之「行政與政治可以二分」時代之終結。畢竟，個別官僚並不像Weber模型中的「機械人」；他們不但是「官僚」，同時也是社會脈絡中的一份子。此外，每一種社會組織中，都存有一套複雜的非正式行為，這些可能會也可能不會和組織圖所描繪的型態一致。[80] 因此傳統公共行政必需考量「人」之態度、彼此關係動態因素。[81] 換句話說，NPM不但在其研究之範圍上是以「公共事務」來取代傳統公共行政之「政府事務」；更在組織之研究上以「動態的」組織管理來取代傳統公共行政之「靜態的」行政組織。[82]

事實上，NPM既是某種程度的「市場」導向，它就必須以動態的「策略管理」而非以靜態的「行政命令」，為其最高指導原則，來因應「市場」之變異性。因此，NPM不可避免的需要考慮到「策略」（strategies）之重要性。而在「策略」之考量下將逐漸掙脫公共行政中為追求所謂「專業功能」的種種限制，而將重心置於策略、管理內部要素及管制外部環

---

[78] Cole Blease Graham, and Steven W.Hays,"Management Functions and Public Administration POSDCRB Revisited"in Steven J. Ott, Albert C. Hyde and Jay M. Shafritz eds. *Public Management: The Essential Readings* (Chicago: Lyceu Books/Nelson-Hall, 1991).

[79] Hal G. Rainey, "Public Management: Recent Developments and Current Prospects" In B. Lynn Naomi and Aaron Wildavsky eds., *Public Administration: The State of the Discipline* (Chatham NJ: Chatham House Publishers, 1990), pp.159.

[80] Barry Bozeman and Jeffrey D. Straussman, *Public Management Strategies* (San Francisco: Jossey-Bass, 1990), pp.139.

[81] Eugene Kamenka, *Bureaucracy* (Oxford: Basil Blackwell, 1989), pp.161.

[82] 江岷欽、劉坤億，**企業型政府**（台北：智勝，1999年），頁273-277。

境。[83]

不過在探討全球化與全球治理時，吾人要特別強調管理外部環境或政治系絡之關係。這個部分是傳統公共行政最忽略或處理不當的地方。而傳統公共行政對管理外部環境之態度可以歸納為下列數點：

一、由行政與政治二分，因此文官體系之人員大都以「科層制度」或「行政命令」來追求其行政效率；而很少用「協調」的方式達成效率之目標；

二、就算是有「協調」的必要，也往往以「官僚」的方式為之。譬如，把「協調」的工作推給上司，或交代下屬「依法辦事」。因此在公部門普遍存在一種迷思：「惡法也是法，依法行事是公務員之最高行為準則」；

三、政府各組織間的「公共關係」，是「主管」或「政務官」的事，而非「公務員」的職責所在；

四、傳統官僚體制往往不是敵視媒體，就是對媒體漠不關心；總是認為「媒體」與「公關」是「人事部門」或「公關部門」的事；

五、傳統官僚組織認為遠離利益團體（包括壓力團體）是最安全，也是最正確的作法；與利益團體打交道不是吃力不討好，就是代表某種不法情事。[84]

這種情形在「全球公共政策」下，是既沒有理論亦無實際依據的。因為任何全球治理的模式，都將不可能在國際社會間採取「科層制度」之管理方式。此外，在全球治理中，行政部門透過媒體作政策意象（Policy image）之行銷或與利益團體打交道，已成為不可避免的趨勢。簡言之，從NPM之「管理」或「市場」觀點來說，傳統公共行政不但沒有社會競爭力，也經常會在資源的管理上，造成許多資源之錯置與浪費。

---

[83] Graham Allison, "Public and Private Management: Are They Fundamentally Alike in All Unimportant Respects?" in Frederick S. Lane eds. *Current Issues in Public Administration* (New York: St Martin's Press, 1982), pp.17.

[84] Paul A. Pross, *Group politic Policy* (Toronto: Oxford University Press, 1986), p.55.

　　因此，NPM常常伴隨著政府再造（Reengineering government）這個名詞。而所謂的政府再造事實上就是「公共行政再造」（Reengineering administration）。[85] 其中最重要的精神厥為「為確立以顧客及服務為立足點之NPM，政府之組織必須作徹底且全面之改造」。而其理論基礎為「公共選擇理論」（Public choice theory）、「代理人理論」（Principle/Agent theory）及「交易成本理論」（Transaction cost theory）。[86] 以因應由官僚體制的、層級節制的、缺乏彈性的公共行政，轉向市場導向的、守經達變的、容許政策彈性的新公共管理。

　　這種改變，並非僅對公共行政之缺失提出修補或匡正，它（NPM）儼然已成為一個新的典範（paradigm）。[87] 在管理主義（managerialism）下，NPM已不再是公共行政的改革或管理型態之修正而已，而是政府與人民之定位需重新界定。在新典範下，行政的定義、功能及工具都將一一「脫官僚化」，政策不將再是行政體系下的產物。這個典範的變遷（paradigm shift）是一種「革命」。[88] 至於其未來的發展則要視過去各國不同之歷史脈絡與未來不同之發展途徑來審查其演化的過程。[89] 雖然這些演化的過程是否一定會造成NPM取代公共行政，目前可能尚有爭論。但在

---

[85] Michael Hammer and James Champy. *Reengineering Corporation* (New York, N.Y.: Harper Collins, 1993); Michael Hammer and Steven Stanton. *The Reengineering Revolution.* (New York N.Y.: Harper Collins.1995).

[86] 有關「政府再造」之理論建構在政府再造運動中之實質工作層面，請參考詹中原主編，**新公共管理：政府再造的理論與實務**（台北：五南，1999年），頁17-20，頁79-81； John. Kamensky, "Role of The 'Reinventing Government' Movement in Federal Management Reform," *Public Administrative Review*, Vol.56, No3 (1996）.

[87] 目前學術界對NPM是否已成為一種新的典範，尚無共識；但NPM勢必在公共行政改革上扮演推力，應是較無爭議的論點。Walter Kickert, "Public Management in the United States and Europe" in W. Kickert eds. *Public management and Administrative Reform in West Europe* (U.K.: Edward Elgar Publishing, Inc, 1997）；Owen E. Hughes, *Public Management and Administration* (New York, N.Y: ST. MARTIN'S PRESS, INC., 1994).

[88] George Ritzer, *Sociological Theory* (New York, N.Y.: Alfred A. Knopf Inc., 1983), p.431.

[89] 孔恩（Thomas Kuhn）著，王道還編譯，**科學革命的結構**（The Structure of Scientific Revolutions）（台北：遠流，1989年），頁101-143；吳瓊恩，**行政學的範圍與方法**（台北：五南，1995年），頁6。

公共政策之研究上，有三個方向應是可以肯定的：

第一、NPM將比公共行政更重視策略、政策的外在環境及政策的總
　　　體目標；[90]

第二、過去公共行政以政府官僚組織為主要研究對象之情形，將被
　　　NPM強調「系絡」、「政府內外互動」、「多元政策目標管理」
　　　等觀念取代；[91]

第三、「公共政策」將逐漸從「公共行政」的囚困中掙脫，而扮演更
　　　多科際整合工具的角色。

換句話說，公共政策未來發展的趨勢應會逐漸脫離以「國內事務」為
主體之公共行政之束縛，而朝以「公共事務」為主體之NPM的方向發展。
而「公共事務」之範圍、性質也勢必在全球化之衝擊下不斷地重新定位，
使之與NPM作更大之相容（參見圖7-3）。最後，我們將會看到一個由
「行政管理」→「政策管理」→「全球治理」之研究途徑貫穿「公共行
政」、「公共政策」及「新公共管理」（圖7-3）。在此種新的研究途徑
下，公共政策不但將由公共行政之囚困中釋放出來，它也將在全球治理的
大架構下，提供更多的工具、知識來豐富國際關係或兩岸關係之研究。

第六節　結語與建議

在本章中，筆者針對全球化與全球治理提出兩個可以結合國際關係與
公共政策之研究途徑。第一個研究途徑是由國際關係出發，最後到達政策
科學之全球治理途徑；第二個研究途徑是由傳統之公共行政出發，最後到
達新公共管理之全球治理途徑。在這兩個全球治理途徑中，前者強調
outside-in的研究導向，它可以幫助國際關係的學者，藉著政策之過程、策

---

[90] Barry Bozeman and Jeffrey D. Straussman, *Public Management Strategies* (1990), p.4.

[91] Owen E. Hughes, *Public Management and Administration* (1994), pp.8-9.

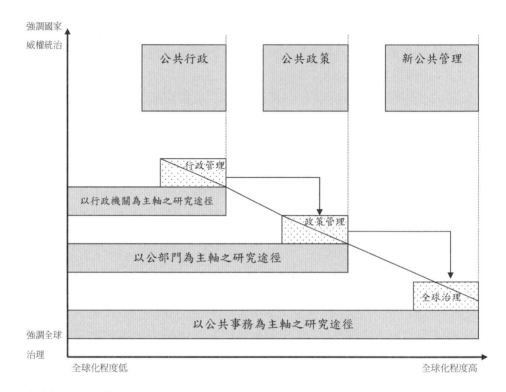

資料來源：作者製圖

圖7-3　從公共行政到公共管理之全球治理模型

略之管理，而達到由巨觀的（macro-perspective）及敘述導向（descriptive-oriented）的國際關係（international relations）研究朝微觀的（micro-perspective）及管理導向（managerial-oriented）的國際事務管理（international affairs management）的方向發展；使「國際關係」之研究朝更多可以和政策管理結合的方向發展，最後在「全球治理」的目標下與公共行政與政策聯結。

　　第二個研究途徑是由傳統之公共行政出發，最後達到可以和NPM結合之全球治理途徑。因為從公共行政與政策的角度觀之，全球化亦刺激了傳統公共行政之變革，以往強調「國內」、「政府」、「行政」的Weber式政府管理，不能繼續將「政策」與「環境」或「系統」作隔絕，也不能一

直將公共政策囚困在公共行政中。它必須是inside-out的研究途徑，它不再能繼續將「公共行政」視為國界以內之國內事務，而堅持 "inside-in"。而且NPM所衍生的政府再造不應是單單為了因應國內政治結構的變革，更要注意的是國際結構中有關「全球化」的變革。因此，國內政策科學之研究亦將由「公共行政導向」，發展至「公共政策導向」，再發展至「新公共管理導向」；而其研究範圍亦必須由「政府」擴充為「公部門」，再擴充為「公共事務」，最後在「全球治理」上與國際事務管理接軌（如圖7-3所示）。

只要全球化的現象持續發展，未來「國際關係」與「公共政策」將有更多對話、合作的空間。雖然這絕不代表所有的國際關係議題都可以和公共政策接軌，但下列議題或許是值得國際關係與公共政策學者嘗試合作的領域：

一、在全球環境政策相關議題上；

二、在全球人權政策相關議題上；

三、在全球犯罪防治相關議題上；

四、在跨國開發合作相關政策上（如國際勞務交換、國際能源開發等）；

五、在國際經貿合作相關議題上；

六、在有關國際衝突、協調之政策與策略面分析相關議題上；

七、在有關兩岸關係與我國大陸政策決策過程之相關議題上；

八、其他。

此外，公共政策之一些理論如：「政策過程」、「決策模型」、「政策變遷分析」，應可以在更廣泛的國際關係相關議題間被活化與採用。而國際關係中一些理論如：典則理論、經濟相互依賴理論、博奕理論（game theory）等也應該可以為NPM在處理一些跨國議題時提供公共行政與政策之學者在處理一些與全球治理有關的議題時之相關理論及策略參考。相信在全球化與全球治理下，將刺激更多的學者投身於這種科際整合的行列。

第八章　層次分析對國際關係研究的重要性及模型建構*

第一節　前　言

　　在政治學三個次領域：國際關係、比較政治與公共行政暨政策研究中，以國際關係研究最強調相關理論，也就是一般人所熟悉之國際關係理論（international relations theory, IR theory）。為什麼國際關係之研究相對於比政或公行更強調理論呢？部分原因乃在於國際關係常常充滿許多非制式、不可以預期之突發事件（contingent events）。[1] 當代的國際關係理論可說是以傳統之現實主義（realism）與自由主義（liberalism）為兩大支

* 章內容曾刊登於《問題與研究》，第47卷第4期 (2008年12月)，頁167-199。

[1] 譬如戰爭、恐怖主義事件、國與國建交或斷交、國際金融風暴及其他國際政治經濟之不規則動盪等關乎國家前途、各國外交政策與國內重大政策之議題。這些重大之國際事件既不可預知其發生之時間、地點與規模大小，亦很難以既有的資訊去預測這些事件發生後之相關政策。因此，在傳統上國際關係學者都特別強調透過國際關係理論來對複雜之國際事務進行解釋、分析與預測之功能，以作為分析國際關係或外交政策之某種指導綱領。譬如，關心兩岸關係的學人，從實務上雖能掌握一些美國對兩岸關係之資訊（information）或資料（data），並藉以分析或預測美國對兩岸關係之政策，但美國在不同階段將會如何處理兩岸關係或台灣相關之問題呢？從實務之外交事務或兩岸關係中，我們固然能獲取一些專業資訊或資料，並依循這些資訊與資料去研判在某時間內或某議題上，美國對兩岸關係之相關立場與政策。但透過這些資訊與資料之分析卻常常會發覺美國對兩岸關係常有前後不一致政策（inconsistent policy），譬如美國自1996年以來對台海安全上似乎有向台灣傾斜的現象；但在外交上，美國還是維持其一個中國政策（One China policy），且在最近兩年明白地表示反對台灣入聯公投；而在經貿議題上，美國似乎又對兩岸同時加碼。如此說來，美國對台灣的政策立場到底為何？這些問題之解析除了屬於實務政治之資訊與資料參考外，更有賴相關理論之深入研析，才能對實際政治有解釋、分析與預測之功效。

柱，並以此兩大支柱衍生出種種與研究國際關係有關之理論。但在經歷第二次世界大戰、冷戰結束及全球化之衝擊後，傳統國際關係理論已不敷當代國際關係研究之所需求。目前研究國際關係之研究面臨下列挑戰：

一、當代國際關係之研究，最需要哪些理論？

二、哪些議題適合哪些理論去解析與預測？

三、好的理論固然需要與實務政治有關（relevant）？但如何相關？如何對話？這些「相關」與「對話」能否以清楚的「分析架構」（analytical framework）甚至「模型」（model）呈現出來？

四、理論與實務政治之對話的「分析架構」是否需要某種研究設計（research design）或者研究方法（research method），好讓理論與實務政治不僅「有關聯」，而且能使理論與實務之間的關聯性有一定程度之「一致性」（consistency）、「凝聚性」（coherence）及「相互支援性」（inter-support）。

為達此目的，我們在研究國關理論時，就不能以「描述性」（descriptive）的方式介紹一些理論的人名、內容，就天真的以為此論文已有理論依據；相對地，我們必須將理論描述性的研究導向，轉朝「規範性」（prescriptive）[2] 的方向去研究理論與實務之相關性。換句話說，「規範性」的研究導向要求我們在論文之研究設計，或對實務政治議題研究加入理論分析時，就要先釐清下列幾個命題：

一、「為何」（why）此項議題需此理論?

二、此理論「如何」（how）幫助吾人研析此項議題？

三、以此理論來研究此議題有否不足或不盡相符之處？

四、如何改良此理論？

五、能否將此複雜的「理論與實務之關係」以簡潔（parsimonious）之模型（model）呈現出來？

---

[2] 在此所謂之「規範性」（prescriptive）乃指在研究方法上有關「如何解決問題」，而非一般道德或價值面之「應然」、「應該」等意涵。

　　上述這幾個命題都不是容易回答的問題，針對這些問題，學術界大概有兩種不同處理方式：一種是強調實務政治之重要，將理論視為抽象、不具實用性；因此，藉著致力於實際政治之資訊與資料分析以省略或規避理論之探討。另一種處理方式雖強調理論之重要性並嘗試在理論面作研究，但研究者卻常在一些傳統之理論上作複誦（tautology）或介紹的工作，形成一種淺碟式的理論瀏覽，以為只要將一些粗淺的理論「放入」論文中，此論文就已有「理論基礎」，殊不知理論須精密地與實務對話、相互檢證，才有其應用之價值。因此，多年來的理論研究大多在作粗淺的理論介紹，很少鑽研於理論之進步、創新或在理論建構上的突破。久而久之，實務界與國際關係領域之學子們對理論就失去了應用能力與研究的熱忱。本論文中，個人以為以上兩個問題的癥結在於許多國際關係學者之研究僅在乎理論本身之介紹而很少去注意理論本身或「理論應用」之研究設計，特別是有關「層次分析」（levels of analysis）長期為國內學者所忽略，這應是一個未來國內同仁與先進可以著力的研究主題。

第二節　層次分析在國際關係理論之意涵

　　政治學領域中關於層次分析研究的相關問題在歐美各國早在第二次世界大戰後已受到相當之注重，但國內政治學研究對此層次分析研究途徑仍未給予充分之重視。[3] 事實上，很少人認知到政治學界對分析層次的重視，不僅有助於探討政治學門中各次學門（subfields）內一些相關議題在不同分析層次間的互動關係，它對各次學門間（intersubfields）的對話、

---

[3] 國內針對層次分析之研究或學術研討會並不多見，少數之例子為：國立中正大學政治系在民國89年針對政治學中層次分析的問題，舉辦了一場名為「政治分析的層次問題」（Level-of-Analysis Effects on Political Research）的國際研討會，並將與會論文集結出版，請參見：徐永明、黃紀主編，**政治分析的層次**（台北：韋伯，2001年）。另外，在課程設計上強調層次分析的系所並不多，相關的課程介紹可參考中正大學戰略暨國際事務研究所網站：http://isia.ccu.edu.tw/chinese/。

互動及分工或整合亦有極為深遠且重要之衝擊。[4]

　　一般而言，國際關係的研究可以從三個不同層次進行分析：第一層次為國際體系層次（international system level），第二層次為國內政治結構層次（domestic structure level），第三層次為個人或決策層次（individual or decision making level）。[5] 雖然結構現實主義（structural realism）強調從國際體系之層次的角度來探討國際關係有其「馭簡去繁」之優點，且結構現實主義與傳統現實主義（traditional realism）一直是自第二次世界大戰以來學者研究國際政治（international politics）之主要研究途徑，但在

---

[4] 請參考，宋學文，「全球化與全球治理之互動關係：人文與社會科學對話之模型分析」，**理論與政策**，第17卷第3期（2004年1月），頁59-75；宋學文，「全球化與全球治理對我國公共政策研究之影響：並兼論此影響在兩岸關係研究之意涵」，**中國大陸研究**，第44卷第4期（2001年4月），頁1-32。

[5] 政治學領域中關於層次分析之研究，請參考：Kenneth N. Waltz, *Man, the state, and War: A Theoretical Analysis* (New York: Columbia University Press, 1959）;John D. Singer, "International Conflict: Three Levels of Analysis," *World Politics*, Vol.12, No.3 (1960), pp.453-461. and "The Level-of-analysis Problem in International Relations," *World Politics,* Vol.14, No.1 (1961), pp.77-92; Barry Buzan, *People, the State and Fear: An Agenda for International Security Studies in the Post-Cold War Era* (Boulder: Lynne Reinner Publishers, 1991); Hseik-wen Soong（宋學文）, "The Implications of Cross-Level-Analysis on International Relations Theory"，載於徐永明、黃紀主編，**政治分析的層次**（台北：韋伯，2001年），頁81-116; Nuri A. Yurdusev, "Level of Analysis and Unit of Analysis: a Case for Distinction," *Millennium: Journal of International Studies*, Vol.22, No.1 (1993), pp.77-88; Christopher H. Achen, "Two-Level Games and Unitary Rational Actors," 載於徐永明、黃紀主編，**政治分析的層次**（台北：韋伯，2001年），頁35-48; Robert Latham, "Getting Out From Under: Rethinking Security Beyond Liberalism and the Levels-of-Analysis Problem," *Millennium: Journal of International Studies*, Vol.25, No.1 (1996), pp.77-108; Jack S. Levy, "Contending Theories of International Conflict: A Levels-of-Analysis Approach," in Chester Crocker and Fen Hampson, (eds.), *Managing Global Chaos: Sources of and Responses to International Conflict* (Washington, D.C.: United States Institute of Peace, 1996), pp.3-24; Nils Peter Gleditsch and Håvard Hegre, "Peace and Democracy: Three Levels of Analysis," *Journal of Conflict Resolution*, Vol.41, No.2 (1997), pp.283-310; James L. Ray, "Integrating Levels of Analysis in World Politics," *Journal of Theoretical Politics*, Vol.13, No.4 (2001), pp.355-388; Steven Spiegel, "Regional Security and the Levels of Analysis Problem," *Journal of Strategic Studies*, Vol.26, No.3 (2003), pp.75-98; Harvey Starr, (ed.), *Approaches, Levels, and Methods of Analysis in International Politics: Crossing Boundaries* (New York: Palgrave Macmillan, 2006).

1990年其相關理論（包括強調國際層次分析的結構現實主義或強調國家層次分析的傳統現實主義）皆無法對冷戰結束之鉅變提出預測或讓人滿意的解釋，導致後冷戰時期有關國際關係理論研究之三個重大變革。[6]

　　第一個變革為對現實主義，特別是結構現實主義之反思與批判。[7]對於現實主義的批判討論中，有些涉及到研究方法中關於分析變項（variables）之「簡潔性」（parsimony）的問題。所謂的分析變項的「簡潔性」問題，係指吾人在研究複雜的國際政治時，最好能以最少的自變項（independent variables）來分析或研究眾多且複雜的依變項（dependent variable），如此才能達到「以簡馭繁」或「提綱挈領，揚棄瑣碎」的效果，否則國際關係的研究就會被一些每日之國際事務（international affairs）所干預或淹沒，最後成為一個混亂且追逐永無止境之國際情勢的報導者，而非分析家，更非研究者。[8]結構論者如Waltz認為，在面對錯綜複雜之國際政治時，若能以愈少的自變項來解釋愈多的依變項，則其「簡潔性」越高；一個好的理論，必須是一個具有極度「簡潔性」的理論，否則吾人將無法清楚地瞭解分析變項之間的因果關係。[9]大致上來說，在國

[6] 類似論述，可參考宋學文，「從層次分析探討霸權穩定論：一個國際關係理論演化的研究方法」，**問題與研究**，第43卷第2期（2004年4月），頁171-196；在此篇文章中，針對層次分析可能對國際關係理論研究產生之影響，提出兩點觀察；但本文特別在此提出三個變革觀點。

[7] 譬如，Charles L. Glaser, "Realists as Optimists: Cooperation as Self-help," *International Security*, Vol.19, No.3 (1994), pp.50-90; Richard Ned Lebow, "The Long Peace, the End of the Cold War, and the Failure of Realism," *International Organization*, Vol.48, No.2 (1994), pp.249-277; John G. Ruggie, "The False Promise of Realism," *International Security*, Vol.20, No.1 (1995), pp.62-70; Alexander Wendt, "Constructing International Politics," *International Security*, Vol.20, No.1 (1995), pp.71-81; Andrew Moravcsik, "Taking Preference Seriously: A Liberal Theory of International Relations Politics," *International Organization*, Vol.51, No.4 (1997), pp.513-553; Robert O. Keohane, (ed.), *Neorealism and Its Critics* (New York: Columbia University Press, 1986).

[8] 類似論述，可參考宋學文，「從層次分析探討霸權穩定論：一個國際關係理論演化的研究方法」，**問題與研究**，第43卷第2期（2004年4月），頁171-196。

[9] Waltz認為國際政治理論最忌在單元層次去研究一些單元之瑣碎行為，再將這些單元瑣碎之行為歸納出一些「簡約理論」（reductionist theory）。因此，Waltz提出「系統理論」（system theory），透過「結構」之掌握，來分析單元（units）在國際體系之行為，由此建立出系統層次的理論分析最具「簡潔性」與「科學性」。相關討論

際關係理論中，以Waltz所主張結構現實主義對「簡潔性」最為堅持，其欲以國際體系之「結構」[10]（白變項）來分析或預測國際社會之「單元」[11]（依變項）之研究途徑，也為新現實主義博得研究方法上最具科學性（scientific）及最具「優雅」（elegant）之國關理論的美譽。但結構現實主義對研究方法中「簡潔性」的堅持，卻導致結構現實主義無法有效地解釋或預測冷戰的結束。因為結構現實主義者宣稱，國際體系的結構一旦形成，特別是冷戰時期之兩極體系（bipolarity）將自動達到國際政治之權力平衡（balance of power）；因此，除非有國家間的大型戰爭（如霸權國之間的戰爭），這種權力平衡將一直持續下去，而兩極體系也會繼續存在。但歷史的見證卻非如結構現實主義所預言，美蘇兩強在1980年代並未產生大型戰爭，冷戰的兩極體系亦在1990年戲劇性地結束，而轉為單極（unipolarity）或一超多強的國際體系。因此，在1990年代初期現實主義（特別是結構現實主義）受到許多學術界與實務界的挑戰；其中最受人批判之處，即為國際體系結構之研究途徑往往忽略了許多因「單元」不同之特質（differences between units），及一些中介變項（intervening variable）可能對結構在單元之約制（constraints）產生的抵銷或稀釋作用。[12] 因此，

請參考：Kenneth N. Waltz, *Theory of International Politics* (New York: McGraw-Hill, 1979), pp.60-101.

[10] 在此，「結構」指的是「國際權力之分配」（distribution of power），所謂的權力乃指關乎「國際體系」（international system）或「極」（polarity）的變動之「大國權力」。請參考：Kenneth N. Waltz, *Theory of International Politics* (New York: McGraw-Hill, 1979), pp.60-101, Chapter 1-3.

[11] 在此之「單元」指的是國家或個人，也就是國際體系內的行為者。

[12] 類似論述，可參考宋學文，「從層次分析探討霸權穩定論：一個國際關係理論演化的研究方法」，**問題與研究**，第43卷第2期（2004年4月），頁171-196。其中批判結構現實主義最有力且為人所知的文章為John G. Ruggie, "Continuity and Transformation in the World Polity: toward a Neorealist Synthesis," in Robert O. Keohane, ed., *Neorealism and Its Critics* (New York: Columbia University Press, 1986), pp.131-157. Keohane編著之*Neorealism and Its Critics*一書中收錄有許多對結構現實主義精闢之批判。而後冷戰時期的國際關係學界不斷地反省結構現實主義的觀點而提出不同的批判意見，如Charles W. Kegley, *Controversies in International Relations Theory: Realism and the Neoliberal Challenge* (New York :Macmillan Press,1995); Ken Booth and Steve Smith (eds.), *International Relations Theory Today* (Pennsylvania State University Press,

在1990年代初期即有不少文獻針對結構現實主義所強調的「簡潔性」研究方法提出質疑，譬如，Peter Haas在1992年之*International Organization*中撰寫"Introduction: Epistemic Communities and International Policy Coordination"一文，對國際關係理論中有關結構現實主義為追求「簡潔性」而失去了理論之動態性與預測性的問題大加撻伐，並認為為追求「簡潔性」而犧牲對國際關係研究之廣度與深度是一個必須揚棄的錯誤觀念。[13] 此外，建構主義（constructivism）之健將Alexander Wendt也在1992年也提出國際政治中「結構」（structure）對「單元」（unit）之約束力，並非直接來自於「結構」，而是「國家（單元）自己造成的」。換句話說，Wendt等人認為Waltz之「結構」並非是一個靜態的常數（static given）而是一個在單元層次之動態變數（dynamic variables）。[14] 此文亦奠下日後有關國際關係理論之研究朝「跨層次分析」（cross-levels-analysis）的方向發展的一篇重要基石。

　　分析層次對國際關係理論研究所產生的第二個變革，導因於前述第一

1995); Steve Smith, Ken Booth and Maarysia Zalewski, eds., *International Theory: Positivism and Beyond* (Cambridge, 1996); Ethan B. Kapstein, "Is Realism Dead? The Domestic Sources of International Politics," *International Organization*, Vol.49, No.4 (1995), pp.751-774; Francis A. Beer and Robert Harriman, eds., *Post-Realism: The Rhetorical Turn in International Relations* (Michigan State Press, 1996); Patrick Keating, "The Fictional Worlds of Neorealism," *Criticism*, Vol.45, No.1 (2003), pp.11-30; Michael N. Barnett, "Alliances, Balances of Threats, and Neo-Realism: The Accidental Coup," in Colin Elman and John Vasquez, eds., *Realism and the Balancing of Power: A New Debate*? (New York: St. Martin's Press, 2002); Shibley Telhami, "Kenneth Waltz, Neorealism, and Foreign Policy," *Security Studies*, Vol.11, No.3 (2002), pp.158-70; Doug Lieb,"The Limits of Neorealism: Marginal States and International Relations Theory," *Harvard International Review*, Vol.26, No.1 (2004), pp.26-30; Brian C. Schmidt, "Realism as tragedy," *Review of International Studies,* Vol.30, No.3 (2004), pp.427-441; Rodger A. Payne, "Neorealists as Critical Theorists: The Purpose of Foreign Policy Debate," *Perspectives on Politic,* Vol.5, No.3 (2007), pp.503-514.

[13] 類似論述，可參考宋學文，「從層次分析探討霸權穩定論：一個國際關係理論演化的研究方法」，**問題與研究**，第43卷第2期（2004年4月），頁171-196；Peter M. Haas, "Introduction: Epistemic Communities and International Policy Coordination," *International Organization*, Vol.46, No.1 (1992), pp.1-7.

[14] Alexander Wendt, "Anarchy is What States Make of It: the Social Construction of Power Politics," *International Organization*, Vol.46, No.2 (1992), pp.391-425.

個變革對國際關係研究方法之反思。傳統上，由於國際關係之研究方法，受到結構現實主義與新自由主義兩大學派重視「結構約制單元」研究途徑之影響，[15] 故其研究方法強調「由結構至單元」或「由外而內」（outside-in）之研究途徑。但1990年代以後卻有越來越多學者不滿足outside-in之研究途徑；譬如近10年來受到不少國關理論學者重視之社會建構主義，即強調單元之價值、主觀或意識形態如何透過單元內或單元與結構間之相互主觀（intersubjectivity）的互動過程，從而「建構」（construct）形成社會規範。此種研究途徑已是一種「由內而外」（inside-out）之研究途徑。[16] 此種以inside-out為主之研究導向與outside-in為主之研究導向相互結合之研究途徑，更豐富了國際關係研究方法，從而使國際關係之研究方法有了更具「動態」之本質。此種以「動態」為主軸之研究方法將對未來國際關係之研究，由著眼於傳統理論之介紹與批評，轉為理論與實務結合之「研究設計」（research design）。而此種強調研究設計與模型建構之研究方法或途徑正是本文所欲強調之地方。

　　層次分析對國際關係理論研究所產生之第三個變革，導因於國關學者對「簡潔性」研究方法上之批判後，凸顯出層次分析的研究方法或研究設計在國際關係研究的重要性。Robert Putnam在1988年提出「雙層賽局」（two-level game），強調在國際談判中，國際與國內政治互動的策略運用與學理分析；此種同時著重「結構」與「單元」或「單元」之策略運用之分析模式也逐漸在後冷戰時期成為批判結構現實主義的重要依據，並使層次分析研究途徑成為國際關係質性研究之一個重要轉折點。此外新自由主義者所強調的互賴理論（interdependence theory）及複合互賴（complex

---

[15] 許多人認為，新自由制度主義論者，如Robert Keohane是批判Kenneth Waltz結構論觀點的主要人物；因此，就以為Keohane反對結構論。事實上，Keohane與許多新自由制度主義學者僅是結構論之批評者，並非反對者。譬如Keohane在1984發表之 *After Hegemony: Cooperation and Discord in the World Political Economy* 一書即為明顯強調國際組織功能之結構論之研究導向，請參考Robert O. Keohane, *After Hegemony: Cooperation and Discord in the World Political Economy* (Princeton, N.J Princeton University Press, 1984).

[16] Alexander Wendt, *Social Theory of International Politics* (New York: Cambridge University Press, 1999).

interdependence）都強調結構與單元互動之「過程」（process）而進一步強化了層次分析在研究國際政治與外交之重要性。[17] 再加上，全球化研究之興起及其對「國界之模糊」、「主權之被侵蝕」、「市民社會」（civil society）及「善治」（good governance）等論點進一步挑戰現實主義者所強調之「國家是國際社會之重要單元」、「權力平衡」及「國際社會是無政府狀態」等強調結構層次之假設，[18] 從而為跨層次分析提供更多的合理性與正當性。因此，晚近一個明顯的研究趨勢是，在後冷戰時期愈來愈多學者開始將「雙層賽局」之觀念由國際談判之策略，應用在國際事務之研究中。所謂的「雙層賽局」不再侷限於國際談判的範疇，或是一種「談判策略」（strategies for negotiation），而轉化為一種研究「國際政治必須與國內政治作聯結與互動」的「研究途徑」（approaches for research）。[19] 如

---

[17] 相關文獻，請參考Robert O Keohane and Joseph Nye, *Power and Interdependence* (Boston: Little,Brown, 1977), pp.3-10.

[18] Lloyd Axworthy, "Human Security and Global Governance: Putting People First," *Global Governance*, Vol.7, No.1 (2001), pp.19-23; Joseph S Nye and John D Donahue. *Governance in a Globalizing World* (Washington, D. C.: Brookings Institution Press, 2000); 宋學文，「全球化與全球治理對我國公共政策研究之影響：並兼論此影響在兩岸關係研究之意涵」，**中國大陸研究**，第44卷第4期（2001年），頁1-32。

[19] 有關雙層賽局理論的討論，請參見Robert D. Putnam, "Diplomacy and Domestic Politics: The Logic of Two-Level Games," *International Organizations*, Vol.42, No.3 (1988), pp.427-460.有關後冷戰時期一些學者欲將「雙層賽局」作為跨越國際與國內畛域之研究導向，其研究成果可謂汗牛充棟。請參考：Peter B. Evans, Harold K. Jacobson and Robert D. Putnam, *Double-Edged Diplomacy: International Bargaining and Domestic Politics* (California: University of California Press, 1993); Keisuke Iida, "When and How Do Domestic Constraints Matter? Two-Level Games with Uncertainty," *The Journal of Conflict Resolution*, Vol.37, No.3 (1993), pp.403-426; Jeffrey W. Knopf, "Beyond two-level games: Domestic-International Interaction in the Intermediate-Range Nuclear Forces Negotiations," *International Organization*, Vol.47, No.4 (1994), pp.599-628; Helen Milner, *Interests, Institutions, and Information: Domestic Politics and International Relations* (Princeton, N.J.: Princeton University Press, 1997); Robert Pahre and Paul A. Papayoanou, "Using Game Theory to Link Domestic and International Politics," *The Journal of Conflict Resolution*, Vol.41, No.1 (1997), pp.4-11; Michael P. Marks, *The Prison as Metaphor: Re-Imagining International Relations* (New York: Peter Lang, 2004); Juliet Kaarbo, "The Domestic Politics of International Negotiations: The Effects of State Structures and Policy Making Processes," *International Interactions*, Vol.27, No.2 (2001), pp.169-205; Bruce Bueno de Mesquita, "Game Theory, Political

Jeffery Knopf在1994年發表"Beyond two-level games: Domestic-International Interaction in the Intermediate-Range Nuclear Forces Negotiations"一文與 Helen Milner於1997出版之*Interests, Institutions, and Information: Domestic Politics and International Relations*專著亦進一步探討雙層賽局在國關理論與實務分析發展之潛力。[20] 以上這些著作的重心除了強調不同層次之間的互動分析外，亦強調相關理論與實務在結合上，需要何種的研究方法或研究設計之探討。接續這個研究導向，James Rosenau在1997年所著之*Along the Domestic-Foreign Frontier: Exploring Governance in the Turbulent World*；John Ruggie於1998年撰寫之*Constructing the World Polity: Essays on International Institutionalization*；以及Alexander Wendt於1999年出版之*Social Theory of International Politics*等著作，除回應1970s年代Peter Gourevitch所謂之「第二意象之反饋」（the second image reversed）的觀念外及Keohane等人對結構現實主義之批判外，[21] 也反應了所謂的「雙層賽局」之研究導向中有關跨層分析（cross-level analysis）的研究設計問題，並透過不同層次之探討進一步將國際體系層次之研究，擴展到強調超越「國家」之「社會建構主義」（social constructivism）初步的理論基礎。這種打破單一層次的分析，而重視層際間（inter-levels）互動的跨層分析的

Economy, and the Evolving Study of War and Peace," *American Political Science Review*, Vol.100, No.4 (2006), pp.637-642; Chien-Peng Chung, "Resolving China's Island Disputes: A Two-Level Game Analysis," *Journal of Chinese Political Science*, Vol.12, No.1 (2007), pp.49-70; Milena Büchs, "The Open Method of Coordination as a 'Two-Level Game'," *Policy & Politics*, Vol.36, No.1 (2008), pp.21-37.

[20] Jeffrey W. Knopf, "Beyond Two-Level Games: Domestic-International Interaction in the Intermediate-Range Nuclear Forces Negotiations," *International Organization*, Vol.47, No.4 (1994), pp.599-628; Helen Milner, *Interests, Institutions, and Information: Domestic Politics and International Relation* (Princeton, N.J.: Princeton University Press, 1997).

[21] Peter A. Gourevitch, "The Second Image Reversed: International Sources of Domestic Politics," *International Organization*, Vol.32 (1978), pp.881-912;Waltz認為在國際關係研究中，第一意象指的是決策者個人，第二意象指的是國家，而第三意象則係指國際體系，透過此三種意象，吾人可對國際政治有所瞭解；Gourevitch指涉之「第二意象之反饋」乃強調國家作為國際體系之單元，因國家之不同特質會對相同的國際體系之結構產生不同的反應，進而使得「單元」與「體系」間存著某種「動態」（dynamic）之關係。

研究設計，已逐漸形成後冷戰時期研究國際政治必須同時強調「由巨觀至微觀」（top-down）與「由微觀至巨觀」（bottom-up）兩種不同研究途徑間對話、甚至整合（synthesis）之研究方法。[22] 可惜的是不論Putnam、Knopf、Milner、Rosenau、Ruggie、Keohane或Wendt大都僅僅提到跨層分析的重要性，但未對層次分析中有關跨層分析的研究方法、相關研究設計之「模型」（model）作系統性（systematic）的介紹，導致後期想在「層次分析」作深入研究的學者有點「迷失」在國關理論百家爭鳴、各說各話的理論爭辯中，其結果對層次分析的瞭解還是僅止於概念及初淺的名詞介紹階段，而這正是本章強調層次分析之研究設計及相關模型建構之原因。因為在複雜的國際、國內互動的分析中若缺少清楚的研究設計與簡潔模型，當代國際關係的理論有可能重蹈1970年代多元主義（pluralism）之所

---

[22] 有關採取不同分析層次間的對話或整合之研究，請參考：Robert Jervis, "The Future of World Politics: Will it Resemble the Past?" *International Security*, Vol.16, No.3 (1991), pp.39-73; John Ruggie, "Territorially and Beyond: Problematizing Modernity in International Relations," *International Organization*, Vol.47, No.1 (1993), pp.139-174; Stephen D. Krasner, "Power Politics. Institutions, and Transnational Relations," in Thomas Risse-Kappen, ed., *Bringing Transnational Relations Back In: Non-State Actors, Domestic Structures, and International Institutions* (New York: Cambridge University Press, 1995), pp.257-279; James Rosenau, *Along the Domestic-Foreign Frontier: Exploring governance in a turbulent world* (Cambridge: Cambridge University Press, 1997); Robert G. Kaufman, "A Two-Level Interaction: Structure, Stable Liberal Democracy, and U.S. Grand Strategy," Security Studies, Vol.3, No.4 (1994), pp.678-717; Lars S. Skalnes, "From the Outside in, from the Inside out: NATO Expansion and International Relations Theory," *Security Studies*, Vol.7, No.4 (1998), pp.44-87; Marc V. Simon and Harvey Starr, "Extraction, Allocation, and the Rise and Decline of States: A Simulation Analysis of Two-Level Security Management," *The Journal of Conflict Resolution*, Vol.40, No.2 (1996), pp.272-297; James L. Ray, "Integrating Levels of Analysis in World Politics," *Journal of Theoretical Politics*, Vol.13, No.4 (2001), pp.355-388;Carrie Menkel-Meadow, "Correspondences and Contradictions in International and Domestic Conflict Resolution: Lessons from General Theory and Varied Contexts," *Journal of Dispute Resolution,* Vol.2003, No.2 (2003), pp.319-352; Karen Mingst, *Essentials of International Relations* (New York: W. W. Norton, 2004); Valerie M. Hudson, "Foreign Policy Analysis: Actor-Specific Theory and the Ground of International Relations," *Foreign Policy Analysis,* Vol.1, No.1 (2005),pp.1-30; David Patrick Houghton, "Reinvigorating the Study of Foreign Policy Decision Making: toward a Constructivist Approach," *Foreign Policy Analysis*, Vol.3, No.1 (2007), pp.24–45.

以被批評為「複雜」、「模糊」、「缺乏系統性」之命運。[23]

　　從這個角度來看，結構現實主義強調「結構」約制「單元」的觀點，並非沒有道理。特別是冷戰時期的國際關係理論研究，有許多研究著作是以國家安全或戰爭為主要著眼點，因此許多國際關係的研究，常在民主與共產兩極（bipolarity）對峙下的國際體系中，強調美—蘇兩大集團權力分配（distribution of power），及國家如何因應此兩極對峙之國際體系，以尋求國際關係之權力平衡（balance of power in international relations）。在此種情形下，針對國際體系中權力結構的變化並聚焦在國際體系層次之分析，的確有助於吾人在美蘇對峙的冷戰結構中，瞭解世界政治之變化及國家在權力平衡中之行為；此外，亦有不少學者認為，針對某個層次分析，不但在研究方法上較能具有科學性地掌握自變項與依變項的關係，且可以得到較有系統的研究結果。換句話說，在眾多紛紜的國關理論中，吾人若能以Waltz之結構現實主義作為研究國關理論之「切入點」（first cut），的確有助於吾人收得提綱挈領之效果。[24] 因此，在冷戰時期國際關係之研

---

[23] 自1970年代以來，國際關係理論發展逐漸出現多元主義的解釋途徑，但是這些屬於多元主義之學者如Richard Ashley與Robert Cox等人的觀點也招致一些批評聲浪。Roger D. Spegele（1992）曾抨擊Ashley所提出之觀點「過於誇張、邏輯不精確與不一致」；Fred Halliday則認為後現代主義的觀點是「理想主義者的另一種偽裝」。其他相關的文獻請參見：Roger D. Spegele, "Richard Ashley's Discourse for International Relations," *Millennium: Journal of International Studies*, Vol.21, No.2 (1992), pp.147-182; Roger D. Spegele, *Political Realism in International Theory* (Cambridge: Cambridge University Press, 1996);Oyvind Osterud, "Antinomies of Postmodernism in International Studies," *Journal of Peace Research*, Vol.33, No.4 (1996), pp.385-390; Darry S. L Jarvis, *International Relations and the Challenge of Postmodernism: Defending the Discipline* (Columbia: University of South Carolina Press, 2000).

[24] 事實上，包括Kenneth Waltz與John D. Singer皆強調單一層次的分析，並認為國際關係的研究宜聚焦在第一層次的分析，但請參考：Kenneth N. Waltz, *Man, the state, and War: A Theoretical Analysis* (New York: Columbia University Press, 1959); John D. Singer, "International Conflict: Three Levels of Analysis," *World Politics*, Vol.12, No.3 (1960), pp.453-461. and "The Level-of-analysis Problem in International Relations," *World Politics*, Vol.14, No.1 (1961), pp.77-92; Waltz於2000年在*International Security*發表之"Structural Realism after the Cold War"一文仍強調國際結構的影響因素，Waltz認為蘇聯瓦解雖促使冷戰之兩極對峙體系轉為單極體系，但仍未影響到國際體系中無政府狀態的特質，晚近的國際關係理論研究中，承繼結構現實主義者之「結構制

究，若以Waltz之結構出發，並針對國際體系層次來研究國際關係，的確存有其時代背景之考量。

　　但是當冷戰結束，國與國之間的互動不再以「大型戰爭」（grand war）為考量，而是以眾多頻繁之「衝突」（conflict）為著眼時，自由主義所倡議之「國家利益」（national interest）考量將逐漸凌駕於「國家權力」（national power）之上，則當代的國際關係研究所需要的理論、相關研究方法及研究設計與冷戰時期的需求將有所不同。特別是當國際間相互依賴之現象日增，國際體系呈現出複合互賴（complex interdependence）所強調之特色時，[25] 國際關係中許多原屬於某一特定層次或彼此分立的議題，往

約」論點並演化出新型態的理論途徑即為「攻勢現實主義」（Offensive Realism）與「守勢現實主義」（Defensive Realism）。其中，攻勢現實主義仍堅定地抱持著國際無政府狀態致使國家行為者必須為求生存而極力追求權力，攻勢現實主義一派的學者包括John J. Mearsheimer、Randall L. Schweller、Eric J. Labs、Fareed Zakaria。至於採取守勢現實主義觀點的學者有Robert Jervis、Jack Synder，其主要觀點亦同意國際無政府狀態以及權力分配決定國際體系的運作與行為，但是守勢現實主義同時關注外交政策在國際關係中的影響作用。相關研究文獻請參見，John Mearsheimer, *The Tragedy of Great Power Politics* (New York: WW Norton & Company, 2001); Randall L. Schweller, "Bandwagoning for Profit: Bringing the Revisionist State Back In," *International Security*, Vol.19, No.1 (1994), pp.72-107; Eric J. Labs, "Beyond Victory: Offensive Realism and the Expansion of the War Aims," *Security Studies*, Vol.6, No.4 (1997), pp.1-49; Fareed Zakaria, *From Wealth to Power: The Unusual Origins of America's World Role* (Princeton, N.J.: Princeton University Press, 1998); 鄭端耀，「國際關係攻勢與守勢現實主義理論爭辯之評析」，**問題與研究**，第44卷第2期（2003年），頁1-21；鄭端耀，「國際關係新古典現實主義理論」，**問題與研究**，第44卷第1期（2005年），頁115-140；Robert Jervis, "Cooperation under the Security Dilemma," *World Politics*, Vol.30, No.2 (1978), pp.167-214; Jack L. Snyder, *Myths of Empire: Domestic Politics and International Ambition* (Ithaca: Cornell University Press, 1991); Robert Jervis, "Realism in the Study of World Politics," *International Organization*, Vol.52, No.4 (1998), pp.971-991; Christopher Layne, "The 'Poster Child for Offensive Realism': America as a Global Hegemony," *Security Studies*, Vol.12, No.2 (2006), pp.120-164.

[25] Keohane與Nye所揭櫫之複合互賴主要有三大特色：多元溝通管道（multiple channels）、議題間沒有位階的問題（absence of hierarchy among issues）以及軍事力量的式微（minor role of military force）。請參見：Robert O. Keohane and Joseph S. Nye, *Power and Interdependence: World Politics in Transition* (Boston: Little, Brown and Company, 1977), pp.25-28.

往因議題間之聯結作用，[26] 而產生高階政治（high politics）與低階政治（low politics）議題間之外溢（spill-over）或回饋（feedback）現象，從而使得不但議題間之「畛域」（boundary）變得模糊，且亦使得國界（national border）也變得模糊。[27] 在此種情況下集中在某一國際體系層次，或侷限於國家層級的分析，對決策者來說已顯得極為不適甚至偏頗。蓋單一層次的分析雖或在方法論上得到「簡潔」的美譽，在該特定議題或個案分析上，亦可有所謂的「專業」的地位，但這些美譽與地位對決策者

---

[26] 宋學文，「議題聯結與兩岸關係之研究」，**問題與研究**，第37卷第2期（1998年），頁21-35。

[27] 以上論點大多為相互依賴理論 (interdependence theory) 之重要觀點，這些強調相互依賴觀點有許多都是在1950年代至1970年代所提出，相關文獻請參考：Morton Kaplan, *System and Process in International Politics* (New York :John Wiley & Sons, Inc., 1957); James Rosenau, *Linkage Politics: Essays on the Convergence of National and International Systems* (New York: Free Press, 1969); Robert O. Keohane and Joseph S. Nye, *Transnational Relations and World Politics* (Cambridge: Harvard University Press, 1971); Edward Morse, "The Transformation of Foreign Policies: Modernization, Interdependence and Externalization," *World Politics*, Vol.22, No.3 (1970), pp.371-392;Robert O. Keohane and Joseph S. Nye, *Power and Interdependence: World Politics in Transition* (Boston: Little, Brown and Company, 1977).晚近之相互依賴理論的發展不僅呈現理論的深化，同時也展現出相互依賴理論在各類議題領域的應用與解釋效力，相關文獻請參考：Robert O. Keohane and Joseph S. Nye, "Power and Interdependence Revisited," *International Organization*, Vol.41, No.4 (1987), pp.725-753; **John R. Oneal, Frances H. Oneal, Zeev Maoz and Bruce Russett, "The Liberal Peace: Interdependence, Democracy, and International Conflict, 1950-85,"** *Journal of Peace Research*, Vol.33, No.1 (1996), pp.11-28; Andreas Hasenclever, Peter Mayer and Volker Rkittberger, *Theories of International Regimes* (Cambridge: Cambridge Universality Press, 1997); Susan M. McMillan, "Interdependence and Conflict," *Mershon International Studies Review*, Vol.41, No.1 (1997), pp.33-58; Robert O. Keohane and Joseph S. Nye, "Power and Interdependence in the Information Age," *Foreign Affairs, Vol.77, No.5 (1998), pp.81-94;* John G. Ruggie, Constructing the World Polity (London: Routledge, 1998); Paul A. Papayoanou, *Power Ties: Economic Interdependence, Balancing, and War* (Ann Arbor: University of Michigan Press, 1999); **Edward D. Mansfield and Brian M. Pollins, "The Study of Interdependence and Conflict,"** *Journal of Conflict Resolution*, Vol.45, No.6 (2001), pp.834-859; Robert O. Keohane, *Power and Governance in a Partially Globalized World* (New York: Routledge, 2002); Jon C. Pevehouse, "Interdependence Theory and the Measurement of International Conflict," *The Journal of Politics*, Vol.66, No.1 (2004), pp.247-266; Scott L. Kastner, "When Do Conflicting Political Relations Affect International Trade?" *Journal of Conflict Resolution*, Vol.51, No.4 (2007), pp.664-688.

來說卻常有「以管窺天」之憾，致使這些堅持國際體系層次分析的理論，在解釋或預測實際政治方面，顯露出有許多侷限或不契合的情況。無怪乎，自1970年代起已有一些學者，呼籲吾人在研究國際關係時亦需注重國際體系以外之層次分析，並提出與結構現實主義極為不同之國際關係理論研究導向。[28]

事實上，本章認為任何單一層次之分析，都同時有各自之優點及缺點。譬如，從國際體系之層次作國際關係的分析雖有較佳之制高點，卻往往因太過宏觀而有「見林不見樹」之憾；從國內層次或個人決策層次分析，雖有較具體的單元或行為分析，但有時又會落入以偏概全或「見樹不見林」之憾。在此種情形下，跨層分析就提供了研究複雜之國際關係時另一種研究途徑。[29] 換句話說，吾人必須瞭解，任何一種特定之層次分析或跨層次分析都有其優缺點；重點不是在爭論哪個層次之研究「較好」，而應依研究議題之種類，及研究目的之不同提出一個可以使相關理論與實務結合之研究設計。

---

[28] 如Peter Katzenstein、Peter Gourevitch、Robert Putnam、Robert Jervis、Richard N. Lebow及Janice G. Stein等人皆有強調第二或第三層次之分析在國際關係研究之重要性。請參考：Peter A. Gourevitch, "The Second Image Reversed: International Sources of Domestic Politics," *International Organization,* Vol.32, No.4 (1978), pp.881-912; Robert D. Putnam, "Diplomacy and Domestic Politics: The Logic of Two-Level Games," *International Organizations*, Vol.42, No.3 (1988), pp.427-460; Peter J. Katzenstein, *between Power and Plenty: Foreign Economic Policies of Advanced Industrial States* (Madison: University of Wisconsin Press, 1978)；國內亦有學者從第三層次（政治心理學或政治認知)的角度從事國際關係之研究。譬如，石之瑜，「人在江湖？國際關係的『認識論個人主義』」，**社會科學知識新論: 文化研究立場十評**（台北：國立台灣大學，2005年），頁101-123。

[29] 此論點為多元主義（pluralism）所衍生，此理論在後冷戰時期已由1970年代自由主義之「多元概念」（concepts of pluralism），經歷了二、三十年理論與方法論上之逐漸演化而發展為新自由主義之制度論，其最大特色即為跨層分析的研究導向。關於國際關係研究跨層次分析之相關文獻，請參考：Robert O. Keohane, Joseph S. Nye and Stanley Hoffmann, eds., *After the Cold War: International Institutions and State Strategies in Europe, 1989-1991* (Cambridge, Mass.: Harvard University Press, 1993); Robert O. Keohane and Helen Milner, eds., *Internationalization and Domestic Politics* (Cambridge: Cambridge University Press, 1996);Hseik-wen Soong（宋學文），"The Implications of Cross-Level- Analysis on International Relations Theory"，載於徐永明、黃紀主編，**政治分析的層次**（台北：韋伯，2001年），頁81-116。

　　針對此，本論文在此提出幾種在層次分析上不同研究設計之模型以說明過去研究國際關係的學派中，在「結構」與「單元」兩個不同層次之不同特色：

一、結構約制單元學派

　　結構制約單元學派賦予國際體系作為一種分析國際政治時的絕對地位，其研究方法強調國際體系對單元層次的影響是「絕對」且「單向」，位於國際體系約制下的單元，僅能屈從於體系的制約而擬定各自的行為準則。結構與單元互動情況如圖8-1所示。此派學者強調其研究方法之「簡潔性」與「科學性」，可讓國際關係的學子們在複雜浩瀚的國際關係中，藉「結構」一窺國際體系之金豹，從而有利其外交政策之最後選擇。此派學者以Kenneth N. Waltz在1979年之*Theory of International Politics*一書最具代表性。此外，此派學者亦強調現實國際政治中，國際社會無政府狀態、權力分配等結構因素對國家單元之行為有決定性且單向之制約效用，國家僅能在結構下爭取自適與生存。因此，以Waltz而言，為求對國際政治的變化作出周延的解釋，就必須先瞭解國際體系之結構層次的變化，而非從零散且多元的國家（單元）層次來作永無止境的外交政策探討。

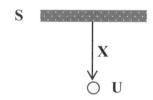

圖例：

　　S結構（structure），即國際體系層次；國際體系層次為主要分析重點。

　　U單元（unit）層次；國際體系的約制對象。

　　X國際體系與單元的互動方式：S決定U的行為（S→U）。

說明：此項模型指出的結構約制學派所強調的分析焦點在於體系層次（S），單元（U）僅能在體系的約制下做出有限的行為抉擇。

資料來源：作者製圖。

圖8-1　結構對單元的約制之層次分析模型

二、結構與單元分工學派

此學派在層次分析上亦著重國際體系層面，但此學派認為國際體系不但是一個分析架構，同時也是一種分析對象。國際體系作為一種分析架構，就需要討論體系如何經由各種複雜元素與單位來組織；因此，其研究途徑並非如圖8-1之S→U，而是呈現一種U→S的關係。因此，此學派雖看重體系層次，但卻認為體系層次的分析必須從單元層次的分析才能獲取。此學派之代表學者為Stanley Hoffmann。Hoffmann將國際體系界定為「國際政治基本成員之間的交往模式」（a pattern of relations between the basic units of world politics），因此國際體系的分析著眼於單元之間的常態關係以及促成單元互動的國際因素。[30] 從此觀點來看，Hoffmann認為吾人研究國際關係時，結構與單元之研究皆頗為重要；在研究分析之重點為結構，但分析過程之重點為單元，結構與單元間各有其重要性與分工，如圖8-2所示。

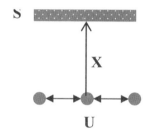

圖例：

　　S結構（structure），即國際體系層次；體系層次為研究國際政治之重心，但須藉由單元互動之分析才能瞭解系統之結構。

　　U單元層次：單元雖非國際政治之重心，但透過單元之研究才能瞭解國際體系之本質。

　　X國際體系之層次由單元互動方式所決定（即U→S）。

說明：此模型指出結構與單元分工學派的分析重心在於體系層次（S），但因該學派認為體系由單元（U）所構成，使得該學派將研究範圍擴展到單元以及單元的互動如何構成體系的主題。

資料來源：作者製圖。

圖8-2　結構與單元分工之層次分析模型

---

[30] Stanley Hoffmann, "International Systems and International Law," in Hoffmann ed., *The State of War: Essays on the Theory and Practice of International Politic* (New York: Praeger, 1965), pp.88–122.

三、單元決定結構學派

　　此派的研究重心著眼於單元以及單元的互動，從而探究「單元的改變如何造成國際體系的變化」，此學派的代表人物為Richard Rosecrance。Rosecrance立基於單元層次的角度，嘗試透過系統性、經驗性的分析方式來探究體系的形成，其研究成果呼應國際體系實為國家行為或國家間之互動所促成，進而歸結出體系乃為單元輸入的結果，體系對單元沒有任何影響力之結論。[31] 從層次分析上來說，此學派雖有注意到結構或國際體系層次之存在，但他們認為國際體系乃是一個「單元之投影」，體系本身是依單元而不斷改變之依變項；因此，此派之研究重心並不在體系或結構，而在單元。Rosecrance因而主張在研究國際關係時，研究目標及分析過程皆應置於單元層次，只要單元層次分析完整，自然能發現國際體系層次及結構的特質。（如圖8-3）

四、強調結構與單元互動之過程學派

　　此學派的焦點並非侷限於體系或是單元層次，其所討論之重心為體系

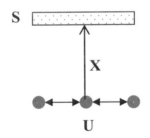

圖例：

　　S結構（structure），即國際體系層次；國際體系為單元所決定。

　　U單元層次：單元不但是研究國際體系的目標，也是手段。

　　X影響方向：單元決定體系的構成（U→S）。

說明：此模型指出單元決定學派的分析重點在於單元（U），在單元決定體系（S）的觀點，中，體系層次就不是該學派所關切之對象。[32]

資料來源：作者製圖。

圖8-3　單元決定結構學派之層次分析模型

對單元的約制以及單元對體系之回應下各自調整的結果，此結果端視結構與單元間互動過程（process）而定（如圖8-4）。其代表學者為Morton Kaplan與Robert Keohane。[33] 此學派之特色已略具備跨層次分析的雛型，對層次分析的研究來說，已與圖8-1、圖8-2、圖8-3強調之單一層次分析有明顯差別，但Kaplan與Keohane並未能強對其所強調的「過程」賦予模型。圖8-4中有關S、U、X、①、②、③之圖形與圖8-1、圖8-2、圖8-3皆為個人所繪製，並非由Kaplan與Keohane所繪製。這個問題多少反映了Kaplan與Keohane在層次分析之「模型結構」（modeling）並未多有著力。這種看似「簡單」之模型對國關理論在層次分析的研究、教學上都有頗大的效用，因為通過這些模型，有助於研究國關理論的學子，在腦海中呈現一些清晰「圖形意象」，以助於瞭解抽象且複雜之相關理論與分析架構。

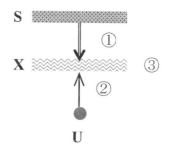

圖例：

　　S結構（structure），即國際體系層次；國際體系先向下影響單元。

　　U單元層次：單元受到國際體系影響之後對結構的反應。

　　X國際體系與單元間之互動而形成一種動態的調整結果。

說明：此模型指出結構與單元互動學派觀點中，體系層次與單元層次的互動特性。從時間順序來看，首先體系層次對單元產生一種制約力量①，其次單元層次感受到體系的約制時，則產生因應的作用力②，最後形成體系與單元互動後之動態均衡位置③。

資料來源：作者製圖。

圖8-4　結構與單元互動之層次分析模型

[33] Morton A. Kaplan, *System and Process in International Politics* (New York: Wiley, 1964); Robert O. Keohane and Joseph S. Nye, *Power and Interdependence: World Politics in Transition* (Boston: Little, Brown and Company, 1977).

　　上述四種不同層次分析研究途徑對國際關係理論之研究雖然極為重要，但可惜的是層次分析在1960年代至1980年代並未獲得國關學者之重視，也沒能在研究方法上造成國際關係主流理論或研究途徑之「典範轉變」（paradigm shift）；在國內外亦尚未見有類似之圖形分類或如前述圖8-1、圖8-2、圖8-3、圖8-4說明四個傳統上國際關係理論研究者對「結構」與「單元」不同見解之分析，而這些圖形分類對層次分析之研究及分析架構之「模型化」，頗具重要意涵；蓋本章之圖8-1、圖8-2、圖8-3、圖8-4已隱約勾繪出國關理論中早期學者有注意到層次分析，但這些學者並未針對層次分析作出模型推演、圖形設計或比較分析，致使許多中外學者對社會建構主義之瞭解頗為模糊，而這也正是本論文在此提出上述圖形，並從而豐富國際關係理論研究之方法論或研究設計之原因。最近在國關理論逐漸受到重視之社會建構主義應會對層次分析有更多的重視。本章在此強調，在2000年以後儘管依然有不少學者針對建構主義提出批判，但已有越來越多學者願意把建構主義與現實主義、自由主義及全球化主義並列為國際關係之四大主流理論，[34] 從而在研究上，把傳統國際關係之核心分析單元由「國家」（state）轉為「社會」（society）；[35] 並在研究方法

[34] Theo Farrell, "Constructivist Security Studies: Portrait of a Research Program," *International Studies Review*, Vol.4, No.1 (2002), pp.49-72; Javier Lezaun, "Limiting the Social: Constructivism and Social Knowledge in International Relations," *International Studies Review*, Vol.4, No.3 (2002), pp. 229-234; Maja Zehfuss, *Constructivism in International Relations: The Politics of Reality* (Cambridge: Cambridge University Press, 2002); Peter M. Haas and Ernst B. Haas, "Pragmatic Constructivism and the Study of International Institutions," *Millennium: Journal of International Studies*, Vol.31, No.3 (2002), pp.573-601; Antje Wiener, "Constructivism: The Limits of Bridging Gaps," *Journal of International Relations and Development*, Vol.6, No.3 (2003), pp.252-275; Karin M. Fierke, "Critical Methodology and Constructivism," in Karin M. Fierke and Knud Erik Jorgresen eds., *Constructing International Relations: The Next Generation* (NY: M.E. Sharpe, 2001), pp.115-35; J. Samuel Barkin, "Realist Constructivism and Realist-Constructivism," *International Studies Review*, Vol.6, No.2 (2004), pp.348–352; Stefano Guzzini and Anna Leander (eds.), *Constructivism and International Relations: Alexander Wendt and his critics* (New York: Routledge, 2006).

[35] 在此要特別注意建構主義者所謂的社會（society）並非指國內之社會，而是專指超越國際，並分享共同「規範」（norms）之團體，請參見Alexander Wendt, *Social Theory of International Politics* (New York: Cambridge University Press, 1999),

上，將單一之分析層次擴展為多元之分析層次。

第三節　建構主義對於層次分析研究之貢獻與限制

一、建構主義的對層次分析多元性的重視

近年來「建構主義」在國際關係理論上愈來愈受到重視，但建構主義是否已成為主流理論一直是個爭論的議題，儘管目前學術界仍有各種不同見解，但社會建構主義越來越受到重視卻是一個不爭的事實。就研究途徑來說，建構主義者著重「社會結構」之特色，不但會刺激長期只關心「國家」之國關學者亦需注重社會學與哲學領域在「本體論」vs.「知識論」之研究；[36] 它也會將國際關係之研究由過去結構現實主義所強調之國際體系及傳統現實主義所強調之國家降低到國內政治、社會及個人價值之層次且

---

pp.139-189.

[36] 建構主義在社會學與哲學領域的相關重要研究有：Richard K. Ashley, "Untying the Sovereign State: A Double Reading of the Anarchy Problematique," *Millennium: Journal of International Studies*, Vol.17, No.2 (1988), pp.403-434; Stephen D. Krasner, "The Accomplishments of International Political Economy," in Mark V. Kauppi and Paul R. Viotti, eds., *International Relations Theory: Realism, Pluralism, Globalism, and Beyond* (Boston, MA: Allyn & Bacon, 1998); Alexander Wendt, *Social Theory of International Politics* (New York: Cambridge University Press, 1999);Colin Wight, "Interpretation All the Way Down? A Reply to Roxanne Lynn Doty," *European Journal of International Relations*, Vol.6, No.3 (2000), pp.423-470; 石之瑜，「做為藝術的政治學--兼評建構主義的科學哲學立場」，**美歐季刊**，第15卷第2期（2001年6月），頁293-310；袁易，「對於Alexander Wendt有關國家身份與利益分析之批判：以國際防擴散建制為例」，**美歐季刊**，第15卷第2期（2001年6月），頁265-291；秦亞青，「國際政治的社會建構－溫特及其建構主義國際政治理論」，**美歐季刊**，第15卷第2期（2001年6月），頁231-264；黃旻華，「評『論國際關係理論中的建構主義』」，**問題與研究**，第39卷第11期（2000年11月），頁71-94。莫大華，「治絲愈棼的國際國係理論研究—對黃旻華先生的評論之回應」，**問題與研究**，第39卷第11期（2000年11月），頁95-101；莫大華，「國際關係建構主義的原型、分類與爭論—以Onuf、Kratochwil和Wendt的觀點分析」，**問題與研究**，第41卷第5期（2002年9月），頁111-148；鄭端耀，「國際關係『社會建構主義理論』評析」，**美歐季刊**，第15卷第2期（2001年3月），頁199-229；莫大華，「探索國際關係理論的建橋計畫:理性主義與建構主義的理論綜合」，**政治科學論叢**，第31期（2007年3月），頁175-216。

考量一個動態的結構,並開闢一條「由下而上」(botton-up)且較能與實際政治結合之理論,而建構主義亦延續傳統之現實主義與自由主義作「結構」與「單元」研究,從批判現實主義與自由主義之研究方法,進而提出一套從社會建構角度之國際關係理論。[37]

　　事實上,自1980年代後期與1990年代,有少數學者如Onuf、Kratochwil、Wendt、Ruggie等開始引進或採用「建構主義」概念,[38] 強調國際政治中一般被奉為圭臬的無政府狀態(anarchy)之權力分布(distribution of power)所形成之國際體系結構,並非一個「既定」(given)之靜態(static)概念,而是透過能動者(agent)[39] 在相互主觀(intersubjectivity)的互動下逐漸在「認同」(identity)與「利益」(interests)的形塑間「建構」出一種具動態均衡(dynamic equilibrium)

---

[37] 此部分之研究可參閱:Jeffrey T. Checkel, and Andrew Moravcsik, "A Constructivist Research Program in EU Studies?" *European Union Politics*, Vol.2, No.2 (2001), pp.219-249.

[38] Nicholas G.. Onuf, *World of Our Making: Rules and Rule in Social Theory and International Relations* (Columbia: University of South Carolina Press, 1989); Friedrich Kratochwil, *Rules, Norms, and Decisions* (London: Cambridge University Press, 1989); Alexander Wendt, "Anarchy is What States Make of It: the Social Construction of Power Politics," *International Organization*, Vol.46, No.2 (1992), pp.391-425; Alexander Wendt, "Collective Identity Formation and the International State," *American Political Science Review*, Vol.88, No.2 (1994), pp.384-396;Alexander Wendt, "On Constitution and Causation in International Relations," *Review of International Studies*, No.24 (1998), pp.101-117; John G. Ruggie, *Constructing the World Polity: Essays on International Institutionalization* (London: Routledge, 1998); John G. Ruggie, "Globalization and Global Community: the Role of the United Nations," *The J. Douglas. Gibson Lecture, School of Policy Studies,* (Queen's University (Kingston), 20 November 2000), pp.1-2.

[39] 在此之「能動者」即為本文中所強調之「單元」,但需特別注意的事是建構主義者所謂之"agent"(能動者)並不一定是指「國家」,它還可能包括NGOs、MNCs、社會及個人;而本文所指之「文化結構」即是這些「能動者」經互動所形成之結構或稱作體系。至於Waltz與Wendt兩者之差別乃在於:(1) Waltz的層次結構乃是靜態的、先天給予的、宿命的,而Wendt指涉之結構則是經能動者互動所形成,因此Wendt指涉之結構是具動態性、非先天給予、可因單元或能動者而改變的;質言之,結構將隨能動者的互動而產生變化,而不同於Waltz所主張之靜態結構特質。(2) Wendt之社會結構與Waltz之結構論兩者之第二個不同點在於結構之組成單元的差異。對於Waltz而言,國家是結構的主要組成單元;而Wendt則注意到國家單元之外,尚有其他如個人、社會及NGOs與MNC等能動者的存在。

之國際的「社會結構」（social structure），而此社會結構再形成某種規範（norms）來約制國家之行為。[40] 從這個研究導向觀之，「建構主義」強調本體論與社會化之研究導向的確比新現實主義與新自由制度主義更注重單元層次之分析與跨層分析。建構主義在研究方法上正視「結構」與「單元」兩個不同層次之互動關係，正是其蘊含巨大能量並為國關學者所重視之主要原因。但「建構主義」雖涉及「結構」、「能動者」與「相互主觀」之互動研究，並以「能動者」來取代「單元」，以豐富層次分析之多樣性，但建構主義學者卻未能針對「能動者」間之「相互主觀」提供一個較簡潔（parsimonious）之分析模型（analytical model），清晰地闡述「能動者」之「理念」（ideas）是否可以一路影響社會結構的形成？也就是所謂"ideas all the way down"之辯證。此外若「能動者」之「理念」或「價值」最終能透過「相互主觀」形成某種「利益」與「認同」，則不同「能動者」間之理念「如何」形塑「利益與認同」，最後建構出一個會反過來約制「能動者」之社會文化結構之過程，亦需作進一步探討或交代。換言之，建構主義未來研究之方向除對傳統兩大理論之批判外，建構主義之「理論進步」則有賴於一些易混淆觀念之釐清與發展出更易令人瞭解之分析架構或模型，如提出針對「能動者」、「相互主觀」、價值與理念之重要性、inside-out之研究方法、社會結構、社會結構形成後之社會規範等一

[40] Alexander Wendt,"The Agent-Structure Problem in International Relations Theories," *International Organization,* Vol.41, No.3 (1987), pp.335-370. 關於「能動者」與「結構」交互影響的其他文獻，可參見Alexander Wendt, *Social Theory of International Politics* (New York: Cambridge University Press, 1999); Stephen D. Krasner, ed., *International Regime* (Ithaca, N.Y.: Cornell University Press, 1983); David Dessler, "What's at Stake in the Agent-Structure debate?" *International Organization* Vol.43, No.3 (summer 1989), pp.441-473;Colin Wight, "The Agent-Structure Problem and Institutional Racism," *Political Studies*, Vol.1, No.51 (2003), pp.706-721; Colin Wight, *Agents Structures and International Relations: Politics as Ontology* (Cambridge University Press, 2006); Geoffrey Roberts, "History, Theory and the Narrative Turn in IR," *Review of International Studies*, Vol.32, No.4 (2006), pp.703-714; Audie Klotz, "Moving Beyond the Agent-Structure Debate," *International Studies Review*, Vol.8, No.2 (2006), pp.355–355; Michal Košan, "Agents, Structures and International Relations," *Journal of International Relations and Development*, Vol.10, No.3 (2007), pp.324-326.

些較為「動態」之分析單元或研究方法，而這些研究方法的提出乃是本章亟欲強調之處。

　　簡言之，大多數與「建構主義」研究有關之文獻只注意到建構國際社會結構之「能動者」在認同與利益之重要性與欲建構之「社會結構」之特質，但卻忽略了此建構過程中不同能動者間對不同議題可能有議題優先順序、如何相競爭或平衡的問題。其原因為Onuf、Wendt、Katzenstein、Ruggie及Hopf等學者對於「建構主義」之主要相關論述者或推動者或多或少都帶有批判主義的色彩，並將建構主義之研究重心放在對主流國關理論（新現實主義與新自由制度主義）之批判上，而較少像Kenneth Waltz一樣針對「結構現實主義」作一個理論本體論之建構。無怪乎，直至最近仍有不少知名之國際關係理論研究之學者認為「建構主義」尚不足以稱為一個「理論」，只能稱為一個「研究方法」或「研究途徑」。[41]

二、建構主義在層次分析研究方法的限制

　　在此，個人要特別指出，儘管建構主義之理論受到國際關係研究社群之重視，且Checkel、Copeland、Hopf、Ruggie及Wendt等人皆注意到「國際體系」所形成之「結構」之外，尚有一個「社會結構」為現實主義或自

---

[41] 提出此看法的相關文獻，請參考：Jeffrey T. Checkel, "The Constructivist Turn in International Relations Theory," *World Politics*, Vol.50, No.2 (1998), pp.324-348; Friedrich Kratochwil, "Constructing a New Orthodoxy? Wendt's Social Theory of International Politics and the Constructivist Challenge," *Millennium: Journal of International Studies*, Vol.29, No.1 (2000), pp.73-101;Robert O. Keohane, "Ideas Part-Way Down," *Review of International Studies*, Vol. 26, No.1 (2000), pp.125-130;Peter J.,Katzenstein, Robert O. Keohane, and Stephen D. Krasner, "International Organization and the Study of World Politics," *International Organization*, Vol.52, No.4 (1998),pp.645–685;Ted Hopf, "The Promise of Constructivism in International Relations Theory," *International Security*, Vol.23, No.1 (1998), pp.171-200.；鄭端耀，「國際關係『社會建構主義理論』評析」，**美歐季刊**，第15卷第2期（2001年6月）頁199-229；莫大華，「論國際關係理論中的建構主義」，**問題與研究**，第38卷第9期（1999年9月），頁93-109；黃旻華，「評『論國際關係理論中的建構主義』」，**問題與研究**，第39卷第11期（2000年11月），頁71-94；盧業中，「主要國際關係理論中新現實主義、新自由制度主義與建構主義之比較研究」，**中山人文社會科學期刊**，第9卷第2期（2001年12月），頁21-52。

由主義學者所忽略；但畢竟Waltz等人所謂之「國際體系結構」與Wendt之「社會結構」有所不同。相較於Waltz等人極「簡潔」（parsimonious）之「結構約制單元」之模型（如本章之圖8-1），目前建構主義相關論文並未提出一個「國際體系所形成的結構」與「社會文化所形成的結構」之產生方式有何不同之模型或分析架構？其內涵或定義有何異同？社會建構形成的步驟為何？本章認為其最重要之原因為這些建構主義相關論文並未針對層次分析作更為深入之探討。此問題若不解決，社會建構主義在方法論及研究設計上，將陷入多元主義之繁瑣、複雜、糾纏不清之泥沼中。[42]

在研究「建構主義」學者之中，除了少數學者如Wendt之外，[43] 皆未對「層次分析」與「系統」作深入探討，其結果是「建構主義」在層次分析之相關理論之「為何」（why）部分著墨較多，而在「如何」（how）相關的部分仍著墨較少，無怪乎Robert Keohane會批判Wendt等建構主義者只看到「理念是否與結構相關」，而忽略「理念如何與結構相關」之命題。[44]

綜言之，建構主義存在著兩大限制：1. 一般學者認為，建構主義雖然解釋力強，但預測力卻不足；本文認為，這點可能與建構主義採用了「多元論」及因果互動關有密切關係，畢竟「多元論」與「因果互動論」對所謂的自變項（independent variable）與依變項（dependent variable）常持一

---

[42] 多元主義與自由主義在研究方法上最大的問題是強調議題之間應有的相關性（relevance among issues），但在這些相關性中，卻看到議題之優先順序（issue preferences），導致分析的邏輯性與因果性極為混亂，而其重要原因之一為自由主義與多元主義在層次分析上研究不足。請參考，Andrew Moravcsik, "Taking Preferences Seriously: A Liberal Theory of International Politics," *International Organization,* Vol.51, No.4 (1997), pp.513–553.

[43] Alexander Wendt, "Levels of Analysis vs. Agents and Structure: Part III," *Review of International Studies,* Vol.18, No.2 (1992), pp.181-185.

[44] 針對Wendt等人強調理念與結構相關之縝密性，也就是所謂之"ideas all the way down"之論點，Keohane等人持保留態度，請參考Robert O. Keohane, "Ideas Part-Way Down," *Review of International Studies*, Vol.26, No.1 (2000), pp.125-130; Alexander Wendt, "Ideas All The Way Down: On the Constitution of Power and Interests," in Wendt, *Social Theory of International Politics* (New York: Cambridge University Press, 1999), pp.92-135.

種「不可知論」的立場；2. 建構主義與新自由制度主義（neo-liberalism）及多元主義中之學者，其理論或研究分析架構多有重疊，不易在分類學（typology）上作有系統之分類，因此建構主義學者在理論之預測能力也因此與多元主義學者一樣常落入一片混亂中。個人在此亦強調多元主義在理論上之通病為「理論與實務」之相關性（relevance）強，解釋性（explanation）適中，但預測能力（prediction）不足。個人以為以上兩大限制，皆與建構主義學者未能在「層次分析」上，特別是跨層次分析的著力且未與多元主義學派作切割有關。蓋層次分析若不清楚，議題優先與層次之位階（hierarchy）就無從設定，則同一議題之論述必然會因論述者所待之分析層次不同，而各執一端、各說各話，而無法在政策制定或實務政治中有一明確之分析架構，從而不能建立一個簡潔之分析模型。[45]

第四節　從層次分析設計建構主義之分析模型

前文多次提到層次分析對建構主義之重要性，筆者在本章中亦多次提出建構主義學者在過去的研究中雖有不少在「理論進步」上之努力與成果，但在模型建構上卻顯得不足。秉乎此，筆者在本章嘗試依層次分析的原理為建構主義提出一個「簡潔」的理論模型（圖8-5）。今針對此模型說明如下：[46]

在圖8-5中，個人先將建構主義以「個人理念層次」、「社會互動層次」及「文化結構層次」等三個層次作為分析架構，在此三個不同層次將社會建構理論之相關核心主張，分別置於$\overline{AB}$、$\overline{BC}$、$\overline{CD}$、$\overline{DE}$、$\overline{EF}$、$\overline{FG}$及$\overline{GA}$等七個不同階段，並使此七個階段有$\overline{AB} \rightarrow \overline{BC} \rightarrow \overline{CD} \rightarrow \overline{DE} \rightarrow \overline{EF} \rightarrow \overline{FG} \rightarrow$

---

[45] Andrew Moravcsik, "Taking Preferences Seriously: a Liberal Theory of International Politics," *International Organization,* Vol.51, Nol. 4 (1997), pp.513–553.

[46] 在此需特別說明，本文提出之模型或圖8-5與前文中之圖8-1、圖8-2、圖8-3、圖8-4皆為本人研創，這些模型或圖形皆非引自國內外任何學者之發表著作。因此，此模型或圖形之優劣或批評皆應由本人承擔。

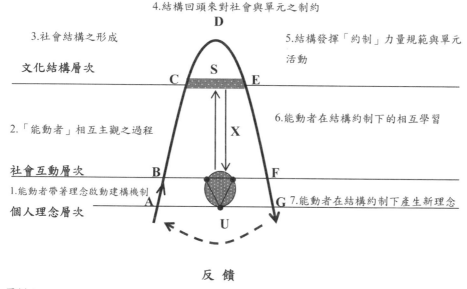

4.結構回頭來對社會與單元之制約

D

3.社會結構之形成　　　　　　　　　　5.結構發揮「約制」力量規範與單元
　　　　　　　　　　　　　　　　　　活動

文化結構層次　　　　　　　C　　S　　E

2.「能動者」相互主觀之過程　　　　　X

社會互動層次　　　　　B　　　　　　F

1.能動者帶著理念啟動建構機制　　　　　　　　G 7.能動者在結構約制下產生新理念
個人理念層次　　　　A

6.能動者在結構約制下的相互學習

U

反　饋

圖例：

S結構（structure），即國際體系層次；體系由個人理念以及能動者之間的互動所構成，而結構又會反過來影響能動者。

U單元層次：單元橫跨社會互動層次以及個人層次。

X國際體系與單元間之互動形成一種動態的相互建構。

說明：1. 該圖為作者融合層次分析、跨層分析與建構主義觀點後，嘗試將之模型化之研究設計。在圖8-5中，個人理念層次（$\overline{AB}$）之能動者抱持某種原生理念想法，當它尚未進入社會層次前，該想法的影響力僅止於能動者自身。能動者一旦跨出個人層次進入社會互動層次（$\overline{BC}$），該原生理念將與社會層面其他能動單位進行互動，而進入辯證的社會互動過程。此等動態的辯證過程最終將塑造出某種文化結構（$\overline{CD}$）。此種文化結構亦將形成一種帶有社會規範（norms）之結構，回過頭來成為約制能動者的力量（$\overline{DE}$）。能動者在文化結構約制下再度透過學習並適應其與其它能動者的互動（$\overline{EF}$），最終也促使能動者重回個人理念層次並透過學習、調適形成新的理念（$\overline{FG}$）。此外，能動者之新理念仍將隨著反饋線（$\overline{GA}$）進入新一輪循環的建構互動過程，周而復始。

　　　2. 在圖8-5拋物線圖形內部即展現出建構主義理論模型與文前圖8-1至圖8-4模型之差異。就建構主義理論而言，建構主義學派之研究者見到能動者之個人層次、社會互動層次以及兩者間的互動的關係；但前面文章提到的四組理論模型僅見到「結構」與「單元」兩個分析單元。因此，建構主義所推導出來的跨層次模型更能融合能動者之個人理念（idea）與社會層次，進而與結構互動成為一種相生相成的動態之相互建構型態。

資料來源：作者製圖。

圖8-5　以層次分析為基礎之建構主義理論模型

$\overline{GA}$之流程概念。在圖8-5中，A到D之間流程反映的是建構主義之inside-out研究途徑；在D到G的流動則意指outside-in之研究途徑；G到A呈現出來的反饋作用則彰顯建構主義基本上是一種動態的、系統的、具回饋性、非純然線性，而這正是建構主義常被認為複雜的原因，同時也是建構主義之方法論之所以吸引許多學者投入心力從事研究的主要原因。因此，從圖8-5觀之，建構主義之研究方法是同時兼具inside-out與outside-in兩種研究途徑。這亦表示，建構主義者並非主張完全之"ideas all the way down"，建構主義者雖強調理念與價值之重要性，但理念與價值亦受到能動者相互作用後產生的社會結構（S）所約制；此外，圖8-5之拋物線內部顯現出如圖8-1至圖8-4之體系與單元的互動情況，圖8-5之U代表「單元」，其中圓圈涵蓋個人理念層次與社會互動層次（即圓圈內之三角形）。這兩個層次主要是說明能動者之理念形成與能動者之間的互動過程；X則代表U內部之不同單元互動後，再與S（結構）互動而產生X（即所謂相互主觀）。故X代表S與U之間的互動，即建構主義所謂之「相互主觀」下，能動者之間的相互影響或相互學習。在此階段，能動者之理念將有所改變或加強。圖8-5之特殊性為，圓圈所代表之單元圖像乃橫跨社會與個人層次，不同於Waltz、Hoffmann、Rosecrance、Keohane等人將國家（單元）視為一個整體，而不討論國家（單元）內部的互動情況。因此，我們可以進一步推論，建構主義注意到國家（單元）內部之社會以及個人理念的重要性，進而提昇跨層次分析在國際關係理論中的研究價值。

　　從圖8-5所揭示的說明內容中，我們可以看到建構主義與未來國際關係研究密切相關的特色：

　　一、建構主義之「社會結構」形成不同於結構現實主義之形成。建構主義之結構是動態的，其源頭來自於「能動者」（單元）帶著「理念」與「價值」之互動，如圖8-5中之$\overline{AB}$、$\overline{BC}$及$\overline{CD}$。結構現實主義之結構是「既定」（given）、靜態的，其源頭與單元無關。

　　二、建構主義中「能動者」的「國家認同」或「國家利益」是可以經由互動而形塑，是可以學習並改變的，如圖五之$\overline{DE}$、$\overline{EF}$及$\overline{FG}$。

此與傳統現實主義或結構現實主義僅以模糊、抽象的國家權力
（power）作為單元追求的目的（ends）及手段（means）皆有所
不同。自由制度論者雖然亦在國家認同與利益上提到「學習」，
但其理論僅止於「概念」（conception），並沒有本文圖五中所呈
現之「學習機制」（learning machine）之模型。

三、從圖8-5中之$\overline{GA}$或者G→A可以看出建構主義融合系統理論之「反
饋」（feedback）之設計，其層次之間的關係並非單純之線性
（linear）關係，而是一種不斷演變的動態流動，因此建構主義
並非純理性導向之研究。

四、建構主義的確極為強調「理念」，但並非如Wendt觀念中的"ideas
all the way down"，「理念」還是受到其他「能動者」間「相互
主觀」互動影響，並且可以學習及改變。

　　透過層次分析，融入到建構主義並製作模型後，我們發現建構主義變
得更容易能瞭解，同時也較有層次性與系統性。當然，此模型尚可以進一
步「升級」（upgrade）並改良以說明不同之理論，或與不同之議題對話。
個人在此提出「層次分析」之學理發展背景，及層次分析可能對未來研究
國關理論之功效並提出相關模型與研究設計；其目的乃希望與學術界同
仁、先進分享或學習，並期待藉著層次分析之研究設計，使得國際關係之
理論可以再精進，更能與實務對話及相互檢證以落實理論在實務政治中的
應用。

第五節　結　論

　　早期國際關係理論的研究大都以國防或外交為主要討論議題，而主管
國防或外交之政府部門在「解決實際問題」的前提下，並不十分注重國際
關係理論。近年來由於綜合安全（comprehensive security）觀念的發展與
其對實務政治的影響，「國防」或「外交」的觀念、領域及實際操作所需

的資訊、學理都與傳統安全觀念有頗大的落差。當「相互依賴」與「議題連結」等相關概念逐漸擴展並加深，許多原本「畛域」之界線逐漸被侵蝕，而「議題高低順序」的概念也逐漸變得模糊不清。在此前提下，「單一層次」的分析變得「劃地自限」或「與事實脫節」，而「跨層分析」變得更為重要。這種趨勢是後冷戰時期國際關係理論研究者共同的感受，但「層次分析」所涉及的不僅是國關理論的知識是否豐富的問題，它更涉及到相關理論在處理實務之「研究設計」問題。畢竟「跨層分析」若變成另一種藉著「議題連結」或「相互依賴」而發展出的「理論多元主義」，則其研究導向終將因「科學性」、「邏輯性」不夠簡潔而很難對實務政治之政策制定有所裨益。

在本章中，個人所提出的五個不同層次分析的模型，如圖8-1至圖8-5所呈現，並分別以Waltz、Hoffmann、Rosecrance、Kaplan/Keohane、Wendt／宋學文等人為代表，藉著不同學派在處理結構與單元之關係，本章以最簡潔的模型來說明，各學派在處理國際關係中有關結構與單元之不同研究設計。雖然，本章主要著眼點並非實務研究或實際政治，而是著眼於理論與研究設計兩個面向，但個人相信透過層次分析之相關理論及研究設計的探討，其最終目的及效果將大大提昇實際政治的個案研究與政策分析中之研究品質。這點，對吾人於未來分析複雜的兩岸關係時，若能在層次分析與研究設計上，多有著力則相信對兩岸關係的理論研究應有巨大貢獻。希望未來有更多同仁與先進一起努力，為台灣之國際關係研究奠下一個理論可以讓理論不斷創新的研究導向。

第九章　政策社群在新公共管理之角色分析：（3+1）i決策模型的建構與應用*

第一節　前　言

　　政治學內三個次領域：國際關係（R）、比較政治（CP）與公共行政暨政策（PA/PP）在台灣學術界與實務界長期以來互動並不多見，這個情形在IR與PA/PP之互動關係上，尤其明顯。[1] 當然，以上三個次領域，在其專業考量下，確有分工的必要。但個人以為政策科學（policy science）不應該被狹隘地解讀為公共政策（public policy），更不應該被認為是公共行政的一個分支。[2] 事實上，不論是IR、CP或PA/PP在涉及決策（decision making）時都可能在理論或方法論上需要政策過程（policy process）之相關知識。針對這個問題，目前台灣學者大多數將此政策過程之研究約制在其所熟稔的分析層面（level-of-analysis），而作某種「切割」（segmentation）式之研究。譬如，許多IR學者將此政策過程聚焦於「國際政治」，因此往往較注重國際體系層面（international system level）之分析；CP學者相對地較常將此政策過程聚焦於「國內政治」發展，因此也

---

* 本文曾在「從比較觀點看國家治理的新模式」研討會（2004年5月30日）中發表，國立中正大學政治系主辦，嘉義：國立中正大學。

[1] 宋學文，「全球化與全球治理對我國公共政策研究之影響：並兼論此影響在兩岸關係研究之意涵」〉，**中國大陸研究**，第44卷第4（2001年），頁1-7。

[2] Michael Hill, *The Policy Process in the Modern Stat* (Hemel Hempstead: Prentice Hall/Harvester Wheatsheaf, 1997), pp. ix-xi；宋學文，「全球化與全球治理對我國公共政策研究之影響：並兼論此影響在兩岸關係研究之意涵」〉，中國大陸研究，第44卷第4期（2001年），頁2-3。

就較注重民主化、政黨或選舉等國內政治結構層面（domestic political structure level）之分析；而PA/PP學者則傾向於將此政策過程置於「行政組織或文化」之框架下解決相關之政策問題，因此較注重組織、管理等決策層面（decision-making process level）之分析。以上這種透過層面切割之分工之優點是可以將研究議題聚焦於一個較細緻及專業的層面；但成本至少包括下列三個面向：

一、分工專業之「切割」研究，是否可以將「切割加總」（aggregation of segments）問題；

二、透過「局部」（parts）之微觀（micro）研究結果，是否可達到理論建構（theory construction）並達到一個好理論必須具有之解釋、分析或預測能力。換句話說，微觀理論是否可以作巨觀（macro）之延伸應用，並在理論上或實際政治事實上，達到其解釋力之完備（comprehensiveness）之境界；[3]

三、任何決策都可能涉及一個以上的分析層面，而此不同分析層面的互動，正是在處理政策過程中所涉及「科際整合」（interdisciplinary）之方法論，必須首先面對的問題。「切割」導向之研究是否規避了此一問題，從而間接造成許多政策科學之研究長期以來不易達到「科際整合」之問題癥結所在。

在全球化與全球治理之衝擊下，政治學三個次領域之研究必將在「科際整合」之考量下，更加注重此三個次領域之對話與互動；[4] 因此，政治學三個次領域間之對話與互動，或政治學與其他社會科學間之對話、互動，將會是一個日益迫切之命題。任何人想針對一個政治議題，作深入、

---

[3] Kenneth Waltz, "Thoughts about Assaying Theories," in Colin Elman and Miriam Fendius Elman, eds., *Progress in International Relations Theory: Appraising the Field.* (Cambridge: The MIT Press, 2003), pp. vii-xiv. ; Colin Elman, and Miriam Fendius Elman, eds., *Progress in International Relations Theory: Appraising the Field.* (Cambridge: MIT Press, 2003), pp. 1-20.

[4] 宋學文「全球化與全球治理對我國公共政策研究之影響：並兼論此影響在兩岸關係研究之意涵」，**中國大陸研究**，第44卷第4期（2001年），頁1-7。

全面之瞭解或建構一個相對完備（comprehensive）之理論，都有必要正視「科際整合」此一高理想、高難度之相關研究方法與理論。而本章「政策社群在新公共管理之角色分析：（3+1）i決策模型的建構與應用」即欲利用一些政策科學相關之理論及研究方法之設計，應用到一般公共行政學者較陌生之兩岸關係及國際關係領域，以推動科際整合之發展。[5]

第二節　為何要將政策科學應用在美─中─台三角關係之研究上

　　目前國際關係、兩岸關係之研究面臨最大的挑戰即為在議題研究上有關分析層面之分工與整合的問題；從另一方面來說，PA/PP之學者亦甚少將其政策科學之知識應用到IR或兩岸關係上。但兩岸關係或IR之研究，不但需要IR知識亦需政策科學之學理，才能作更為全面之研究。吾人為了要研究某一個議題，可能會同時需要IR及PA/PP之知識與學理。譬如，在2004年台灣總統大選後，執政黨為了要因應日益複雜之兩岸關係與美─中─台三角關係所採取的「維持現狀」（maintain the status quo）政策，可能需面臨下列問題：

1. 「維持現狀」之意含為何？[6]
2. 「維持現狀」之政策制定背景為何？[7]
3. 「維持現狀」之政策制定過程為何？

---

[5] 有關層面分析之研究不但涉及理論，亦涉及方法論，目前在台灣涉及此方面之研究極少，請參考：宋學文，「從層次分析（level-of-analysis）探討霸權穩定論：一個國際關係理論演化的研究方法」，**問題與研究**，第43卷第2期（2004年），頁171-196。宋學文，「全球化與全球治理對我國公共政策研究之影響：並兼論此影響在兩岸關係研究之意涵」，**中國大陸研究**，第44卷第4期（2001年），頁1-7。黃紀，「實用方法論芻議」，載何思因、吳玉山主編：**邁向21世紀的政治學**（台北：中國政治學會，2000年），頁107-139。

[6] 宋學文，「闡述『維持現狀』（maintain the status quo）對台灣前途之意涵：動態平衡的模糊過度途徑」，**台灣民主季刊**，第1卷第2期（2004年），頁167-191。

[7] 同上註。

4.「維持現狀」所涉及政策之理論依據為何？
5.「維持現狀」所涉及政策之複雜因素，能否在政策面以模型呈現之？

　　對IR之學者來說，以上五個命題中命題1及命題2可透過所謂的國際關係學理來分析；但命題3、4、5輒溢出傳統IR之研究範圍與興趣。因為命題3、4、5之分析層面已逐漸由IR學者較熟悉的第一個分析層面（國際體系層面），降為第二個分析層面（國內政治結構層面）及第三個層面（政策過程層面）。其中，政策過程層面又常溢出傳統政治學範圍，而需應用更為廣泛之社會科學知識（如心理、社會及大眾傳播）。針對此，本文以「維持現狀」作為一個政策過程研究之議題，並透過政策制定之學理進行政策制定層面之分析。在進行「維持現狀」此一議題之政策制定分析前，吾人有必要瞭解政策過程中的相關學理。

第三節　政策社群在政策過程之角色

　　有關政策過程的研究，在早期研究主要是著重在公共行政對官僚體系之組織或功能之研究，這種研究導向將研究重心置於政策過程之「內部組織的管理」上，也就是一般PA學者所熟悉之「內部單元」（internal components）層面之管理。[8] 但晚近PA之學者，則注意到一些內部組織無法直接控制，但又會影響組織或政策結果之「其他因素」上。這些「其他因素」對傳統之PA學者來說，已溢出靜態、較易分析之官僚組織層面，而屬於動態、較難分析之「外部環境因素」（external constituencies）；本質上它是屬於一種決策之支撐系統。這種著重外部環境管理之研究導向，強

---

[8] Allison Graham, "Public and Private Management: Are They Fundamentally Alike in All Unimportant Respects," in Frederick S. Lane, ed., *Current Issues in Public Administration* (New York: St. Martin's Press, 1982); Hughes, Owen E., *Public Management and Administration: An Introduction* (New York: St. Martin's Press, Inc., 1998), pp. 167-188.

調政府並不能在「行政組織」之領域內有效地支配、管理其有限的行政資源，以完全掌握政策之制定。[9] 因此，主張「外部環境因素」之學者，如 Graham Allison強調為了要落實決策支撐系統，外部環境之管理必須涉及（1）與同組織內之不同單位打交道；（2）與其他獨立組織打交道；（3）與媒體或大眾打交道。這些政府必須打交道的單位，在傳統上皆不屬於政府內部組織或官僚組織研究之範疇。[10]

　　Pross針對以上三個Allison所謂打交道的對象及政府本身，闡揚政策社群（policy community）之觀念，[11] 並將政策社群定義為：「在政治系統中具有特殊職能責任、利益與專業知識的一部分；不但擁有在某個特殊公共活動領域中對政府決策的論述，並且亦被社會大眾及該特殊領域之公共權威所承認」（that part of a political system that by virtue of its functional responsibilities, its vested interests, and its specialized knowledge – acquires a dominant voice in determining government decisions in a specific field of public activity, and is generally permitted by society at large and the public authorities in particular to determine public policy in that field）。依此定義則所謂的政策社群（policy community）是指在公共政策制定過程中最具影響力的四個單元，包括：一、學者與政治菁英；二、利益或壓力團體；三、政府組織與制度；四、媒體或新聞機制。傳統之公共行政邏輯下的政策管理在韋伯式的官僚組織運作機制下，不是忽略上述一、二、四等單位之角色，不然就是將上述三個單位置於行政權力管轄下，而不具決策角色之單位，也就是將學者與政治菁英、利益與壓力團體及媒體或媒體與新聞機制視為行政管轄權下之單位，而甚少平等對待之。就算晚近一些PA學者有注意到上述政策社群之在政策過程之重要角色，但亦常將此四個單元作分開或相互

[9]　James Q. Wilson, *Bureaucracy: What Government Agencies Do and What They Do It*. (New York: Basic Books, 1989), p. 115.

[10]　Allison Graham, "Public and Private Management: Are They Fundamentally Alike in All Unimportant Respects," in Frederick S. Lane, ed.,*Current Issues in Public Administration*. (New York: St. Martin's Press, 1982), p. 17.

[11]　Paul A. Pross, *Group Politics and Public Policy*. (Toronto: Oxford University Press, 1986), p. 98.

獨立之研究，而忽略了其間互動或脈絡關係。[12] 其結果為許多政策科學相關的研究往往流於制式或僵硬的線性政策過程（linear policy process），而不能建構一個兼具政策系絡（policy network）與政策系統（policy system）之政策制定與管理的模式。[13] 這個情形反映在「維持現狀」之政策制定過程研究中，就極有可能出現因「切割」研究而衍生之種種「片面」或「武斷」之政策觀點。事實上，在新公共管理之時代中，不但強調政策內之組織單元之互動關係；同時也強調政策外環境或網絡對政策之約制與機會。因此，在新公共管理之思維下，此四種單元對政策之制定與管理必須同時強調其四個單元之靜態結構之對應關係與動態結構之互動過程。針對此，本文將建構（3+1）i 決策模型來說明多元主義（multiplism）對政策制定之動態觀點。

　　相較於邏輯實證論（logic positivism）執著於某一個特定議題之特定面向（尤其是技術面）之「切割」研究，多元主義強調政策過程之多元角色（multiple roles）、多元面向（multiple perspectives）以及多元技術（multiple technology）之研究導向。[14] 這種研究導向的優點是將許多影響政策之單元作較為廣博之分析，其缺點為分析單元較多，有時會產生因果關係（causal effect）間不夠「簡約」（parsimonious）的問題，[15] 因為從理論的角度來說，多元主義乃是一種批判性的理論（critical theory），所以基本上它的分析架構是較為複雜的。為解決多元主義不夠「簡約」的問題，本文乃欲透過模型之建構（model constructing）之方式來說明多元主義內不同因素間之互動關係，它的特色是嘗試將多元分析單元視為一個具有特殊系統之綜合體，這個綜合體是由政策科學社群中一群相關理論透過

---

[12] Thomas D.Cook, "Postpositivist Critical Multiplism," in Shortland R. Lane and Mark Melvin M. eds., *Social Science and Social Policy*. (Beverly Hills: Sage Publications, 1985), pp. 21-62.

[13] David Knoke, *Political Network: The Structural Perspective*, (Cambridge: Cambridge University Press, 1990), pp. 1-27 ; Deborah Stone, *Policy Paradox: The Art of Political Decision Making*. (New York: W.W. Norton and Company, 1997).

[14] Mary E. Hawkesworth, *Theoretical Issues in Policy Analysis*. (Albany: State University of New York Press,1988).

[15] Kenneth N.Waltz, *Theory of International Politics*. (New York: McGraw-Hill, Inc., 1979).

研究設計（research design）而成。其原理透過模型之設計，可以將頗為複雜多元之影響決策因素，簡約成為一個模型，再藉由此模型提供一套可以說明複雜政策過程之簡易決策流程。它所欲強調的是一種「歸納的似真性」（inductive plausibility），而非確定性（certainty），[16] 這種「歸納的似真性」主要揭櫫影響決策多元因素之間的「政策相關性」（policy relevant）。[17] 由於多元主義之批判屬性，有關多元主義相關學理如何應用於政策過程之文獻極為繁多；本章針對政策社群中之四個單元，提出各自之理論觀點，並說明此四個單元間之脈絡性，以建構此四個單元在決策系統中之相對關係：

一、學者與政治菁英：政策制定中有關理念之分析

主張一個政策的形成或一個政策問題的解構或建構，首先往往由學者與政治菁英在理念（ideas）上扮演倡導者（advocate）之角色。學者與政治菁英在此需針對大社會（great society）中形形色色之不同意見、價值、倫理、心理、組織等多元觀點進行分析（Analyses of Multiple Perspectives），並提出一個易懂之「理念」來作為問題建構（problem structuring）之指導原則或政策問題之心理圖像（mental maps of policy problem）。[18] 至於「理念」為何能在政策過程中影響政策之產出呢？依據Goldstein與Keohane之研究，理念可以透過三個因果途徑來影響政策：[19] 理念可以在個人面臨各種選擇時，指導其偏好；或在其多元政治策略與政

---

[16] Donald T. Campbell, *Methodology and Epistemology for Social Science: Collected Papers*. (Chicago: University of Chicago Press,1988); Thomas D. Cook and Donald T. Campbell, *Quasi-experimentation: Design and Analysis Issues for Field Settings* (Boston: Houghton Miffin Company, 1979).

[17] William N. Dunn and Rita Mae Kelly, eds., "Advances in Policy Studies Since 1950, "*Policy Studies Review Annual*. New , Vol. 10 (Brunswick: Transaction Books, 1992), pp. 293-328.

[18] Judith Goldstein, and Robert Keohan, "Ideas and Foregn Policy: An Analytical Framework," in Judith Goldstgein and Robert Keohane, eds., *Ideas and Foreign Policy: Beliefs, Institutions, and Political Change* (Ithaca, N.Y.: Cornell University Press,1993), pp. 11-26.

[19] Ibid. pp. 12-26.

策目標間提供一個指導原則。因此理念具備「地圖」（road map）的功能，一旦政策目標已確定，可以使決策者不致迷失在因策略性考量而有的多元政策選項（policy alternatives）中。其次，理念可以在政策目標尚有爭議的階段，也就是在國內政治力量或其他利益團體對決策者所提出的政策目標，未能形成共識時，提供一套策略性之互動方式（strategic interactions）以取得對決策者在推動其政策時，能取得最有效之結果。在此種情形下，決策者之理念可以扮演凝聚（glue）各方不同意見之工具。最後，理念必須透過制度化（institutionalization）來保障並鞏固其政策目標。事實上，任何理念一旦透過立法程序，並形成制度時，此理念即已落實政策中，並進入實際執行階段。在此，要特別強調的事是，學者與政治菁英在作理念倡導之際，並非只反應某個特定個人之理念，而是企圖將其個人理念與更多學術或政治菁英結合。並透過多元觀點分析對各種不同理念進行辯證，藉以提昇某個特殊理念之「似真性」或「可行性」。否則，多元主義將會淪為「披著民主多元外衣之菁英威權政治」。[20]

二、利益與壓力團體：政策制定中有關利益之分析

　　利益與壓力團體之研究，主要是受到多元主義學派在政策制定之外環境研究上之影響，如Schumpeter、Truman、Jordan and Richardson、Bentley等人影響。[21] 他們認為一個民主發展愈成功的國家，其政策結果愈是社會多元利益與壓力團體與政府機關妥協之產物，而非單單在官僚組織內可制定。因為民主政治會激發人民透過多元不同管道來表達其心聲，而利益與壓力團體會尋找與這些不同管道結合之途徑，以保障或追尋其利益。[22] 針

---

[20] Schattschneider, T*he Semi-Sovereign People*, (The Dryde Press, 1960), p.35.

[21] J. Schumpeter, *Capitalism, Socialism and Democracy* (London: Allen and Unwin, 1947); D. Truman, *The Government Process* (New York: Alfred Knopf, 1958); A. G. Jordan, and J. J. Richardson, *British Politics and the Policy Process* (London: Unwin Hyman, 1987); A. F. Bentley, *The Process of Government*. (Cambridge: Belknap Press,1967).

[22] J. Schwarzmantel, *The State in Contemporary Society* (Hemel Hempstead: Harvester Wheatsheaf, 1994), p. 50.

對此，Dahl與Polsby進一步指出：[23] 沒有任何個人和團體是完全不具影響力的，而且主張政治權利之基本根源（如知識、金錢、資訊）是零碎而分散的，並不能為任何一個人或組織所壟斷。沿著這個邏輯，公共選擇（public choice theory）提供了多元主義者有關利益與壓力團體之理論依據。公共選擇理論將自利（self-interest）視為政治行為中最重要的動力來源。在政治市場的觀念下，不論是政府、政黨與其他組織，都必須使出渾身解數，來爭取壓力團體的支持，並藉以獲得執政獲分配政治權力之機會。[24]

　　至於決策者是否能整合各方不同利益團體來支持其理念，則涉及國家機制之研究。像在日本、瑞典和奧地利的國家中，往往有某特定團體得到國家的特許、承認或鼓勵，有權代表其社會部門，有時還可以提出自己的理念與政府共同構思、執行政策，甚至在某些議題上有主導政府的地位，我們稱之為新統合主義的國家（neocorporatist state）。[25] 而當此種利益團體的力量大到可以左右政府之公共政策時，公共利益就受到了此利益團體之嚴重侵蝕。而此利益團體對政策之影響力愈大，人民之損失也愈大，從而斲斷國家之利益，逐漸地，政府將無法負荷利益團體所施諸於其上之壓力；主張此種看法的學者稱之為超負荷理論家（overload theorists）。[26]

　　但有些學者從另一方面來強調國家機制，卻認為利益團體的建立與運作都是依照國家機制訂定、執行的規則，所以利益團體事實上是受到無所不在的國家機制作用所影響。此派的學者強調「把國家機制帶回來」（bring the state back in）（Evans, Rueschemeyer and Skocpol, 1985）。這些支持國家機制的學者，除了批判超負荷理論之外，他們也反對多元主義者

---

[23] Robert Dahl, *Who governs?* (New Haven, Yale University Press, 1961); Nelson W. Polsby, *Community Power & Political Theory* (New Haven: Yale University Press, 1963).

[24] P. D. Auster and M. Silver, *The state as a firm: Economic forces in political development* (Studies in Public Choice, 1979).

[25] Gerhard Lehmbruch and Philippe Schmitter eds., *Patterns of Corporatist Policy Making* (Sage Publications, London and Beverly Hills, 1982).

[26] Anthony King ed., *The New American Political System.* (American Enterprise Institute, Washington D.C., 1978); James O'Connor, *The Fiscal Crisis of the State.* (New York: St Martin's Press, 1971); S.E. Finer, *Anonymous Empire* (London: Pall Mall Press, 1966).

如Dahl與Lindblom所謂「利益團體與國家機制是分庭抗體的組織,[27] 利益團體是自發創建的,是在國家機制之外的自主性組織,甚至會反施壓力給國家,以制定對其有利之政策」。譬如,Skocpol認為多元主義者太過高估「社會為中心」的力量,以至於忽略了決策者之決心與其掌握之行政力量。Eric Rordlinger甚至主張國家機制可以自由行動,不理會任何利益團體的意願而行事;國家機制可以藉著聯合某些利益份子,和其他利益份子抗衡,以沖銷利益份子對國家政策之反對力量;國家機制也可以利用策略聯盟的方式選擇自己的合作夥伴,以落實其理念於組織與制度中。針對以上兩種不同之理論,本章主張所謂的「國家」或「政府」,其實在本質上也是某種形式之利益團體。[28] 畢竟,公務員必須在政策社群中尋找或製造其特定政策之支持者,以裨於政策更容易、更經濟,也更有效地制定及執行。[29] 這表示政策不是由政治人物做成,也不是政治人物協同官僚組織做成,而是經由政府和利益團體間之互動而做成。[30] 從政策制定的角度來說,利益團體與壓力團體與政府之間的關係,既有競爭的部分,亦有合作的部分。

三、政府組織與制度:政策制定過程中有關制度化之分析

在傳統之公共行政觀點下,政策制定之原因、工具大致上由政府或公部門所掌握。近年來,由於新公共管理強調政府與人民之契約關係,及公部門逐漸納入私部門之管理方式後,政府在政策制定之角色有逐漸融合公

---

[27] Robert Dahl, *Dilemmas of Pluralist Democracy* (Yale University Press, New Haven, 1982); Charles E. Lindblom, *Political and Markets: The World's Political Economic System* (Basic Books, New York, 1977).

[28] J. J. Richardson, and A. G. Jordan, *Governing under Pressure: The Policy Process in a Post Parliamentary Democracy* (Oxford: Martin Roberston, 1979), p. 25.

[29] Paul A. Pross, *Group Politics and Public Policy* (Toronto: Oxford University Press, 1986), p. 132. ; James Q. Wilson, *Bureaucracy: What Government Agencies Do and What They Do It* (New York: Basic Books, 1989), p. 81.

[30] J. J. Richardson, and A. G. Jordan, *Governing under Pressure: The Policy Process in a Post Parliamentary Democracy* (Oxford: Martin Roberston, 1979), pp. 73-74.

部門與私部門之趨勢。[31] 譬如，新公共管理主義者強調由官僚來提供人民服務並非是政府行動的唯一選擇，政府應扮演的角色是「掌舵」（steering），而非划槳（rowing）。[32] 儘管在多元主義觀點中，政府在政策制定的過程中，能扮演的角色變得愈來愈不確定，但政府乃掌握一些對政策制定有巨大影響力之工具，譬如：供應（provision）、補貼（subsidy）、生產（production）及管制（regulation）等。透過這些工具，政府仍然可以在主導「契約」的前提下，達到兼具「掌舵」與「划槳」的功能。其理論依據為「市場失靈」（market failure）。[33] 市場失靈理論不但在「議題領域」提供政府干預之合法性與正當性：如教育、交通、國際、國家安全、環境、社會福利等議題，不易透過「市場」或「契約方式」由民間負責。就算這些「議題」可部分經契約方式由民間提供「服務」（service），但民間只能達到「服務」之功能，並不能完成「治理」（governance）之責任；因此，新政府運動（reinventing government）之主要目的不是在削弱政府組織之功能或將政府組織功能讓渡給民間，而是提供政府組織一種具有「企業」能力之治理模式。[34]

　　除了議題領域外，「市場失靈」理論亦透過「善治」之論述，提供政府干預之正當性與合法性。[35] 這些政府在干預層面之必要性至少包括下例六點：（1）交易資料之完整性與恰當性問題；（2）交易成本（transaction cost）可能有礙交換之問題；（3）某些市場可能不存在，因為資訊分配不當或不均衡，或是不能保障契約之履行；（4）大型企業對

[31] Richard A. Musgrave and Peggy B. Musgrave, *Public Finance in Theory and Practice* (New York: McGraw-Hill, 1989), p. 4.

[32] E. S. Savas, *Privatization: The Key to Better Government* (Chatham: Chatham House, 1987).

[33] Kieron Walsh, *Public Services and Market Mechanism* (London: Macmillan, 1995), pp. 6-12.

[34] David Osborne and Ted Gaebler, *Reinventing Government: How the Entrepreneurial Spirit is Transforming the Public Sector* (Reading: Addison-Wesley, 1992), p. 45 ; Jon Pierre and B. Guy Peters, *Governance, Politics and the State* (New York: St. Martin's Press, 2000).

[35] Jon Pierre and B. Guy Peters, *Governance, Politics and the State* (New York: St. Martin's Press, 2000), pp. 1-10.

市場價格壟斷或操控問題；（5）因交易而產生的外溢效果，可能會危及國家或社會；（6）某些財貨或服務深具公共性，因此無論個人是否付費，皆可分霑其利，所衍生的社會資源分配問題。

最後，從官僚組織在政策制定的角色來看，事實上，幾乎所有的政策制定所涉及之抉擇、說服、協調、承諾、威嚇或命令，幾乎無一沒有官僚或政府組織之介入。[36] 即使政務官、立法者與法院主控最重要之政策制定，但這些政策，大都事先經過官僚的規劃、設計或過濾選擇。因此，政府組織與官僚在政策之「執行」（policy implementation）上，常在技術操作層面（operational level）上，扮演極為重要的角色，而非指示「傳令者」（messenger）或所謂的「行政中立者」之角色。

四、媒體或新聞機制：政策制定過程中有關資訊機制之分析

將媒體或新聞機制納入決策過程中，對政策科學之研究來說，是晚近民主決策之延伸。愈是在威權體制的國家，媒體在政策過程中的角色，就愈易淪為威權宣傳之工具；愈是在民主多元之社會中，媒體對政策制定影響之角色就愈為重要，而成為政策制定之重要因素。其原因為愈是民主化之國家，則公共事務管理者愈需要媒體或大眾傳播之支持、同意或默許。[37]

至於媒體或大眾傳播對政策制定之效果為何？在研究傳播之學術領域中，有許多見仁見智的看法。其中包括將大眾傳播之效果作極大誇張之「子彈理論」（bullet theory），[38] 及對大眾傳播效果持批判與保留的「有

---

[36] Carl J. Friedrich and Edward Mason, eds., *Public Policy 40* (Cambridge: Harvard University Press, 1940), p. 6 ; Francis E. Rourke, *Bureaucracy, Politics, and Public Policy* (New York: Longman, 1989).

[37] Graham Allison, "Public and Private Management: Are They Fundamentally Alike in All Unimportant Respects," in Frederick S. Lane, ed., *Current Issues in Public Administration* (New York: St. Martin's Press, 1982), pp. 17 ; Paul A. Pross, *Group Politics and Public Policy* (Toronto: Oxford University Press, 1986).

[38] S. H. Chaffee and J. L. Hochheimer, "The Beginnings of Political Communication Research in the United States: Origins of the "Limited Effects Model," in M. Gurevitch and M. R. Levy, eds. *Mass Communication Review Yearbook*, Vol. 5 (1985), pp.75-104.

限效果模式」（the limited effects model）。[39] 相較於「子彈理論」強調大眾傳播可以「非常有效地」影響閱聽人之態度，「有限效果理論」對大眾傳播效果採取較為保留的立場，並提出幾個對政治傳播來說極為重要的觀點，包括：（1）大眾傳播效果不能由大眾傳播本身單獨決定，而是與其他因素相結合後，才可能產生效果；（2）大眾傳播對效果來說，既非充分亦非必要條件，它比較像觸媒或催化劑的角色；（3）大眾傳播透過一些中介因素（mediating factors），確有強化現狀之效果，但大眾傳播並非造成此種效果之唯一因素，它往往需配合其他因素，才能達到最大的效果。[40]

但隨著1970年代後，傳播科際與資訊之發達，大眾傳播之「有限效果理論」又因一些研究結果作了一些修正，並朝「中度效果論」之方向發展。這些研究結果包括：

(1)「潛化理論」（cultivation theory）：強調現代社會人們資訊主要透過電視獲得，而工商時代之社會人們，花大量時間在看電視並以看電視取代其他活動之同時，已然被電視潛移默化地灌輸、型塑或改變某些社會價值，從而產生對公共政策之種種陟罰臧否；[41]

(2)「沈默螺旋理論」（theory of spiral of silence）：強調對於爭議事件，人們首先會產生一些「民意分布」（distribution of public opinion）之觀點，並在與自己觀點相似或相同的場合勇於表現自己觀點；但在與自己不同或相反意見佔多數之場合保持緘默，以免自己被孤立。[42] 此沈默螺旋理論在政治或政策上之展現，即為一般民間所謂之「西瓜偎大邊」的效果；

---

[39] J. C. Klapper, *The Effects of Mass Communication* (New York: Free Press, 1960).

[40] Ibid. p. 8.

[41] G.. L. Gloss Gerbner, M. Morgan and N. Signorielli, "The 'Mainstreaming' of America: Violence Profile No. 11, "*Journal of Communication,* vol. 30, No, 3 (1980), pp.10-29.; B. Dole,*Text of Remarks by Senator Bob Dole* (Los Angeles, Calif. May 31, 1995).

[42] E. Noelle-Neumann, *The Spiral of Silence: Public Opinion—Our Social Skin,* 2nd ed., (Chicago: University of Chicago Press, 1993), p. 202 ; D. McQuail and S. Windahl, *Communication Models for the Study of Mass Communication* (London: Longman, 1981), p.68.

(3)「媒體霸權論」（media hegemony）：此理論強調大企業或資本主義利用其強大之資金壟斷媒體，並將媒體由「傳播角色」進一步改造成「型塑觀念，或創造價值之角色」，從而主控或宰制老百姓之意識形態。[43] 此種觀點強調在政策形成中，媒體已然成為統治階級在政策制定之工具；

(4)「社會學習理論」（social learning theory）：此理論認為人有認知、思維、比較之能力，而媒體可以提供一些他人經驗或觀點，來取代自己親身之經驗，而達到「不需親歷其境，就能學習」之效果。此理論也間接支持媒體會顯著地影響人們的政策態度；[44]

(5)「大效果模式」（the powerful-effects model）：此理論基本上是回應並加強沈默邏旋理論，並透過許多普遍存在之事實、實證、統計、社會調查及比較研究等方法來加強媒體行銷之效果，從而達到影響閱聽人之認知、態度與行為。[45]

以上五個有關大眾傳播效果之理論，告訴我們媒體效果之發展途徑大致上有著如下之歷史演化途徑：「子彈理論模式」（1920-1940）→「有限效果論模式」（1940-1960）→「中度效果論模式」（1960-1980）→「大效果論模式」（1980～迄今）。[46] 從這個歷史發展途徑中，我們可以發現媒體效果與社會結構之其他系統有密切關係。媒體雖不能單獨產生巨大效果，但當它與社會結構內其他系統結合相互作用時，就算是一些微弱之社

---

[43] D. L. Sallach, "Class Domination and Ideological Hegemony," *Sociological Quarterly,* vol. 15, No. 1 (1974), pp. 38-50; W. A. Gamson, D. Croteau, W. Hoynes, and T. Sasson, "Media Images and the Social Construction of Reality." *Annual Review of Sociology,* vol.18 (1992), p. 382.

[44] A. Bandura, *Social Learning Theory*. Englewood (Cliffs: Prentice-hall, 1977).

[45] E. Noelle-Neumann, *The Spiral of Silence: Public Opinion—Our Social Skin*, 2nd ed. (Chicago: University of Chicago Press, 1993); S. J. Ball-Rokeach, M. Rokeach and J. W. Grube, *The Great American Values Test: Influencing Behavior and Belief through Television* (New York: Fress Press,1984).

[46] W. J. Severin & Tankard, J. W.／**羅世宏譯，傳播理論：起源、方法與應用**（台北：五南，2000年），頁350。

會因素，也可在多元交錯下，透過媒體產生許多不容政策學者忽視的效果。[47]

　　以上政策社群之四個單元：「學者與政治菁英」、「利益與壓力團體」、「政府組織或制度」以及「媒體與新聞機制」，即為本文所欲建構（3+1）i決策模型之四個組成單元。為了方便建構模型，本章將此四個單元分別以1i、2i、3i與4i作為代表：

　　1i：學者與政治菁英：以「理念」（ideas）為代表；

　　2i：利益與壓力團體：以「利益」（interests）代表；

　　3i：政府制度與組織：以「制度化」（institutionalization）為代表

　　4i：媒體與新聞機制：以「新聞機制」（information mechanism）為代表。

　　至於本章將政策社群之四個單元建構為（3+1）i決策模型，而並非「4i決策模型」之理由有以下三點：

第一、從大眾傳播之效果來說，我們很難視媒體為政策制定之一個獨立之自變項，它的功能與角色必須與政策社群中之其他社會因素（如學者、利益團體或政府）相互交錯作用之後，才能評估其效果之大小；[48]

第二、有關媒體之多元性與其定義困難的問題。特別是今日之「媒體」已非昔日之平面媒體（如報紙）或電訊媒體（如電視）如此易於定義，它已發展極為多元且複雜之面貌，如網際網絡、超大型電子看板、CD、錄影機等新媒介（new media）已呈現出快速且連續之新傳播方式。[49] 這種現象，使得「媒體」可以

[47] K. W. Deutsch, "What Do We Mean by Advances in Social Sciences?" In K. W. Deutsch, A. S. Markovits, and J. Platt, eds. *Advances in the Social Sciences, 1900-1980: What, Who, Where, How?* (Cambridge: Abt Books, 1986), pp. 1-12.

[48] Ibid..

[49] Jorge Reina Schement & Curtis, Terry, *Tendencies and Tensions of the Information Age: the Production and Distribution of Information in the United States* (New Brunswick, N.J.:

「化身」、「藏匿」或「融合」為政策社群中之「學者與政治菁英」（1i）、「利益與壓力團體」（2i）或「政府與官僚組織」（3i）中。其理由在於媒體與政策社群之其他單元間的界線有越來越模糊的趨勢，而這正反映了「內容出版者、生產者、分配者、消費者和評論者之間的界線以趨於模糊」的事實；[50]

第三、媒體在（3+1）i決策模型中所扮演之「控制閥」角色。這個「控制閥」的觀念在David Easton之系統理論中，特別是「回饋」（feedback）之功能上，有著極為重要之意涵。[51] 若我們是政策之制訂過程為一「有機性」或「生命性」的系統，則政策制定時之「生命現象」必須給予分析。依照Easton之「回饋」觀念，政策系統中之「回饋」必須受制於某種「控制閥」，當政策窗或政策環境鼓勵或支持此政策方向時，此「控制閥」將對此「回饋」現象有「加強」或「支持」之功能；反之，此「控制閥」會對此「回饋」現象發揮「抑制」或「阻止」之功能，以符合「人工控制學」（cybernetic）之觀念。[52]

第四節　政策社群與（3+1）i決策模型之關係

針對政策社群在（3+1i）決策模型之建構過程中之角色，今說明如下：

Transaction Publishers.1995).

[50] Denis McQuail著，陳芸芸, 劉慧雯譯，特新大眾傳播理論（台北：韋伯，2003年），頁165。

[51] David Easton, *System Analysis of Political Life* (New York: Wiley, 1965).

[52] John Steinbruner, "Beyond Rational Deterrence: The Struggle for New Conceptions," *World Politics,* vol.28, No.2 (1976), pp. 223-245 ; Alex Mintz, "The Decision to Attack Iraq: A Noncompensatory Theory of Decision Making," *The Journal of Conflict Resolution,* vol. 37, No. 4 (1993), pp. 595-618; Ian Bellany, "Defensive Arms and the Security Dilemma: A Cybernetic Approach," *Journal of Peace Research,* vol. 33, No.3 (1996), pp. 263-271.

　　雖然理念與政策產生之間「當有某種關連」是一個普遍的常識，但有關理念之研究卻一直為經濟學家與政治學中理性學派所質疑；甚至有些時候理念被視為只不過是政客們為了譁眾取寵與合法化其個人私利之工具。[53] 究其原因，是長期以來理念與政策間關係之研究，往往著重於心理、價值層面之分析，而較少在理念「如何」影響政策上著墨。Goldstein 與 Keohane即針對此缺憾提出理念如何影響政策之決策分析模型。依據Goldstein與Keohane之理論，理念可以透過三個因果途徑來影響政策：[54] 理念可以在個人面臨各種選擇時，指導其偏好；或在其多元政治策略與政策目標間提供一個指導原則。因此理念具備「地圖」（road map）的功能，一旦政策目標已確定，可以使決策者不致迷失在因策略性考量而有的多元政策選項（policy alternatives）中。因此，「理念」在（3+1i）決策模型中，扮演著「問題建構」或「政策問題」之提倡者之角色，它是（3+1i）決策模型中之「1i」。

　　其次，理念可以在政策目標尚有爭議的階段，也就是在國內政治力量或其他利益團體對決策者所提出的政策目標，未能形成共識時，提供一套策略性之互動方式（strategic interactions）以取得對決策者在推動其政策時，能在利益或壓力團體間取得最有效之結果。在此種情形下，決策者之理念可以扮演凝聚（glue）各方不同意見之工具去平衡各種利害關係人（stake holder）之關係。換句話說，「理念」（1i）在（3+1i）決策模型中，有「引導」或「凝聚」「利益」（2i）之功能。

　　最後，理念必須透過制度化（institutionalization）來保障並鞏固其政策目標。事實上，任何理念一旦透過立法程序，並形成制度時，此理念即已落實政策中，並進入實際執行階段。換句話說，此時1i與2i皆已滿足開

---

[53] Kenneth A. Shepsle, Comment In *Regulatory Policy and the Social Science* (Berkeley: University of California Press,1985), pp. 231-237; Charles L. Schultze, *The Public Use of Private Interest* (Washington, D.C.: Brooking Institution, 1977).

[54] Judith Goldstein and Robert Keohan, "Ideas and Foregn Policy: An Analytical Framework," in Judith Goldstgein and Robert Keohane, eds., *Ideas and Foreign Policy: Beliefs, Institutions, and Political Change* (Ithaca, N.Y.: Cornell University Press,1993), pp. 11-26.

啟政策「論述窗」（discourse window）之條件，而朝制度化（既定政策）之方向發展。[55]

Goldstein與Keohane雖然用心良苦地將「理念」會影響政策作了一個很有系統之分析，但此一分析架構仍有一個很明顯的遺漏：即在理念如何影響政策的途徑中，他們只是很籠統的提出決策者可以利用其理念來「凝聚」對其政策目標持不同見解之個人或團體；但至於「如何」凝聚的方面，他們也僅提到以理念可以透過影響策略互動的方式來整合各方不同之意見。[56] 其所遺漏之處為決策過程中最重要，也最不易分析之變數：有關利益團體與政策互動的研究。而Goldstein與Keohane之所以在「理念如何凝聚並整合各方不同之政策意見」議題上，沒有太多著墨，其原因之一即為：若要探討此一問題，則必需涉及政策分析或決策過程之研究。

為解決此一遺憾，我們可先瞭解Deborah Stone在1997年出版之*Policy Paradox: The Art of Political Decision Making*一書中所論及之決策模型。首先，Stone也與Goldstein與Keohane一樣認為決策者理念或價值會大大地影響政策的產出；甚至，她認為理念與價值是一切政策之本源。[57] 但Stone認為目前一般研究決策分析的學者所主張的三大決策模型有其修改之必要；因此，Stone乃針對目前一般大眾所熟悉的三大決策模型提出修正之意見：[58]

---

[55] M. Hajer, "Discourse Coalitions and the Institutionalization of Practice: The Case of Acid Rain in Britain." In F. Fischer and J. Forester, eds. *The Argumentative Turn in Policy Analysis and Planning* (Durkam: Duke University Press, 1993); L. G. White, "Policy Analysis as Discourse," *Journal of Public Policy Analysis and Management,* vol. 13, No.3 (1884), pp. 505-529.

[56] Judith Goldstein and Robert Keohan, "Ideas and Foregn Policy: An Analytical Framework," in Judith Goldstgein and Robert Keohane, eds., *Ideas and Foreign Policy: Beliefs, Institutions, and Political Change* (Ithaca, N.Y.: Cornell University Press, 1993), p. 12.

[57] Deborah Stone, *Policy Paradox: The Art of Political Decision Making* (New York: W.W. Norton and Company, 1997), pp. 11-12.

[58] Ibid. pp.8-11.

第一、合理性模型（model of reasoning）

這個模型強調理性決策，因此，依據此模型之決策必須符合下列步驟：

1. 釐定政策目標；
2. 釐定達成政策目標之各種不同政策選項；
3. 能預測每個不同政策選項所可能發生之結果；
4. 評估每個不同政策選項之可能結果；
5. 選定可以達成政策目標之特定政策選項。

但Stone認為這種純理性之模型並不符合政府在處理實際決策時之考量，因此需要加以修正；經過修正後，她提出「政治理由模型」（model of political reason）。政治理由模型可以說明決策者之行為有時看起來似乎改變了其政策目標、有時同時訴求兩種彼此衝突之政策、有時如何扮演豬吃老虎（winning by losing）之角色；有時決策者會假裝故意放出風聲，並聲稱其所主張之方案已經是政府既定之政策，從而型塑民意或以「生米已煮成熟飯」之文宣攻勢，以先聲奪人的策略來達成政策目標之完成。總之，在充滿政策弔詭（policy paradox）的政策環境中，政治理由模型強調決策者常以隱喻（metaphor）的方式來說服別人接受其理念，從而達到其政策目標。[59] Stone這種政治理由模型，事實上是在理性決策的大原則下，容許政策偶發（policy contingency）與政策弔詭之結果。

第二、社會模型（model of society）

這個模型主張個人與社會都會追求其本身之最大利益，最後在社會機制下，達到政策平衡點。其邏輯之主要觀點並非在政策市場之平衡，而是將其分析重點置於造成這種平衡的原因——自我利益之最大效能，自然就可以達到政策市場之平衡點；因此，其邏輯除了反應經濟學之賽伊法則外，其研究途徑與理性決策（rational choice）模型是很接近的。

但Stone提出，決策者有時會追求非物質（non-material）之利益，人

---

[59] Ibid. pp.8-9.

們有時會因社會價值、傳統或其它個人之理念，做出表面上看起來非物質性利益的決策，而此種決策有時會與以市場最大效能之社會模型決策相互牴觸。她因此提出修正模型，稱之為「政治社群」（political community）或「都市國家」（polis）模型，來說明政策之決策往往可能包含物質利益與非物質利益上之考量。[60]

第三、政策制定模型（model of policy making）

這個模型認為政策制定有其一定的流程、順序、步驟，因此政策過程之每個環節，如政策目標之釐定、政策選項之臚列、政策選項之評估、政策建議、政策執行等似乎都是按部就班的順序行為；而傳統之政策分析學者，也習慣於將這些步驟視為某一種「公式」或「流程」來作相關政策之研究。

但Stone則認為決策者在政策制定的過程中，往往不按所謂的政策流程來作決策；許多決策都是在理念擺盪、利益衝突及程序的反饋（feedback）之後，才逐漸透過立法程序，使決策者之理念落實於制度面。[61] Stone雖然沒有針對政策制定模型提出代替方案，但他再次對此模型中有關理性決策及公式化之政策流程提出批判，她認為決策過程固然不可能以「隨性」或「天馬行空」之方式來制定政策；但許多政策之形成過程，往往是在政策偶發（policy contingency）、程序插隊、漸進摸索，甚至錯誤中學習的過程中形成。在「維持現狀」的政策制定中，我們也清楚地看到政府在決策過程中，確有「摸著石頭過河」之情形，而非依一個僵硬之公式來依照一定程序制定每一個細節之決策。

綜合以上分析，Stone所提出之修正模型，不但在理論面上為Goldstein與Keohane在「理念」與如何轉變成「政策」之過程中，提供了相當程度之理由與辯證；更重要的是，Goldstein與Keohane看到了理念「會」影響政策之重要性；Stone則強調理念「如何」影響政策，其研究重心已不是「理念」本身，而是理念透過何種途徑，形成了政策。為了進

---

[60] Ibid. pp.10.

[61] Ibid. pp.10-11.

一步說明理念與政策產出的關係，本章在以下之分析中，嘗試將Goldstein
與Keohane、Stone及筆者之觀點作一結合，並提出一套較為「簡約」之分
析模型。

第五節　（3+1）i決策模型之建構

　　雖然我們已知道理念，特別是政治領袖的理念往往與政策有關，但空
有理念並不能解釋政策之產出。事實上，在政治領袖之理念與政策產出之
間上有一個一般人認為的「迷思」（myth），這個迷思即為政策科學所謂
的「黑盒子」（black box），若用David Easton的系統理論[62] 來探討個人理
念與政策產出的關係，我們便可以粗略地以圖9-1來表示以上之概念。

　　為方便起見我們可以用Easton的政治系統圖來說明決策者理念如何發
展成為某一特定政策的途徑。在圖9-1中，我們把理念當作輸入，經過所
謂「黑盒子」[63] 的政策過程，最後有了輸出，也就是政策產出；而輸出再
經過回饋的作用影響輸入，最後達到具有循環性之政治系統。然而在實際
的政治生活中，政治領袖的個人理念如何落實於政策的途徑卻遠比圖9-1

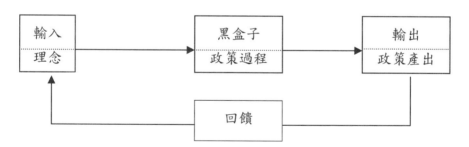

資料來源：Easton, David. 1965. System Analysis of Political Life. New York: Wiley.

圖9-1　政治系統簡圖

---

[62] David Easton, *System Analysis of Political Life* (New York: Wiley, 1965).
[63] 在此黑盒子（black box）隱喻政策過程之複雜性與不可知性。

所描繪的情形來得複雜。為此，我們嘗試建立一個新的模型來輔助說明政治領袖個人理念與政策之間的關係。這個模型我們為方便起見稱之為（3+1）i模型，因為它以四個i為字首的英文字：理念（idea）、利益（interests）、制度化（institutionalization）及新聞機制（information mechanism）作為此模型之分析單元。我們若把這個模型融入Easton的政治系統簡圖，則我們可以得到圖9-2。

在圖9-2中，我們看到在第一階段（1i）時個人理念有其形成之背景因素，政治領袖若欲推動此理念並以此理念作為政策制定之指導原則，將面臨多種不同意見或阻力，因此政治領袖除了必須將其理念透過文宣來介紹給社會大眾之外，他還必須在第二階段（2i）以利益整合各方不同之意見。在此要特別注意的事是：（3+1）i模型所提到的「利益」可以是有形的政治或經濟之利益，也可以是無形的意識形態的認同，或社會地位與榮譽等非實質利益；換句話說，在此我們將反映Stone以「政治社群模型」

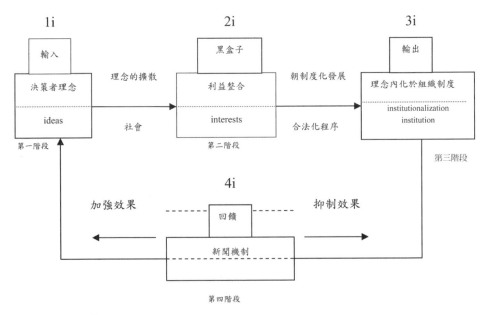

資料來源：作者製圖。

圖9-2　（3+1）i決策模型與政策間之關係

來修正「社會模型」之決策模型。在這個階段，對政治領袖來說是一項極為嚴峻的考量，其成敗有賴政治領袖的政治智慧與能力。因此在此階段，強調決策者能藉著整合各方不同之利益在某種廣泛的基礎上達成有相當共識的政策制定原則，並為未來之政策執行奠下良好基礎。然而在第二階段之利益整合不能保證政治領袖之個人理念可以在政策上得到完全的落實，政策之形成執行、鞏固必須仰賴第三個階段中（3i）中所強調的組織與制度化。

　　當理念透過第一與第二階段成為政策，並且得以解決各項問題之後，便開始漸漸地往正式的行政組織中內化入組織成為制度，而慢慢地限制了其他政策或紛歧意見之產生。此時，理念已被制度化或深埋於既定政策中，也就是圖9-2中所描述的第三階段。如果理念在此成了制度化的特定政策，那麼理念便與利益或權力已糾結在一起；除非習於此一理念的人（也是特定的利益與權力之擁有者）已不存於組織中或在社會中有了革命性或結構性的經濟——社會改變，否則此一理念會因制度化而鞏固其政策，且其影響力會久久不衰。[64] 但在一個民主社會中，單單透過「1i」、「2i」、及「3i」並不能取得政策制定過程之正當性與合法性。一個政策之正當性與合法性，必須透過政策之公開辯論，在多元意見下，逐漸形塑而成。針對此，（3+1）i決策模型中之第四階段（4i）為新聞機制階段，在此則提供了一個檢視或加強此理念可行性之機制，使理念、利益、制度化透過媒體或民意之回饋產生之間形成一種循環的政策系統。在此階段，新聞機制扮演了一個政策過程之「控制閥」角色。其憑藉是透過「媒體」所呈現之「民意」或「公共意見」（public opinions）對該政策之論述的支持。當民意支持此政策時，則政策制定會有「春風化雨」之現象；反之，此控制閥將遏制該政策之發展。從圖9-2說明之，即為政策之論述若在第四階段之「新聞機制」之控制閥檢證下，獲得支持與通過，則「4i」對政

---

[64] Judith Goldstein and Robert Keohan, "Ideas and Foregn Policy: An Analytical Framework," in Judith Goldstgein and Robert Keohane, eds., *Ideas and Foreign Policy: Beliefs, Institutions, and Political Change* (Ithaca, N.Y.: Cornell University Press, 1993), pp. 12-13.

策制定則有「加強效果」之影響；反之，若政策論述無法獲得「新聞機制」之支持，則「4i」將對政策制定產生「抑制效果」，甚至造成政策制定之不可行或胎死腹中。

以上之（3+1）i決策模型可以用來解釋在具有相當程度之民主國家內，政治領袖或菁英之理念與政策（包括民主化政策與外交政策）產出之間的關係。但它並不能全然運用於世界上任何政體，譬如在共產極權及因殖民地而產生的新興民族國家中，這個模型就不甚適用；因為（3+1）i決策模型中強調的第四個階段：新聞機制，是一般非民主國家所不具備的。然而新聞機制的過程卻是此模型之最後一個，也是最重要的一個步驟。因為少了此一步驟所有的決策就無法有效地反映民主政治中之民意或公眾意見。[65]

若用1949年中央政府遷台至今有關我國大政方針政策制定之形態來檢證（3+1）i決策模型，則我們可以發現在蔣介石、蔣經國、李登輝與陳水扁四位不同總統之時代背景中，其政策制定之模式有下列傾向：

1. **蔣介石時代**：為「1i」政策制定時期或「朕即天下」時期：其特色為「一人威權決策」，透過蔣介石之個人威權，台灣之大陸政策，事實上就直接反映蔣介石個人「反攻大陸，解救大陸同胞」之理念；[66]

2. **蔣經國時代**：為「2i」政策制定時期或「寡頭式威權決策」時期：其特色為「寡頭決策」，透過蔣經國與黨、政、軍大老間形成的「黨、政、軍利益共同體」大原則下，台灣之大陸政策在少數人參與下，由「反攻大陸，解救大陸同胞」轉為「三民主義統一中國」；[67]

3. **李登輝時代**：「3i」政策制定時期或「威權轉向民主時期」：其特色為政府在大陸政策之決策上，除了「1i」、「2i」之外，尚需

---

[65] Ibid..

[66] 田弘茂，朱雲漢主編，**鞏固第三波民主**（台北：業強，1997年）。田弘茂著，李晴暉，丁連財譯，**大轉型：中華民國的政治與社會變遷**（台北：時報，1989年）。

[67] 同上註。

「3i」之配合。其中最重要之個案為「凍省」或「精省」之政策。在此政策上，李登輝雖然用了「1i」（個人理念）、「2i」（國民黨與政府間之利益糾結），欲在「3i」上透過「制度化」將台灣省廢掉，並朝台灣本土化邁進，但還是受到當時省長宋楚瑜所掌握之台灣省政府及其他行政組織之抵制，最後「廢省」改為「精省」政策；[68]

4. **陳水扁時代**：為「4i」政策制定時期或「民主鞏固時期」：其特色為政府在大陸政策上，除了要面對「1i」、「2i」、「3i」外，尚需面對民主多元之「媒體」（4i）檢證或支持。其中最重要之個案為國內與國際有關統獨尚未形成共識下，陳水扁以「新中間路線」之原則，採取了「維持現狀」之 "go and see" 政策。[69] 其間，由於台灣內部對統獨意識形態的對立或分歧造成了我國大陸政策之決策過程，受到更多媒體、新聞機制之約制，而進入（3+1）i決策模式之第四階段。

為方便說明以上四個時代在大陸政策上之決策模式，分別可由圖9-3表示之：

說明：「1i」主導了「2i」及「3i」，並直接反映在我國大陸政策之產出上。

資料來源：作者製圖。

圖9-3　蔣介石時代，一人權威決策：1i決策模式

---

[68] 宋學文，「『特殊國與國關係』之決策及其發展：3i模型的決策分析」，**中國大陸研究**，第42卷第11期（1999年），頁67-92。

[69] 宋學文，「闡述「維持現狀」（maintain the status quo）對台灣前途之意涵：動態平衡的模糊過度途徑」，**台灣民主季刊**，第1卷第2期（2004年），頁167-191。

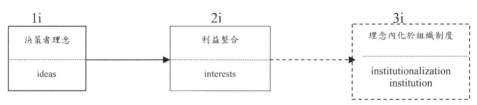

說明:「1i」及「2i」之結盟主導了「3i」,病相當程度地直接反映在我國大陸政策之產出上。

資料來源:作者製圖。

圖9-4 蔣經國時代,寡頭威權決策:2i決策模式

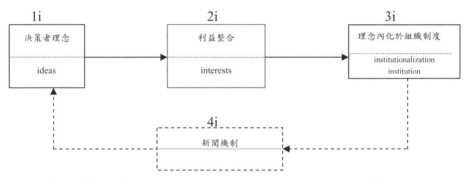

說明:需「1i」、「2i」、「3i」之配合始能決定我國大陸政策,但在此階段「4i」已逐漸對政策
制定呈現了一些影響力,並影響著「1i」、「2i」、「3i」之政策制定過程。

資料來源:作者製圖。

圖9-5 李登輝時代,威權轉向民主之決策:3i決策模式

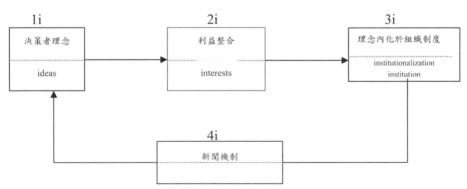

說明:我國大陸政策之決定,受「1i」、「2i」、「3i」及「4i」等政策社群之影響,非任何單位
可單獨解決;政策社群四個單元間,形成了一個相互影響之系統。

資料來源:作者製圖。

圖9-6 陳水扁時代,民主鞏固之決策:(3+1)i決策模式

最後，在此要特別強調的是：（3+1）i決策模型並無法在各階段中作一明確分割。「1i」、「2i」、「3i」及「4i」間的關係並非一個相互獨立、互斥或分割之概念所能描述。此模型既強調政策之「生命現象」，則「1i」、「2i」、「3i」及「4i」四個階段並不需要以「線性」的觀念來解讀四個不同階段，而是要透過「連續」的觀念來看這四個階段之演化。換句話說，一個政策之制定，不一定要在完全解決「1i」後才能進到「2i」，或完全解決「2i」之後，才能進到「3i」，而是可以透過「漸進」的方式，逐漸完成政策之制定。

第六節　（3+1）i決策模型在兩岸關係中「維持現狀」之應用

雖然當理念通過部分利益整合的階段之後，即可以「政治主張」的方式將決策者的理念納入上述（3+1）i之流程中；但像「維持現狀」之重要性與深遠性卻遠遠的超出一般的「政治主張」，由於它涉及國家之定位，以及陳水扁先生在2004年總統大選中有關2006年公投制憲與2008年實施新憲的問題。2004年台灣總統大選後，在國內政治所呈現出統獨立場之分歧，與美國對台海問題堅持「和平」解決之前途下，陳總統雖欲以其建設台灣為「正常完整」之國家作為制定有關台灣前途等大政方針之「理念」（1i）依據，並一度欲以公投、制憲之方式取得台灣新國家定位之制度化或合法化（3i）之地位，但在有關統獨對國家前途之「利益」（2i）及民意在新聞機制（4i）之支持上，都呈現多元、分歧且無明顯共識下，「維持現狀」已成為目前有關「國家定位」或「台灣前途」較可行之辦法。從（3+1）i決策模型來看「維持現狀」之政策制定過程，我們發現在「1i」、「2i」或「4i」上皆呈現「無明顯共識」之現狀。陳水扁政府中之決策者，欲透過「公投」、「制憲」來將「國家定位」之制度化或合法化（3i）都有其相當之困難。因為像「國家前途定位」這種涉及憲法之解釋與國家定位議題之理念，若要確實以政策之形式呈現出來，除了必須經過制度化

（institutionalization）之階段外，並不能越過「1i」、「2i」及「4i」在政策制定中之影響力。因為在此階段之首要工作是決策者利用政府的組織架構，以立法或修憲的方式來取的其理念在政策上之合法性（legitimacy），「2i」及「4i」支持，亦將影響政策合法化（policy legitimization）之程度。

雖然透過「1i」、「2i」、「3i」及「4i」合法程序之制度化，為決策者理念落實於政策上之保障；但這並不是說，所有的理念與政策都必須立即透過和法程序以追求制度化。相反的，理念與政策制度化往往是一個漫長的過程，甚至有許多時候是採漸進的方式來達成此一目標的。從決策理論來說，當代學者已不再視「正式立法」為理念落實於政策之必要條件；因為人民的期望、利益的整合與政策的環境等，這些都經常在改變。這可以解釋為何權變理論（contingency theory）已逐漸為研究決策之學者所重視。事實上，政府在考量決策過程時，不再要求一種立即或制度的立法程序；相反的，決策的過程被認為應該採取權宜變通的原則，端視政策方案的外在環境、技術以及方案發展的需求而定；而且在決策立法過程中儘量採取迂迴之策略（strategic）途徑，此即所謂以「環境的必要性」（environmental imperative）為主軸之決策命題。[70] 根據這個觀點，一個成功的決策過程有時是會採取漸進、非正式甚至模糊的策略，以追求其政策目標。[71] 從這個角度來看，我們就比較能理解台北之決策者在面臨公投、制憲等攸關國家前途之重大議題時，會採取「維持現狀」之政策。

綜合以上之分析，我們可以看出目前台北之決策者在國家定位上，一方面雖欲以「維持現狀」來建構論述空間，以因應目前有關兩岸關係之台灣定位等問題上之「尚未具共識」之事實；但在另一方面，執政黨似乎亦在戰術面上，採取漸進取向（incremental oriented）的策略，並偏向「台獨」方向發展。所謂漸進取向之決策乃因為現代決策者由於時間的限制、

---

[70] Charles D.Elder and Roger W. Cobb, *The Political Use of Symbols* (NewYork: Longman, 1983).

[71] Jearid Hage and Michael Aiken, *Social Change in Complex Organization* (New York: Random House, 1970).

多元的政策意見及完整政策考量所需之資訊難求，加上其他內在外在之政策環境之約束，決策者欲以「模糊過渡」（muddling through）之策略來追求其政策目標。[72]

吾人認為這種漸進取向的決策具備下列特色：

一、它必須清楚釐清目前政府所面臨最嚴重之問題為何，並清楚地列出政府目前針對此問題有哪些政策選項；

二、它必須清楚地分辨何者為「可以解決之政策選項」或何者為「社會急於解決之問題」；

三、它已具有某種程度之政策目標，但此政策目標目前可能因為尚未在國內形成共識，或面臨政策環境困難，所以必須以策略來調整其政策目標；

四、將政策視為一具有生命性之系統，在適合生長的目標環境中，決策者會加快推動政策之速度；反之，在不利生長的政策環境中，決策者會以較緩慢的速度來推動政策；

五、政策目標不可一蹴即成時，決策者會將整個政策目標切割成數個小政策目標，並分段達成此總體之政策目標；

六、此種決策過程，不同於理性決策（一旦某一階段之決策失敗，往往導致整個政策之失敗），由於它強調政策目標可以分段達成，所以它較能容忍某個階段之決策可以有嘗試錯誤（trial-and-error），並通過這些嘗試與錯誤修正其政策手段與目的。

總結的說，漸進取向之決策一般傾向保守性格（conservative），因此其政策之推動往往呈現演進（evolution）之途徑，而非革命（revolution）之途徑。其優點為既可以維持目前政策之現狀（status quo），又可朝政策修正的方向發展，因此往往較易達到政策共識（policy consensus）。但其缺點為往往在政策目的與手段間令人混淆，容易在政策執行上，因政策目

---

[72] Charles E. Lindblom, "The Science of Muddling Through," *Public Administration Review*, vol. 19 (1959); David Braybrooke and Charles E. Lindblom. *A Strategy of Decision* (N.Y.: Free Press,1963).

標之模糊性而在執行面上出現混亂或窒礙難行之窘境；此外，由於模糊策略亦可能衍生人民或在野黨對政府「言行不一」或「誠信」之懷疑問題。其原因為在利益整合之下決策者之理念之所以落實在政策面，並非具有上述「1i」、「2i」、「3i」及「4i」之社會支持。而是溝通、協調或權變之論述所造成之假象「共識」；因此，往往造成政策雖經立法程序通過，但在短期內依然在政策執行面有許多阻力，甚至最後造成政策之終極目標被扭曲。[73]

　　此外，漸進決策模型為了要避開其政策阻力，往往採用一些「模糊策略」；在此種情況下，許多政策目標採用了一些「象徵」（symbol）之用語。這些象徵用語如「一個中國」，往往不是真正的政策目標，而是一個權宜之象徵用語；它可以同時有兩個不同意義之解釋；它也可以在不同的人身上有不同之意義；此外，它也可以在不同之場合（context）指不同的事。譬如「一個中國」之意含，在「維持現狀」之政策下就可能出現美、中、台三方不同定義及論述（請參見表9-1）。

　　持平來說，漸進決策之模式強調模糊策略，雖有其為人詬病之不夠「科學化」或「制式化」或「語意不清」之問題，也因此在學術界經常遭受許多批評；但從實際之政治運作上來看，的確有其政治考量價值，這些考量包括：[74]

　　一、模糊策略有轉換個人意圖與行動成社會大眾共同認知與目的之功能，使得各自為政互不來往，終至擴大衝突之情形減少。[75]

　　二、模糊策略有助決策領袖有更寬廣的解釋空間去整合不同之政策意見，使其支持某一特定政策。

　　三、模糊策略有助利益團體的領袖與其他政治團體，去整合持不同政

[73] Neil Gilbert and Harry Specht eds., *Planning for Social Welfare: Issues, Models, and Task* (Englewood Cliffs, N.J.: Prentice-Hall, Inc., 1977).

[74] Deborah Stone, *Policy Paradox: The Art of Political Decision Making* (New York: W.W. Norton and Company, 1997), pp. 156-160.

[75] Deborah Stone, *Policy Paradox: The Art of Political Decision Making* (New York: W.W. Norton and Company, 1997), p. 157 ; Charles D.Elder and Roger W. Cobb, *The Political Use of Symbols* (NewYork: Longman, 1983), p. 28.

表9-1 美─中─台三方在有關「維持現狀」與「一個中國」之立場

美中台立場＼議題	「一個中國」	「維持現狀」	說明
中共	強調一個中國原則	台灣與大陸同屬一個中國，強調台灣並非為一個主權國家。	中國大陸內部對「一個中國」或「維持現狀」大都採取與北京政府一致的立場──即台灣是中國神聖領土的一個部分，不容獨立或分割。
美國	採取一個中國政策	針對台海「維持現狀」，持較為模糊之立場，但主張美國立場將基於三個公報與台灣關係法。在法理上（de jure）承認台灣是中國的一部分；在事實上（de facto）認為台灣為一政治實體，且加入國際組織並不會違背美國的一個中國政策。對美國來說，「維持現狀」最重要的是台海和平。	美國在正式外交政策上對「一個中國」政策與「維持現狀」之處理上，仍保留一些模糊政策；但在軍事、安全上，近年來有傾向支持台灣之趨勢。而美國這些親台之策略，常被質疑為美國對台前途之立場上是否將偏離一個中國的政策。
台灣	主張一個中國議題	台灣已經是一個主權獨立之國家，目前的國號是中華民國。	在兩岸關係上，從李前總統的「特殊國與國關係」到陳總統的「一邊一國」，在台灣內部都無法擁有完全共識；但台灣民眾對中共所提「一國兩制」接受之程度又極低。

資料來源：作者製表。

　　見者，因為模糊策略並未完全排除這些人的政治或經濟利益期望。

四、模糊策略可以拉攏那些雖對此政策持不同意見，但卻可能是此政策受益者，以減少政策推動之阻力。

五、模糊策略可以在大眾並不知情或不熟悉的議題上運作一些極重要之政策配套方案，為未來之政策合法化，先埋下伏筆。

六、模糊策略可以用懷柔的手段，來使原本相互競爭之對手皆支持自

己的政策，這些懷柔手段包括把裏子給一方，再把面子給另一方。

七、模糊策略可以透過談判與相互妥協的方式，來讓對抗之雙方都可以宣稱已經在此一特定政策獲得勝利

八、模糊策略可以幫助個人認清：其實自己也可以在某一特定議題上之立場有相當程度之模糊性、與前後不一致立場，從而使得這些個人可以不再堅持自己之原有之立場，轉而支持或接受決策者與其政策。[76]

第七節　結　論

雖然在本章中，本章所主要闡述的主題是有關決策者如何在理念、利益、制度化及新聞機制的過程中，將民進黨以「維持現狀」處理目前錯綜複雜之美—中—台三角關係。為說明方便，本章用了（3+1）i決策模型來說明決策過程，並將政策社群之四個單元就理論面與互動面作其政策過程之分析。在本文中個人把此四個單元「融入」個人先前所建構之3i決策模型中，並加以改良為（3+1）i決策模型，以期能過透過此模型，針對錯綜複雜的政策系絡與政策系統，提出一個較為簡潔（parsimonious）、動態（dynamic）、及系統性（systematic）的模型，做為政策制定與管理之準繩。其目的是希望推動IR與PA/PP之互動交流，以進一步達到「IR學者懂政策科學」、「PA/PP學者能將其政策科學知識應用到IR」之科際整合理想。其中，有關（3+1）i決策模型之建立，旨在激發學術界重視多元主義及政策生命，在決策制定中之角色，但又不至因多元主義之紛亂、複雜或政策生命之不易描述而掉入雜亂無章或天馬行空式的冗長分析泥淖中。希望此種對「模型建構」之研究，有裨於未來政治學上之質性研究。

---

[76] Philp Converse, "The Natural of Belief System in Mass Public," *Ideology and Discontent*, edited by David Apter (New York: Free Press, 1964)

參考書目

一、中文部分

D. R. Sar Sesai著，蔡百銓譯，東南亞史（下）（台北：麥田出版，2001年）。

Marvin C. Ott，「東南亞安全：區域觀點」，載於美國國防大學國家戰略研究所編，國防部史政編譯局譯，中共崛起構成的挑戰：亞洲觀點（台北：國防部史政編譯局，2001年）。

Zalmay Khalizand et al著，國防部史政編譯局譯，美國與亞洲（台北：國防部史政編譯局，2001年）。

Zbigniew Brzezinski著，林添貴譯，大棋盤：全球戰略大思考（台北：立緒文化，1999）。

丁永康，「冷戰後美國的大戰略」，美歐季刊，第13卷第2期（1999年）。

大陸新聞中心，「2006英國詹氏防衛週刊：中共可能攻台」，聯合報，2004年4月25日，版13。

中央選舉委員會，中央選舉委員會網站。http://www.cec.gov.tw/.（accessed 2004/4/15）

中時晚報，「印尼情勢急轉直下，蘇哈托下台哈比比繼任」，中時晚報，1998年5月21日。http://www.chinatimes.com/report/indo/52105.htm（accessed 2001/5/2）

中國時報，「中日在台開辦官方協商會議」，中國時報，1996年8月5日，版4。

中國時報，「美國國會報告：釣島遭攻擊美應助日防衛」，中國時報，1996年10月15日，版9。

中國時報，『台塑「不聽話」立院施鐵腕』，中國時報，1997年4月1日，第3版。

中國時報，「金融機構赴港澳投資門檻高」，中國時報，1997年4月19日，版4。

中國時報，「美日防衛合作毋需限定範圍」，中國時報，1997年7月29日，版9。

中國時報，「美日新防衛指針，中共強烈質疑」，**中國時報**，1997年10月1
　　日，版1。

中國時報，「美『中』發表聯合聲明:建立『建設性戰略夥伴關係』」，**中國
　　時報**，1997年10月31日，版2。

中國時報，「二十餘年抗爭，東帝汶的獨立大夢」，**中國時報**，1999年4月
　　20，網址http://www.chinatimes.com.tw/report/easttimor/88042001.htm
　　（accessed 2000/5/3）

中國時報，「德國之音7月9日訪問李總統的全文」，**中國時報**，1999年7月23
　　日，網址http://www.chinatimes.com.tw/report/cn_tw/germany.htm。

中國時報，「印尼可能遭IMF等切斷經援」，**中國時報**，1999年9月8日，網址
　　http://www.chinatimes. com.tw/report/easttimor/88090803.htm（2000/5/4）

中國時報，「制止東帝汶暴亂，威蘭托一度鬆口」，**中國時報**，1999年9月12
　　日，網址http://www.chinatimes.com.tw/report/easttimor/88091202.htm
　　（accessed 2000/5/4）

中國時報，「安理會通過成立多國部隊進駐東帝汶」，**中國時報**，1999年9月
　　16日，網址http://www.chinatimes.com.tw/report/easttimor/88091602.htm
　　（accessed 2000/5/4）

中國時報，「八千印尼駐軍撤離東帝汶」，**中國時報**，1999年9月18日，網址
　　http://www.chinatimes.com.tw/report/ea sttimor/88091802.htm（accessed
　　2000/5/4）

中國時報，「印尼最後一批軍隊撤離東帝汶」，**中國時報**，1999年10月31日。
　　網址http://andywant.chinati…iscstext.exe?DB=ChinaTime&Function=ListDoc
　　&From=17&Single=（accessed 2000/6/3）

中國時報，「總統檢傷，鉛質磨擦新傷口」，**中國時報**，2004年4月12日，版
　　2。

中國時報，「錢尼：美有對台軍售義務」，**中國時報**，2004年4月16日，版
　　11。

中國時報，「美：嚇阻台獨，中共今年國防支出倍增」，**中國時報**，2004年4
　　月24日，版4。

中國時報，「美國要掌控兩岸現狀的「定義」權」，**中國時報**，2004年4月24
　　日，版2。

中國時報，「體制內修憲，受美壓力，獨派暫讓步」，**中國時報**，2004年5月

21日，版2，網址http://news.sina.com.cn/c/2004-03-15/15292054399s.shtml（2004/03/16）

中國新聞網，「泛綠陣營概況」，中國新聞網，2004年3月15日，網址http://www.chinanews.com.cn/c/2004-03-15/26/414725.html（accessed 2004/4/28

中華人民共和國國務院台灣辦公室，一個中國的原則與台灣問題白皮書，網址http://www.gwytb.gov.cn/bps/bps_yzyz.htm.（accessed 2004/5/20）

中華民國外交部「陳總統就職演說中文版」，中華民國外交部，2004年5月20日，網址http://www.mofa.gov.tw/mofa91/web/application.php?oid= web_hotnews_view&datano=37（accessed 2004/5/20）

亓樂義「和平崛起，中共另覓對台三戰」，中國時報，2004年4月19日，版13。

丘昌泰，公共政策：當代政策科學理論之研究（台北：巨流，1995年）。

包宗和、吳玉山主編，爭辯中的兩岸關係理論（台北：五南，1998年）。

石之瑜，「人在江湖，身不由己？『認識論的個人主義』對國際關係分析層次的省思」，「國際關係的理論與實踐」學術研討會（台北：國立政治大學，2003年7月5日）。

石之瑜，「人在江湖？國際關係的『認識論個人主義』」，社會科學知識新論：文化研究立場十評（台北：國立台灣大學，2005年）。

石之瑜，「芝麻！開門：心理分析引領兩岸政策進入新境界」，包宗和、吳玉山主編，爭辯中的兩岸關係理論（台北：五南，1998年）。

石之瑜，「做為藝術的政治學－兼評建構主義的科學哲學立場」，美歐季刊，第15卷第2期（2001年6月），頁293-310。

田弘茂，朱雲漢主編，鞏固第三波民主（台北：業強，1997年）。

田弘茂著，李晴暉，丁連財譯，大轉型：中華民國的政治與社會變遷（台北：時報，1989年）。

朱雲漢，「全球主義、區域主義與第二軌道外交：台灣務實外交的新座標」，國際空間再突破之策略學術研討會（台北，國家發展研究基金會，1996年11月23日）。

自由時報，「李登輝：民主是中華民國最有力防線」，自由時報，1996年3月13日，版4。

自由時報，「美眾院表決通友我法案」，自由時報，1996年3月14日，版2。

自由時報，「美參院97:0通過台灣安全決議案」，自由時報，1996年3月23

日，版7。

自由時報，「美國軍事代表團延後一週訪台」，自由時報，1999年7月22日，版1。

自由時報，「揭穿投靠中國唱衰台灣的謊言」，自由時報，2004年3月1日，版15。

自由時報，「陳文茜質疑，蘇貞昌痛斥」〉，自由時報，2004年3月20日，版2。

自由時報，「連戰要求立即集中驗票」，自由時報，2004年3月22日，版2。

自立晚報，「建國會：此事無干中國」，自立晚報，1996年7月23日，版3。

吳玉山，「仍是現實主義的傳統：九一一與布希主義」，政治科學論叢，第17卷（2002年），頁1-31。

吳玉山，「化解危機，帶來懸疑」，中國時報，2004年5月21日，版15。

吳玲君，「東協國家APEC政策的政經因素」，問題與研究，第39卷第3期（2000年），頁39-57。

宋學文，「議題聯結與兩岸關係之研究」，問題與研究，第37卷第2期（1998年），頁21-35。

宋學文，「從「美日新合作防衛指針」與「三不政策」探討台灣對中共之安全策略」，戰略與國際研究，第1卷第4期（1999年），頁21-54。

宋學文，「『特殊國與國關係』之決策及其發展：3i模型的決策分析」，中國大陸研究，第42卷第11期（1999年），頁 67-92。

宋學文，「二十一世紀美－中－台三角關係的持續與轉變：美國對台安全策略之形成、鬆動與轉變」，戰略與國際研究，第3卷第3期（2001年），頁82-115。

宋學文，「全球化與全球治理對我國公共政策研究之影響：並兼論此影響在兩岸關係研究之意涵」，中國大陸研究，第44卷第4期（2001年），頁1-32。

宋學文，「全球化與全球治理之互動關係：人文與社會科學對話之模型分析」，理論與政策，第17卷第3期（2004年），頁59-75。

宋學文，「從層次分析（level-of-analysis）探討霸權穩定論：一個國際關係理論演化的研究方法」，問題與研究，第43卷第2期（2004年），頁171-196。

宋學文，「闡述「維持現狀」（maintain the status quo）對台灣前途之意涵：動

態平衡的模糊過渡途徑」，**台灣民主季刊**，第1 卷第2期（2004年），頁167-191。

宋興洲，「國際合作理論與亞太區域經濟」，**問題與研究**，第36卷第3期（1997年），頁38-40。

李國雄，「東協安全機制的演變與區域秩序」，**問題與研究**，第34卷第9期（1995年），頁21-40。

李瓊莉，「經濟安全概念在亞太地區的發展」，**問題與研究**，第38卷第2期（1999年），頁39-54。

兩岸經貿網，「兩岸經貿統計」，網址http://www.seftb.org/download/兩岸統計.pdf（accessed2004/4/28）

周世雄，「國際情勢對我國參與國際社會之限制與展望」，**國際空間再突破之策略學術研討會**（台北：國家發展研究基金會，1996年）。

林水波，**政策分析評論**（台北：五南，1984年）。

林碧炤，「全球治理與國際安全」，**國際關係學報**，第16卷（2001年），頁157-171。

邱坤玄，「霸權穩定論與冷戰後中（共）美權力關係」，**東亞季刊**，第31卷第3期（2000年），頁1-14。

施澤淵，「從中共軍事戰略作為論「新軍事革命」之研究」，**中華民國國防部**（2004年），網址http://www.mnd.gov.tw/（accessed 2004/4/20）

洪建昭，"Is President Chen a troublemaker?"，**國政評論**，2003年11月2日。http://www.npf.org.tw/PUBLICATION/NS/092/NS-C-092-337.htm.（accessed 2003/11/03）。

胡念祖，「前進釣魚台，激情只會壞事」，**中國時報**，1996年9月7日，版11。

徐永明、黃紀主編，**政治分析的層次**（台北：韋伯：2001年）。

殷惠敏，「釣魚台問題還是拖下去好」，中國時報，1996年9月15日，第11版。

秦亞青，「國際政治的社會建構－溫特及其建構主義國際政治理論」，**美歐季刊**，第15卷第2期（2001年），頁231-264。

袁易，「對於AlexanderWendt有關國家身份與利益分析之批判：以國際防擴散建制為例」，**美歐季刊**，第15卷第2期（2001年），頁265-291。

袁易，「權力、利益與認知：美國與中共軍事交流之弔詭」，載於裘兆琳主編，**中美關係專題研究**（**1998-2000年**）（南港：中央研究院歐美研究

　　所，2002年），頁151-189。

高朗，「論我國經貿外交」，國際空間再突破之策略學術研討會（台北，國家
　　發展研究基金會，1996年11月23日）。

張國城，「空投釣魚台恐有牴觸國際慣例之虞」，中國時報，1996年10月24
　　日，版11。

張國城。「不只是飛彈問題」，中國時報，2004年4月16日，版15。

張錫鎮，東南亞政府與政治（台北：揚智文化，1999年）。

曹俊漢，公共政策（台北：三民，1990年）。

莫大華，「論國際關係理論中的建構主義」，問題與研究，第38卷第9期
　　（1999年），頁93-109。

莫大華，「治絲愈棼的國際國係理論研究－對黃旻華先生的評論之回應」，問
　　題與研究，第39卷第11期（2000年），頁95-101。

莫大華，「國際關係建構主義的原型、分類與爭論－以Onuf、Kratochwil和
　　Wendt的觀點分析」，問題與研究，第41卷第5期（2002年），頁
　　111-148。

莫大華，「理性主義與建構主義的辯論：國際關係理論的另一次大辯論？」，
　　政治科學論叢，第19卷（2003年），頁113-138。

莫大華，建構主義國際關係、理論與安全研究（台北：時英，2003年）。

陳一新，「錢尼訪中，牽引三邊關係」，中國時報，2004年4月18日，版15。

陳欣之，東南亞安全（台北：生智文化，2000年）。

陳鴻瑜，東南亞各國的政治與外交政策（台北：渤海堂文化，1992年）。

陳鴻瑜，東南亞國家協會之發展（南投：國立暨南國際大學東南亞研究中心，
　　1997年）。

陳鴻瑜，「東帝汶事件的回顧與展望」，歷史月刊，第129期（1998年），頁
　　42-43。

陳鴻瑜，東南亞政治論衡（二）（台北，翰蘆圖書，2001年）。

傅建中，「台灣的九一一，美國藍軍憂心忡忡」，中國時報，2004年4月18
　　日，版13。

傅建中，「必須掌握的美國政策基本理念」，中國時報，2004年4月28日，版
　　4。

黃旻華，「評『論國際關係理論中的建構主義』」，問題與研究，第39卷第11
　　期（2000年），頁71-94。

黃紀，「實用方法論芻義」，載何思因、吳玉山主編，**邁向21世紀的政治學**（台北：中國政治學會，2000年），頁107-139。

楊永明，「美國亞太安全戰略之理論分析」，**美歐季刊**，第12卷第3期（1997年），頁35-71。

劉屏，「不同官員對台說重話，美政府事先事先協調好的」，**中國時報**，2004年4月24日，版4。

劉屏，「華府專家：十六步驟，遏阻中共犯台」，**中國時報**，2004年4月18日，版13。

劉復國，「綜合安全與國家安全：亞太安全概念適用性之檢討」，**問題與研究**，第38卷第2期（1999年），頁21-37。

鄭端耀，「國際關係「社會建構主義理論」評析」，**美歐季刊**，第15卷第2期（2001年），頁199-229。

鄭端耀，「國際關係攻勢與守勢現實主義理論爭辯之評析」，**問題與研究**，第42卷第2期（2003年），頁1-21。

鄭端耀，「國際關係新古典現實主義理論」，**問題與研究**，第44卷第1期（2005年），頁115-140。

盧業中，「主要國際關係理論中新現實主義、新自由制度主義與建構主義之比較研究」，**中山人文社會科學期刊**，第9卷第2期（2001年），頁21-52。

賴景宏，「胡景濤下令建構和平崛起理論」，**聯合報**，2003年12月16日。網址 http://www.future-china.org/fcn-tw/200312/2003121601.htm（accessed 2003/12/20）

總統府，「總統接受日本朝日電視台專訪」，**總統府網站**，2004年2月20日，網址http://www.president.gov.tw/php-bin/prez/shownews.php4（accessed 2004/2/21）

總統府，「總統接受美國華盛頓郵報專訪」，**總統府網站**，2004年3月30日，網址http://www.president.gov.tw/php-bin/prez/shownews.php4（accessed 2004/5/20）

聯合報 ，「新黨籲採護土行動」，「兩岸宜共同宣佈屬全中國海疆」，**聯合報**，1996年7月21日，版2。

聯合報，「江澤民柯林頓通電話，批評兩國論」，**聯合報**，1999年7月19日，版1。

聯合報，「違規投資大陸各部會聯合查處」，**聯合報**，1997年3月19日，版1。

嚴震生，「後冷戰時期美國外交決策的考量因素」，美歐月刊，第9卷第12期
　　　（1994年），頁118-119。
顧長永，東南亞政治學（台北：巨流，2005年）。

二、英文部分

Abbott, Kenneth W., Robert O. Keohane, Andrew Moravcsik, Anne-Marie Slaughter
　　　and Ducan Snidal, "The Conception of Legalization," *International
　　　Organization*, vol.54, No.3（2000）, pp. 401-419.

Acharya, Amitav, "A Concert of Powers in Asia-Pacific," *The Evolving Pacific
　　　Power Structure*, ed. Derek da Cunha, *Singapore: Institute of Southeast Asian
　　　Studies*（1996）, pp. 35-41.

Acharya, Amitav, *Constructing a Security Community in Southeast Asia: ASEAN and
　　　the Problem of Regional Order*（London: Routledge, 2001）.

Acharya, Amitav, *Regionalism and Multilateralism: Essays on Cooperative Security
　　　in the Asia-Pacific*（Singapore: Times Academic Press, 2002）.

Achen, Christopher H., "Two-Level Games and Unitary Rational Actors," 載於徐永
　　　明、黃紀主編，政治分析的層次（台北：韋伯，2001年），頁35-48。

Adler, Emanual and Peter Haas, "Conclusion : Epistemic Communities, World
　　　Order, and the Creation of a Reflective Research Program," *International
　　　Organization*, vol.46, No.1（1992）, pp. 367-390.

Adler, Emanuel, "Seizing the Middle Ground: Constructivism in World Politics,"
　　　European Journal of International Relations, Vol.3, No.3（1997）,
　　　pp.319-363.

Adler, Emanuel, "Constructivism and International Relations," in Walter Carlsnaes,
　　　Thomas Risse, and Beth A. Simmons eds., *Handbook of International Relations*
　　　（New York: Sage Publications, 2002）, pp.95-118.

Alagappa, Muthiah, "Asian Practice of Security: Key Features and Explanations."
　　　Asian Security Practice: Material and Ideational Influences, ed.（Muthiah
　　　Alagappa. Stanford: Stanford University Press, 1998）, pp. 611-676.

Alexander, George, *Presidential Decision Making in Foreign Policy: The Effective*

Use of Information and Advice, Boulder（Colo.: Westview Press, 1980）.

Allison, Graham T. , *Essence of Decision: Explaining the Cuban Missile Crisis*（1971）.

Allison, Graham, "Public and Private Management: Are They Fundamentally Alike in All Unimportant Respects," in Frederick S. Lane, ed.*Current Issues in Public Administration*（New York: St. Martin's Press, 1982）.

Almond, Gabriel A., "Political Science: the History of the Discipline," *A New Handbook of Political Science,* eds. Robert E. Goodin and Hans-Dieter Klingemann（Oxford: Oxford University Press,1996）.

Antolik, Michael, *ASEAN and the Diplomacy of Accommodation*（New York: M. E. Sharpe, Inc.,1990）.

Ariff, Mohamed, "Intra-regional Trade Liberation in ASEAN À La AFTA." *ASEAN in the New Asia: Issues and Trends*, eds. Chia Siow Yue and Marcello Pacini.（Singapore: Institute of Southeast Asian Studies, 1997）.

ASEAN 10th Summit Website: http://www.10thaseansummit.gov.la/1_asean_summit.htm (accessed 2004/11/20)

ASEAN Website: http://www.aseansec.org/（accessed 2003/9/30）

Ashley, Richard K., "The Poverty of Realism," in Robert O. Keohane ed., *Neorealism and Its Critics*（New York: Columbia University Press, 1986）.

Ashley, Richard, "Untying the Sovereign State: A Double Reading of the Anarchy Problematique," *Millennium*: *Journal of International Studies*, Vol.17, No.2（1988）, pp.403-434.

Axclrod, Robert and Robert Keohane, " Achieving Cooperation Under Anarchy: Strategies and Institutions," *World Politics,* Vol.38（October）, pp.226-254.

Axelrod, Robert M., *The Evolution of Cooperation*（New York: Basic Books,1984）.

Axworthy Lloyd, "Human Security and Global Governance: Putting People First," *Global Governance*, Vol.7, No.1（2001）, pp.1-23.

Baldwin, David A, "Power Analysis and World Politics: New Trends Versus Old Tendencies," *World Politics*, vol. 31, No. 2（1979）, pp. 161-194.

Baldwin, David A. *Paradoxes of Power*（New York: Basil Blackwell Inc., 1989）.

Baldwin, David A., ed. *Neorealism and Neoliberalism: The Contemporary Debate*

（New York: Columbia University Press,1993）.

Ball-Rokeach, S. J. M. Rokeach and J. W. Grube, *The Great American Values Test: Influencing Behavior and Belief through Television*（New York: Fress Press,1984）.

Bandura, A., *Social Learning Theory*（Englewood Cliffs: Prentice-hall, 1977）.

Barkin, J. Samuel, and Bruce Cronin, "The State and the Nation: Changing Norms and the Rules of Sovereignty," *International Organizations,* Vol. 48, No. 1（Winter 1994）, pp. 107-130.

Barkin, J. Samuel and Elizabeth R. DeSombre, "Unilateralism and Multilateralism in International Fisheries Management," *Global Governance,* vol. 6, No. 3（2000）, pp. 339-360.

Barnett, Michael, "High Politics Is Low Politics: The Domestic and Systemic Sources of Israeli Security Policy,1967-1977," *World Politics*, Vol. XLII, No. 4（July 1990）, pp.529-562.

Barnett, Michael N., "Alliances, Balances of Threats, and Neo-Realism: The Accidental Coup," In Colin Elman and John Vasquez, eds., *Realism and the Balancing of Power: A New Debate?*（New York: St. Martin's Press, 2002）.

Barnett, Michael, and Raymond Duvall, "Power in International Politics." *International Organization,* vol.59, No. 1（2005）, pp. 39-75.

Beer, Francis A., and Robert Harriman eds., *Post-Realism: The Rhetorical Turn in International Relations*（East Lansing: Michigan State Press, 2002）.

Bellany, Ian, "Defensive Arms and the Security Dilemma: A Cybernetic Approach," *Journal of Peace Research*, vol.33, No. 3（1996）, pp. 263-271.

Bendix, Reinhard, *Max Weber: An Intellectual Portrait*（New York: Doubleday, 1960）.

Bentley, A. F., *The Process of Government*（Cambridge: Belknap Press, 1967）.

Biersteker, Thomas J., "Critical Reflections on Post-positivism in International Relations" *International Studies Quarterly* , vol.33（1989）, pp. 243-267.

Bollen, Kenneth A, "Political Democracy and the Timing of Development," *American Sociology Review*, vol. 44（1979）, pp. 572-588.

Booth, Ken, and Steve Smith eds., *International Relations Theory Today*（PA: Pennsylvania State University Press, 1995）.

Brady, Linda, *The Politics Of Negotiation: America's Dealings With Allies, Adversaries, And Friends*（Chapel Hill & London: The University of North Carolina Press, 1991）.

Braybrooke, David, and Charles E. Lindblom, *A Strategy of Decision*（N.Y.: Free Press, 1963）.

Brus, Marcel, *Third Party Dispute Settlement in an Interdependent World*（Philil Drive, Norwell: Kluwer Academic Publishers, 1995）.

Büchs, Milena, "The Open Method of Coordination as a 'Two-Level Game'," *Policy & Politics*, Vol.36, No.1（2008）, pp.21-37.

Bueno de Mesquita, Bruce, "Game Theory, Political Economy, and the Evolving Study of War and Peace," *American Political Science Review*, Vol.100, No.4（2006）, pp.637-642.

Bush, George W. "Statement by the President on Taiwan and WHO," *Presidential News and Speeches*（2003/5/29）

Buzan, Barry, Ole Waever and Jaap de Wilde, *Security: A New Framework for Analysi*（Boulder: Lynne Reinner Publishers, 1998）.

Buzan, Barry, *People, the State and Fear: An Agenda for International Security Studies in the Post-cold War Era*（Boulder: Lynne Reinner Publisher, 1991）.

Campbell, Donald T., *Methodology and Epistemology for Social Science: Collected Papers*（Chicago: University of Chicago Press, 1988）.

Carlsnaes, W., "On Analysing the Dynamics of Foreign Policy Change," *Cooperation and Conflict*, Vol.28, No.1（1993）, pp.5-30.

Carlsnaes, W., "The Agency Structure Problem in Foreign Policy Analysis," *International Studies Quarterly*, Vol.36, No.3（1992）, pp.245-270.

Carmel, Budiardjo, and Liem Soei Liong, *The War Against East Timor*（London: Tapol, 1984）.

Carr, E. H, *The Twenty Years' Crisis, 1919-1939: An Introduction to the Study of International Relations*（New York: Harper and Row, 1964）.

Chaffee, S. H. and J. L. Hochheimer, "The Beginnings of Political Communication Research in the United States: Origins of the "Limited Effects Model," in M. Gurevitch and M. R. Levy, eds. *Mass Communication Review Yearbook*, Vol. 5（1985）, pp.75-104.

Chan Steve, "The Mouse that Roared: Taiwan's Management of Trade Relation With the U.S," *Comparative Political Studies*, Vol. 20, No. 2（July 1987）, pp.251-292.

Checkel, Jeffrey T., and Andrew Moravcsik, "A Constructivist Research Program in EU Studies?" *European Union Politics*, Vol.2, No.2（2001）, pp.219-249.

Checkel, Jeffrey T., "International Norms and Domestic Politics: Bridging the Rationalist-Constructivist Divide," *European Journal of International Relations* Vol.3, No.4（1997）, pp.473-495.

Checkel, Jeffrey T., "Norms, Institutions, and National Identity in Contemporary Europe," *International Studies Quarterly*, Vol.43, No.1（1999）, pp.83-114.

Checkel, Jeffrey T., "The Constructivist Turn in International Relations Theory," *World Politics*, Vol.50, No.2（1998）, pp.324-348.

Cheng-Tian Kuo, "Economic Statecraft Across the Taiwan Strait." *Issues and Studies,* Vol. 29, No. 10（October, 1993）, pp.19-37.

Chien-min Chao, "Taiwan 's Identity Crisis and Cross-Strait Exchanges" , *Issues and Studies*, Vol.30, No.4（April 1994）, pp.1-13.

Chung, Chien-Peng, "Resolving China's Island Disputes: A Two-Level Game Analysis," *Journal of Chinese Political Science*, Vol.12, No.1（2007）, pp.49-70.

Church, Peter, *A Short History of Southeast Asia*（Singapore: John Wiley & Sons, Ltd., 2003）.

Clinton, Bill, "The APEC Role in Creating Jobs, Opportunities, and Security," address to the Seattle APEC Host Committee（November 19, 1993）.

Coglianese, Cary, "Globalization and the Design of International Institutions." In *Governance in a Globalizing World*, eds. Joseph S. Nye, Jr. and John D. Donahue（Washington D. C.: Brooking Institution Press, 2000）.

Cohen, Bernard C., "National-International Linkage: Super Politics," in James Rosenau ed. *Linkage Politics*（1969）.

Colbert, Evelyn, "Regional Cooperation and the Tilt to the West." *The Pacific Basin: New Challenges for the United States*, ed. James W. Morley（New York: The Academy of Political Science, 1986）, pp. 46-56.

Collins, Alan, *Security and Southeast Asia: Domestic, Regional, and Global Issues*

（Singapore: Institute of Southeast Asian Studies, 2003）.

Converse, Philp, "The Natural of Belief System in Mass Public," *Ideology and Discontent*, edited by David Apter.（New York: Free Press, 1964）.

Cook, Thomas D., "Postpositivist Critical Multiplism," in R. Lane Shortland and Melvin M. Mark, eds. *Social Science and Social Policy*（Beverly Hills: Sage Publications, 1985）.

Cook, Thomas D., and Donald T. Campbell, *Quasi-experimentation: Design and Analysis Issues for Field Settings*（Boston: Houghton Miffin Company,1985）.

Cooper, Richard N, "Economic Interdependence and Foreign Policy in the Seventies," *World Politics* , vol.24 , No.2（1972）, pp. 159-181.

Copeland, Dale C., "The Constructivist Challenge to Structural Realism," *International Security*, Vol.25, No.2（2000）, pp.187-212.

Cortell, Andrew P., and James W. Davis, "Understanding the Domestic Impact of International Norms: A Research Agenda," *International Studies Review*, Vol.2, No.1（2000）, pp.65-87.

Cox, Robert, *Production, Power, and World Order*（New York: Columbia University Press, 1987）.

Cutright, P, "National Political Development: Measurement and Analysis," *American Sociological Review,* vol. 28（1963）, pp. 253-264.

Dahl, Robert, *Dilemmas of Pluralist Democracy.* Yale University Press, New Haven （1982）.

Declaration of ASEAN Concord II, http://www.aseansec.org/15159.htm,（accessed 2004/10/22）.

Dessler, David, "What's at Stake in the Agent-Structure debate?" *International Organization*, Vol.43, No.3（1989）, pp.441-473.

Deutsch, K. W., "What Do We Mean by Advances in Social Sciences?" In K. W. Deutsch, A. S. Markovits, and J. Platt, eds. *Advances in the Social Sciences, 1900-1980: What, Who, Where, How?*（Cambridge: Abt Books, 1986）.

Dole, Bob, *Text of Remarks*（Los Angeles, Calif, 1995）.

Dosch, Jörn, "Regional Security in the Asia Pacific: Sources of Conflict and Propects for Co-operation." *The New Global Politics of the Asia-Pacific* eds. Michael Connors, Rémy Davison and Jörn Dosch（New York: RoutledgeCurzon,

2004）.

Dosch, Jörn, "Southeast Asia and the Asia Pacific: ASEAN." In *The New Global Politics of the Asia-Pacific*, eds. Michael Connors, Rémy Davison and Jörn Dosch,（New York: RoutledgeCurzon, 2004）.

Doyle, Michael, "Liberalism and World Politics," *American Political Review* 80（December 1986）, pp. 1151-1169.

Doyle, Michael, and John Ikenberry, "The End of the Cold War, the Classic Tradition, and International Change," In *New Thinking in International Relations Theory* edited by Michael W. Doyle and John Ikenberry, pp.1-19.（Boulder C.O.: Westview Press, 1997）.

Dunn, William N. and Rita Mae Kelly, eds.（1992）. *Advances in Policy Studies Since 1950*, Vol. 10 of *Policy Studies Review Annual*. New Brunswick: Transaction Books.

Dye, Thomas R., *Understanding Public Policy*（Englewood Cliffs. N.J.: Prentice-Hall, Inc., 1988）.

Easton, David, *System Analysis of Political Life*（New York: Wiley, 1965）.

Elder, Charles D., and Roger W. Cobb, *The Political Use of Symbols*（NewYork: Longman, 1983）.

Elman, Colin, and Marian Fendius Elman, "Lakatos and Neorealism: A Reply to Vasquez." *American Political Science Review*, vol.91, No.4（1997）, pp. 901-925.

Elman, Colin, and Miriam Fendius Elman, eds, *Progress in International Relations Theory: Appraising the Field*（Cambridge: MIT Press, 2003）.

Embassy of the U.S. Canberra（2004）Kelly Says Taiwan Relations Act Key to West Pacific Stability Washington Files, EPF306 04/21/2004, State Department official's April 21 Congressional testimony）（6290）. http://usembassy-australia.state.gov/hyper/2004/0421/epf306.htm.（accessed April 28, 2004）.

Etzioni, Amitai, Mixed Scanning, "A Third Approach to Decision Making," *Public Administration Review*, vol. 27（1967）, pp. 385-392.

Etzioni, Amitai, "A Self-Restrained Approach to Nation-Building by Foreign Policy." *International Affairs*, vol. 80, No. 1（2004）, pp. 1-17.

Evans, Peter, *Bring the State Back In,* edited by Rueschemeyer, Dietrich and Theda.

Skocpol（Cambridge University Press, Cambridge and New York, 1985）.

Evans, Peter B. Harold, K. Jacobson and Robert D. Putnam, eds., *Double-Edged Diplomacy: International Bargaining and Domestic Politics*,（California: University of California Press, 1993）.

Farrell, Theo, "Constructivist Security Studies: Portrait of a Research Program," *International Studies Review*, Vol.4, No.1（2002）, pp.49-72.

Fearon, James, and Alexander Wendt, "Rationalism vs. Constructivism: A Skeptical View," in Walter Carlsnaes, Thomas Risse, and Beth A. Simmons, eds., *Handbook of International Relations*（New York: Sage Publications, 2002）.

Ferquson, Nial, "Hegemon or Empire?" *Foreign Affairs,* vol.82, No,5（2003）, pp.154-161.

Fierke, Karin M., "Critical Methodology and Constructivism," in Karin M. Fierke and Knud Erik Jorgensen eds., *Constructing International Relations: the Next Generation*（NY: M. E.Sharpe, 2001）.

Finer, S.E, *Anonymous Empire*（London: Pall Mall Press, 1966）.

FIRST Data Base, http://first.sipri.org（accessed 2004/9/14）.

Fisher, Richard D., "Deterring a Chinese Attack Against Taiwan: 16 Steps," *Decision Brief,* http://www.centerforsecuritypolicy.org/ index.jsp?section=papers&code= 04-D_14（accessed April 19, 2004）

Folk, R. A., "Contending Approaches to World Order." *Journal of International Affairs* , vol.31, No.2（1977）, pp. 171-198.

Friedrich, Carl J., and Edward Mason, eds. *Public Policy 40*（Cambridge: Harvard University Press, 1940）.

Gaddis, John Lewis, "International Relations Theory and the End of the Cold War." *International Security* , vol.17, No.3（1992）, pp. 5-58.

Gamson, W. A., D. Croteau, W. Hoynes, and T. Sasson, "Media Images and the Social Construction of Reality," *Annual Review of Sociology,* vol. 18（1992）, pp. 373-393.

Ganesan, N, "Bilateral Tensions in Post-Cold War ASEAN." *Pacific Strategic Papers* （Singapore: Institute of Southeast Asian Studies, 1999）.

Gerbner, G., L. Gloss, M. Morgan, and N. Signorielli, "The 'Mainstreaming' of America: Violence Profile No. 11." *Journal of Communication,* vol. 30, No. 3

（1980），pp.10-29.

Gilbert, Neil, and Harry Specht eds, *Planning for Social Welfare: Issues, Models, and Task*（Englewood Cliffs, N.J.: Prentice-Hall, Inc., 1977）.

Gilpin, Robert, *The Political Economy of International Relations*（Princeton: Princeton University Press, 1987）.

Gilpin, Robert, *War and Change in World Politics*（Cambridge: Cambridge University Press, 1987）.

Glaser, Charles L., "Realists as Optimists: Cooperation as Self-help," *International Security*, vol.19, No.3（1994），pp. 50-90.

Gleditsch, Nils Peter, and Håvard Hegre, "Peace and Democracy: Three Levels of Analysis," *Journal of Conflict Resolution*, Vol.41, No.2（1997），pp.283-310.

Glennon, Michael, "Why the Security Council Failed," *Foreign Affairs*, vol.82, No.3（2003），pp. 16-35.

Goh, Chok Tong, **"Deepening Regional Integration and Co-operation."** Address at The WEF EAST Asia Economic Summit 2002 on Tuesday, 8 October 2002, Kuala Lumpur, Malaysia, <http://www.aseansec.org/12322.htm>（accessed 2003/12/4）.

Goh, Chok Tong, "ASEAN-US Relations: Challenges." Speech at the ASEAN-United States Partnership Conference, New York, 07 September 2000. http://www.aseansec.org/2918.htm,（accessed 2004/5/20）.

Goldstein, Judith, and Robert Keohane, "Ideas and Foregn Policy: An Analytical Framework," In *Ideas and Foreign Policy: Beliefs, Institutions, ad Political Change*, edited by Judith Goldstgein and Robert Keohane,（Ithaca, N.Y.: Cornell University Press, 1993）.

Goldstein, Judith, Miles Kahler, Robert O. Keohane, and Anne-Marie Slaughter, "Introduction: Legalization and World Politics," *International Organization*, vol. 54, No.3（2000），pp. 385-399.

Goodman, John B. Debora Spar, and David B. Yoffie, "Inward Foreign Investment and U.S. Protection." *International Organization* Vol. 50, No. 4（Autumn, 1996），pp.565-592.

Gordenker, Leon, "What UN Principles? A U.S. Debate on Iraq," *Global Governance,* vol.9, No.3（2003），pp.283-289.

Gourevitch, Peter A., "The Second Image reversed: International Sources of Domestic Politics," *International Organization* , vol.32（1978）, pp. 881-912.

Grieco, Joseph M, "Understanding the Problem of International Cooperation: The Limit of Neoliberal Institutionalism and the Future of Realist Theory," *Neorealism and Neoliberalism: The Contemporary Debate*, ed. David A. Baldwin（New York: Columbia University Press, 1993）.

Grieco, Joshph M., "Realist International Theory and the Study of World Politics," *New Thinking in International Relations Theory*, edited by Michael W. Doyle and John Ikenberry（Boulder C.O.: Westview Press, 1997）.

Grunberg, Isabelle, "Exploring the Myth of Hegemonic Stability," *International Organization*, Vol. 44, No. 4（1990）, p. 431-453.

Guzzini, Stefano, & Anna Leander eds., *Constructivism and International Relations: Alexander Wendt and his critics*（New York: Routledge, 2006）.

Haas, Ernst B., *Beyond the Nation State: Functionalism and International Organization*（Stanford: Stanford University Press, 1964）.

Haas, Ernst B., *The Uniting of Europe: Political, Economic, and Social Forces, 1950-1957*（Stanford, Calif.: Stanford University Press, 1958）.

Haas, Ernst," Why Collaborate? Issue-Linkage and International Regimes," *World Politics* , vol.32, No.3（1980）, pp. 357-405.

Haas, Ernst, *When Knowledge is power: three models of change in international organizations*（London, England: University of California, 1990）.

Haas, Peter M., "Introduction: Epistemic Communities and International Policy Coordination," *International Organization* ,vol.46（1992）, pp. 1-35.

Haas, Peter M., and Ernst B. Haas, "Pragmatic Constructivism and the Study of International Institutions," *Millennium: Journal of International Studies*, Vol.31, No.3（2002）, pp.573- 601.

Haass, Richard N., *Intervention: The Use of American Military Force in the War World*（Washington, D.C.: Brooking Institute Press, 1999）.

Haass, Richard, "What to Do with American Primacy," *Foreign Affairs*, vol.78（1999）, pp. 37-49.

Hage, Jearid, and Michael Aiken, *Social Change in Complex Organization*（New York: Random House, 1970）.

Hajer, M., "Discourse Coalitions and the Institutionalization of Practice: The Case of Acid Rain in Britain." In F. Fischer and J. Forester, eds., *The Argumentative Turn in Policy Analysis and Planning*（Durkam: Duke University Press, 1993）.

Hall, Rodney Bruce, *National Collective Identity: Social Constructs and International System*（New York: Columbia University Press,1999）.

Hanrieder, Wolfram F. "Dissolving International Politics: Reflections on the Nation-State," *American Political Science Review,* Vol. 72, No. 4（1978）, pp.1276-1287

Hasenclever, Andreas, Peter Mayer and Volker Rkittberger, *Theories of International Regimes*（Cambridge: Cambridge Universality Press, 1997）.

Hawkesworth, Mary E., *Theoretical Issues in Policy Analysis*（Albany: State University of New York Press,1988）.

Hayes, Michael T., *Incrementalism and Public Policy*（New York: Longman, 1992）.

Heike Krieger, ed., *East Timor and International Community: Basic Documents*（N.Y.: Cambridge University Press, 1997）.

Hermann, Margaret, and Joe Hagan, "International Decision Making: Leadership Matters," *Foreign Policy*,vol.109（1998）, pp. 124-137.

Hermann, Margaret G, "One Field, Many Perspectives: Building the Foundations for Dialogue, 1998 ISA Presidential Address," *International Studies Quarterly*, vol.42, No.4（1998）, pp. 605-624.

Hill, H. Monte, "Community Formation within ASEAN." *International Organization*, vol.32, No.2（1978）, pp. 569-575.

Hill, Michael, *The Policy Process in the Modern State*（Hemel Hempstead: Prentice Hall/Harvester Wheatsheaf, 1997）.

Hobbes, Thomas, *Leviathan*（New York: Oxford University Press, 1996）.

Hoffmann, Stanley, "International Systems and International Law," in Hoffmann ed., *The State of War: Essays on the Theory and Practice of International Politic*（New York: Praeger, 1965）.

Holloway, Steven, "U.S. Unilateralism at the UN," *Global Governance,* vol.6, No.3（2000）, pp.361-381.

Holsti, K. J, "Governance without Government: Polyarchy in Nineteenth-Century European International Politics." In *Governance without Government: Order and Change in World Politics*, eds. James N. Rosenau and Ernst Otto Czempiel. （Cambridge: Cambridge University Press, 1992）.

Holsti, Ole, *Public Opinion and American Foreign Policy*（Ann Arbor: The University of Michigan Press, 1996）.

Hopf, Ted, "The Promise of Constructivism in International Relations Theory," *International Security*, Vol.23, No.1（1998）, pp.171-200.

Houghton, David Patrick, "Reinvigorating the Study of Foreign Policy Decision Making: Toward a Constructivist Approach," *Foreign Policy Analysis*, Vol.3, No.1（1997）, pp.24–45.

Hseik-wen, Soong（宋學文）, "The Implications of Cross-Level-Analysis on International Relations Theory"，載於徐永明、黃紀主編，政治分析的層次（台北：韋伯，2001年）。

Hudson, Valerie M., "Foreign Policy Analysis: Actor-Specific Theory and the Ground of International Relations," *Foreign Policy Analysis*, Vol.1, No.1（2005）, pp.1-30.

Hugh O'Shaughnessy, "Reporting East Timor: Western Media Coverage of the Conflict," in Paul Hainsworth and Stephen McCloskey, eds., *The East Timor Question: The Struggle for Independence from Indonesia*（New York: I.B. Tauris & Co Ltd, 2000）.

Hughes, Owen E., *Public Management and Administration: An Introduction*（New York: St. Martin's Press, Inc., 1998）.

Huntington, Samuel P., "Why International Primacy Matters," *International Security*, Vol. 17, No. 4（Spring 1993）, pp. 58-72.

Huntington, Samuel P., *The Third Wave: Democratization in the Last Twentieth Century*（Norman Oklahoma: University of Oklahoma Press, 1993）.

Iida, Keisuke, "When and How Do Domestic Constraints Matter? Two-Level Games with Uncertainty," *The Journal of Conflict Resolution*, Vol.37, No.3（1993）, pp.403-426.

Ikenberry, G. John, "America's Liberal Hegemony," *Current History,* vol.98（1999）, pp. 23-28.

Ikenberry, G. John, "Getting Hegemony Right," *The National Interest,* vol.63
（2001）, pp.17-24.

Ikle, Fred Charles, *How Nations Negotiate*（New York: Harper & Row, 1964）.

Jarvis, Darry S. L, *International Relations and the Challenge of Postmodernism:
Defending the Discipline*（Columbia: University of South Carolina Press ,
2000）.

Jepperson, Ronald L., Alexander Wendt, and Peter J. Katzenstein, "Norms, Identity
and Culture in National Security," in Peter Katzenstein, ed., *The Culture of
National Security: Norms and Identity in World Politics*（New York: Columbia
University Press, 1996）.

Jervis, Robert, "Cooperation under the Security Dilemma," *World Politics*, Vol. 30,
No. 2（1978）, pp.167-214.

Jervis, Robert, *Perception and Misperception in International Politics*（Princeton:
Princeton University Press, 1976）.

Jervis, Robert, Richard Ned Lebow, and Janice Gross Stein, *Psychology and
Deterrence*（Baltimore: Johns Hopkins University Press, 1985）.

Jervis, Robert, "The Future of World Politics: Will it Resemble the Past?"
International Security, vol.16, No.3（1991）, pp.39-73.

Jervis, Robert, "Realism in the Study of World Politics." *International Organization
*, vol.52, No.4（1998）, pp. 971-991.

Johnston, Alastair Iain, "Socialization in International Institutions: The ASEAN Way
and International Relations Theory," In *International Relations Theory and The
Asia-Pacific*, eds. G. John Ikenberry and Michael Mastanduno（New York:
Columbia University Press, 2003）, pp. 107-162.

Jolliffe, Jill, *East Timor: Nationalism and Colonialism*（St. Lucia Queensland:
University of Queensland Press, 1978）.

Joint Communiqué of the 37th ASEAN Minister Meeting（2004）, <http://www.
aseansec.org/16192.htm >（accessed 2005/1/4）

Joint Communiqué of the 3rd ASEAN Head of Government Meeting（1987）.
<http://www.aseansec.org/5107.htm>（accessed 2005/1/4）.

Jones, Charel. O., *An Introduction to the Study of Public Policy North Scitnate*
（Mass.: Duxbury Press, 1977）.

Jordan, A. G., and J. J. Richardson, *British Politics and the Policy Process* (London: Unwin Hyman,1987).

Kaarbo, Juliet, "The Domestic Politics of International Negotiations: The Effects of State Structures and Policy Making Processes," *International Interactions*, Vol.27, No.2 (2001), pp.169-205.

Kahler, Miles, "Legalization as Strategy: The Asia-Pacific Case," *International Organization*, vol.54, No.3 (2000), pp. 549-571.

Kang, David C., "Hierarchy, Balancing, and Empirical Puzzles in Asian International Relations," *International Security*, vol. 28, No. 3 (2003), pp. 165-180.

Kant, Immanuel, "Perpetual Peace: A Philosophical Sketch." In *Classics of International Relations*, ed. John A. Vasquez (New Jersey: Prentice-Hall, 1996).

Kaplan, Morton, *System and Process in International Politics* (New York: John Wiley & Sons, Inc., 1957).

Kapstein, Ethan B., "Is Realism Dead? The Domestic Sources of International Politics," *International Organization*, Vol.49, No.4 (1995), pp.751-774.

Kassim, Yang Razali, *Transition Politics in Southeast Asia: Dynamics of Leadership Change and Succession in Indonesia and Malaysia* (Singapore: Marshall Cavendish Academic, 2005).

Kastner, Scott L., "When Do Conflicting Political Relations Affect International Trade?" *Journal of Conflict Resolution*, Vol. 51, No. 4 (2007), pp.664-688.

Katzenstein, Peter J, *Between Power and Plenty: Foreign Economic Policies of Advanced Industrial States* (Madison: University of Wisconsin Press, 1978).

Katzenstein, Peter J.," Introduction: Alternative Perspectives on National Security." *The Culture of National Security: Norms and Identity in World Politics*, edited by Peter Katzenstein (New York: Columbia University Press, 1996).

Katzenstein, Peter J., Robert Keohane and Stephen D. Krasner, "International Organization and the Study of World Politics," *International Organization,* vol. 52, No. 4 (1998), pp. 645-686.

Katzenstein, Peter J., and Nobuo Okawara, "Japan, Asian-Pacific Security, and the Case for Analytical Eclecticism." *International Security*, vol.26, No. 3 (2001), pp. 153-185.

Kaufman, Robert G., "A Two-Level Interaction: Structure, Stable Liberal Dmocracy, and U.S. Grand Strategy," *Security Studies*, Vol.3, No.4（1994）, pp.678-717.

Keating, Patrick, "The Fictional Worlds of Neorealism," *Criticism*, Vol.45, No.1（2003）, pp.11-30.

Kegley, Charles W., *Controversies in International Relations Theory: Realism and the Neoliberal Challenge*（New York: Macmillan Press, 1995）.

Kelegama, Saman, "Bangkok Agreement and BIMSTEC: Crawling Regional Economics Grouping in Asia." *Journal of Asian Economics*, vol.12（2001）, pp. 105-121.

Kennedy, Paul, *The Rise and Fall of the Great Powers: Economic Change and Military Conflict from 1500 to 2000*（New York: Random House, 1987）.

Keohane, Robert O, "International Organization and the Crisis of Interdependence," *International Organization*, vol.29, No.2（1975）, pp.357-365.

Keohane, Robert O., "Realism, Neorealisn and the Study of World Politics." *Neorealism and Its Critics*, ed. Robert O. Keohane（New York: Columbia University Press, 1986）, pp. 1-26.

Keohane, Robert O., "Theory of World Politics: Structural Realism and Beyond." *Neorealism and Its Critics*, ed. Robert O. Keohane（New York: Columbia University Press,1986）, pp.158-203.

Keohane, Robert O., *After Hegemony: Cooperation and Discord in the World Political Economy*（Princeton, N.J.: Princeton University Press, 1984）.

Keohane, Robert O., and Helen Milner, eds., *Internationalization and Domestic Politics*（Cambridge: Cambridge University Press, 1996）.

Keohane, Robert O., and Joseph S. Nye, "Introduction," in Joseph S. Nye, Jr. and John D. Donahue, eds., *Governance in a Globalizing World*（Washington, D.C.: Brookings Institution Press, 2000）.

Keohane, Robert O., and Joseph S. Nye, "Power and Interdependence Revisited," *International Organization*, Vol.41, No.4（1987）, pp.725-753.

Keohane, Robert O., and Joseph S. Nye, "Power and Interdependence in the Information Age," *Foreign Affairs*, Vol.77, No.5（1998）, pp.81-94.

Keohane, Robert O., and Joseph S. Nye, Jr., *Power and Interdependence*（New York: Harper Collins, 1989）.

Keohane, Robert O., and Joseph S. Nye, Jr. eds., *Transnational Relations and World Politics*（Cambridge: Harvard University Press, 1971）.

Keohane, Robert O., and Joseph S. Nye, Jr., *Power and Interdependence: World Politics in Transition*（Boston: Little, Brown, 1977）.

Keohane, Robert O., and Lisa L. Martin, "The Promise of Institutionalist Theory." In *Theories of War and Peace*, eds. Michael E. Brown et al.（Massachusetts: The MIT Press, 1998）, pp. 384-396.

Keohane, Robert O., and Lisa L. Martin, "Institutional Theory as a Research Program." In *Progress in International Relations Theory: Appraising the Field*, eds. Colin Elman and Miriam Fendius Elman.（Cambridge: MIT Press, 2003）, pp. 71-107.

Keohane, Robert O., and Lisa Martin, "The Promise of Institutionalist Theory," *International Security*, vol.20, No. 1（1995）, pp. 39-51.

Keohane, Robert O. ed., *Neorealism and Its Critics*（New York: Columbia University Press, 1986）.

Keohane, Robert O., "Hegemonic Leadership and U.S. Foreign Economic Policy in the "Long Decade" of the 1950s," in William Avery and David P. Rapkin, eds., *America in a Changing Global Economy*（New York: Longman, 1982）, pp.49-76.

Keohane, Robert O., "Ideas Part-Way Down," *Review of International Studies*, Vol. 26, No. 1（2000）, pp.125-130.

Keohane, Robert O., "International Institutions: Two Approaches," *International Studies Quarterly*, vol.32（1988）, pp.379-396, reprinted in Robert O. Keohane, *International Institutions and State Power: Essays in International Relations Theory*, pp.158-179（Boulder: Westview Press, 1989）.

Keohane, Robert O., "The Theory of Hegemonic Stability and Changes in International Economic Regime,1967-1977," in Ole R. Holsti, Randolph M. Siverson, and Alexander L. George, eds., *Change in the International System*, pp.131-162,（Boulder: Westview Press, 1980）.

Keohane, Robert O., *International Institutions and State Power: Essays in International Relations Theory*（Boulder: Westview, 1989）.

Keohane, Robert O., Joseph S. Nye. Jr., and Stanley Hoffmann, eds., *After the Cold*

War: International Institutions and State Strategies in Europe,1989-1991 (Cambridge, Mass.: Harvard University Press, 1993).

Keohane, Robert O., *Power and Governance in a Partially Globalized World* (New York: Routledge, 2002).

Keohane, Robert O., and Stephen D. Krasner, eds., *Exploration and Contestation in the Study of World Politics* (Cambridge: The MIT Press,1999).

Kindleberger, Charles P., *The World in Depression. 1929-1939* (Berkeley: University of California Press, 1973).

King, Anthony ed., *The New American Political System* (American Enterprise Institute, Washington D.C., 1978).

Klapper, J. C., *The Effects of Mass Communication* (New York: Free Press, 1960).

Klare, Michael T., and Daniel C. Thomas, eds., *World Security: Trends & Challenges at Century's End* (New York: St. Martin's Press, Inc., 1995).

Klijn, E., "Analyzing and Managing Policy Process in Complex Networks: A Theoretical Examination of the Concept, Policy Network and Its Problem," *Administration and Society,* vol. 28, No. 1 (1986), pp.90-119.

Klotz, Audie, "Moving beyond the Agent-Structure Debate," *International Studies Review*, Vol.8, No.2 (2006), pp.355–355.

Knoke, David, *Political Networks: The Structure Perspectiv,* (Cambridge University Press, 1990).

Knopf, Jeffrey W., "Beyond two-level games: domestic-international interaction in the intermediate-range nuclear forces negotiations," *International Organization*, Vol.47, No.4 (1994), pp.599-628.

Košan, Michal, "Agents, Structures and International Relations," *Journal of International Relations and Development*, Vol.10, No.3 (2007), pp.324-326.

Krasner, Stephen D., *International Regime* (N.Y.: Cornell University Press, 1983).

Krasner, Stephen D.. *International Regimes*. Ithaca: Cornell University Press (1984).

Krasner, Stephen D., *Structural Conflict: The Third World Against Global Liberalism* (Berkeley: University of California Press,1985).

Krasner, Stephen D., "Power Politics. Institutions, and Transnational Relations," in Thomas Risse-Kappen, ed., *Bringing Transnational Relations Back In: Non-*

state Actors, Domestic Structures, and International Institutions（New York: Cambridge University Press, 1995）, pp.257-279.

Krasner, Stephen D., "The Accomplishments of International Political Economy," in Mark V. Kauppi and Paul R. Viotti, eds., *International Relations Theory: Realism, Pluralism, Globalism, and Beyond*（Boston, MA :Allyn & Bacon, 1998）.

Kratochwil, Friedrich, "Constructing a New Orthodoxy? Wendt's Social Theory of International Politics and the Constructivist Challenge," *Millennium: Journal of International Studies*, Vol.29, No.1（2000）, pp.73-101.

Krause, Keith, "Broadening the Agenda of Security Studies: Politics and Methods." *Mershon International Studies Review*, vol. 35（1996）, pp. 229-254.

Ku, Sameul C. Y., "Southeast Asia: Opportunities and Challenges in the New Century." In *Southeast Asia in the New Century: An Asian Perspective*, ed. Samuel C. Y. Ku.（Kaohsiung: Center for Southeast Asian Studies, 2002）, pp. 1-16.

Kuhn, Thomas S., *The Structure of Scientific Revolutions*（Chicago: Chicago University Press, 1962）.

Kurth, James, "Migration and the Dynamics of Empire," *The National Interest*, vol. 71（2003）, pp. 5-16.

Kurus, Bilson, "ASEAN-izing Southeast Asia." In *The Evolving Pacific Power Structure*, ed. Derek da Cunha（Singapore: Institute of Southeast Asian Studies, 1996）, pp. 75-80.

Lakatos, Imre, "Falsification and the Methodology of Scientific Research Programmes." In Imre Lakatos and A. Musgrave, eds. *Criticism and the Growth of Knowledge*（Cambridge: Cambridge University Press, 1970）, pp.91-195.

Lake, David A., "Beyond Anarchy: The Importance of Security Institutions." *International Security,* vol. 26, No. 1（2001）, pp.129-160.

Lampton, David M., "Small Mercies: China and America after 9/11," *The National Interest*, No. 66（2001）, pp. 106-113

Lampton, David M. ed., *The Making of Chinese Foreign and Security Policy in the Era of Reform, 1978-2000*（Stanford: Stanford University Press, 2001）.

Lampton, David M. *Same Bed, Different Dreams: Managing US-China Relations,*

1989-2000（California: University of California Press, 2001）.

Lapid, Yosef, "The Third Debate: On the Prospects of International Theory in a Post-Positivist Era." *International Studies Quarterly*, vol.33, No. 3（1998）, pp. 235-254.

Larson, Deborah Welch, *Origins of Containment: A Psychological Explanation*（Princeton: Princeton University Press, 1985）.

Latham, Robert, "Getting Out From Under: Rethinking Security Beyond Liberalism and the Levels-of-Analysis Problem," *Millennium: Journal of International Studies*, Vol.25, No.1（1996）, pp.77-108.

Lebow, Richard N., *Between Peace and War: The Nature of International Crisis*（Baltimore: The John Hopkins University Press,1981）.

Lebow, Richard N., "The Long Peace, the End of the Cold War, and the Failure of Realism," *International Organization*, vol.48, No. 2（1994）, pp. 249-277.

Lebow, Richard N., "Thucydides the Constructivist," *American Political Science Review*, Vol. 95, No. 3（2001）, pp.547-560.

Lee, Lai To, "ASEAN-PRC Political and Security Cooperation: Problems, Proposals and Prospects." *Asian Survey,* vol. 33, No. 11（1993）, pp. 1095-1104.

Lehmbruch, Gerhard and Philippe Schmitter eds., *Patterns of Corporatist Policy Making*（Sage Publications, London and Beverly Hills, 1982）.

Liefer, Michael, *Indonesia's Foreign Policy*（Boston: George Allen & Unwin, 1983）.

Leifer, Michael, *The ASEAN Forum: Extending ASEAN's Model of Regional Security, ADELPHI Paper 302*（New York: Oxford University Press, 1996）.

Levy, Jack S., "Contending Theories of International Conflict: A Levels-of- Analysis Approach," In Chester Crocker and Fen Hampson, eds., *Managing Global Chaos: Sources of and Responses to International Conflict*（Washington, D.C.: United States Institute of Peace, 1996）, pp.3-24.

Lezaun, Javier, "Limiting the Social: Constructivism and Social Knowledge in International Relations," *International Studies Review*, Vol.4, No.3（2002）, pp.229-234.

Lida, Keisuke, "When and How Do Domestic Constraints Matter," *Journal of Conflict Resolution,* vol. 37, No. 3（1993）, pp. 403-426.

Lieb, Doug, "The Limits of Neorealism: Marginal States and International Relations Theory," *Harvard International Review*, Vol.26, No.1（2004）, pp.16-30.

Lindblom, Charles E," The Science of Muddling Through," *Public Administration Review*, vol. 19（Spring 1959）, pp. 79-88.

Lindblom, Charles E, *The Policy-making Process*（Englewood Cliffs: Prentice-Hall, 1968）.

Lindblom, Charles E., *A Strategy of Decision: Policy Evaluation as a Social Process*（New York: Free Press of Glencoe, 1970）.

Lindblom, Charles E, *Political and Markets: The World's Political Economic System*（New York: Basic Books, 1977）.

Lin-jun Wu, "How Far Can the ROC's Informal Diplomacy Go?" *Issues and Studies*, Vol. 30, No. 7（July 1994）, pp.82-102.

Linton F. Brooks and Arnold Kanter, "Introduction," in Linton F. Brooks and Arnold Kanter, eds., *U.S. Intervention Policy for the Post-Cold War World*（New York :W.W. Norton, 1994）.

Lipset, S.M., *Political Man*.（New York: Doubleday, 1959）.

Little, Richard, "International Regimes." In *The Globalization of World Politics: An Introduction to International Relations*, eds. John Baylis and Steve Smith（New York: Oxford University Press Inc., 1997）, pp.231-247.

Lord, Winston, "U.S. Policy toward China: Security and Military Considerations," *U.S. Department of State Dispatch.* Vol. 5, No.42（1995）, pp. 773-775.

Lyons, Gene M., "The UN and American Politics," *Global Governance,* vol.5, No. 4（1999）, pp. 497-511.

Maghroori, Ray, and Bennett Ramberg, *Globalism Versus Realism: International Relations' Third Debate*（Boulder: Westview Press, 1982）.

Makaruddin, Hashim, *Reflections on ASEAN: Selected Speeches of Dr. Mahathir Mohamad, Prime Minister of Malaysia*（Malaysia: Pelanduk Publications（M）Sdn Bhd, 2004）.

Mansfield, Edward D., and Brian M. Pollins, "The Study of Interdependence and Conflict," *Journal of Conflict Resolution*, vol.45, No.6（2001）, pp.834-859.

Marks, Michael P., *The Prison as Metaphor: Re-Imagining International Relations*（New York: Peter Lang, 2004）.

Martin, Lisa L., *Coercive Cooperation: Explaining Multilateral Economic Sanctions* (Princeton: Princeton University Press, 1992)

Martin, Lisa, and Robert Keohane, "The Promise of Institutional Theory," *International Security*, vol. 20, No. 1 (1995), pp.39-51.

Masgrave, Richard A., and Peggy B. Musgrave, *Public Finance in Theory and Practice* (New York: McGraw-Hill, 1989).

Mastauduno, Michael, "Preserving the Unipolar Moment: Realist Theories and U.S. Grand Strategy after the Cold War," *International Security*, vol.21, No.1 (1997), pp. 49-88.

Mastanduno, Michael, "A Realist View: Three Images of the Coming International Order." In *International Order and the Future of World Politics*, eds. T. V. Paul and John A. Hall. (Cambridge: Cambridge University Press, 1999), pp. 19-40.

Mayer, Frederick, "Managing domestic differences in international negotiations: the strategic use of internal side-payment," *International Organization*, vol. 46, No. 4 (1992), pp. 1-26.

McDougall, Derek, *The International Politics of the New Asia Pacific* (Boulder: Lynne Rienner Publishers, 1997).

McMillan, Susan M., "Interdependence and Conflict," *Mershon International Studies Review*, Vol. 41, No. 1 (1997), pp.33-58.

McQuail, D. and S. Windahl, *Communication Models for the Study of Mass Communication* (London: Longman, 1987).

Mearsheimer, John J., *The Tragedy of Great Power Politics* (New York: Norton, 2001).

Mearsheimer, John, "Back to the Future: Instability in Europe After the Cold War.," *International Security*, vol. 15 (1990), pp. 5-56.

Menkel-Meadow, Carrie J., "Correspondences and Contradictions in International and Domestic Conflict Resolution: Lessons from general Theory and Varied Contexts," *Journal of Dispute Resolution*, vol.2003, No.2 (2003), pp.319-352.

Mercer, Jonathan, "Anarchy and Identity," *International Organization*, vol. 49, No. 2 (2001), pp. 229-252.

Milner, Helen , "International Theories of Cooperation among Nations: Strengths and Weakness," *World Politics*, vol. 44（1992）, pp. 466-496.

Milner, Helen, *Interests, Institutions, and Information: Domestic Politics and International Relations*（Princeton: Princeton University Press, 1997）.

Ming Wan, "Spending Strategies in World Politics: How Japan Has Used Its Economic Power in the Past Decade," *International Studies Quarterly*, Vol. 39, No. 1（March 1995）, pp.85-108.

Mingst, Karen, *Essentials of International Relations*（New York: W.W. Norton, 2004）.

Mintz, Alex, "The Decision to Attack Iraq: A Noncompensatory Theory of Decision Making," *The Journal of Conflict Resolution*, vol.37, No.4（1993）, pp. 595-618.

Mintz, Alex, "The Decision to Attack Iraq: A Noncompensatory Theory of Decision Making," *The Journal of Conflict Resolution,* vol. 37, No. 4（1993）, pp.595-618.

Mitchell, Ronald B., "Source of Transparency: Information Systems in International Regimes," *International Studies Quarterly*, vol. 42（1998）, pp. 109-130.

Moravcsik, Andrew, "Introduction: Integrating International and Domestic Theories of International Bargaining." In *Double Edged Diplomacy: International Bargaining and Domestic Politics*, eds. Peter B. Evans, Harold K. Jacobson and Robert D. Putnam.（California: University of California Press,1993）, pp. 3-42.

Moravcsik, Andrew, "Taking Preference Seriously: A Liberal Theory of International Politics," *International Organization*, vol. 51, No. 4（1997）, pp. 513-553.

Morgenthau, Hans J., *Politics among Nations: The Struggle for Power and Peace.*（New York: Knopf, 1948）.

Morse, Edward L, "The Transformation of Foreign Policies: Modernization, Interdependence, and Externalization," *World Politics*, vol. 22, No. 3（1970）, pp. 371-392.

Narine, Shaun, "ASEAN and the Management of Regional Security," *Pacific Affairs*, vol. 71, No. 2（1998）, pp. 195-214.

New York Times, " Indonesia Assisting Militias, U.S. Says," *New York Time,*

（September 11, 1999）.

New York Times, " Toward a recount in Taiwan," March 25. http://www.nytimes. com/2004/03/25/opinion/25THU3.html (accessed March 26, 2004).

Newsweek, "Pyrrhic Victory?" March 29. http://www.msnbc.msn.com/id/4571271/ (accessed March 30, 2003)

Nixon, Richard, "Asia After Vietnam," *Foreign Affairs*, Vol. 46, No. 1（October 1967）, pp.111-125.

Noelle-Neumann, E., *The Spiral of Silence: Public Opinion—Our Social Skin*, 2nd ed.（Chicago: University of Chicago Press, 1993）.

Nordlinger, Eric, *On the Autonomy of the Democratic State*（Harvard University Press, Cambridge, Mas, 1981）.

Nye, Joseph S. Jr., "Redefining the National Interest," *Foreign Affairs*, vol.78（1999）, pp. 22-35.

Nye, Joseph S. Jr., *Bound to Lead: The Changing Nature of American Power*（New York: Basic Books, 1990）.

Nye, Joseph S., Jr., *The Paradox of American Power: Why the World's Only Superpower Can't Go It Alone*（New York: Oxford University Press, 2002）.

Nye, Joseph S. Jr., "The Velvet Hegemon: How Soft Power Can Help Defeat Terrorism," *Foreign Policy,* vol. 136（2003）, pp.54-75.

Nye, Joseph S. Jr., "U.S. Power and Strategy after Iraq," *Foreign Affairs,* vol. 82, No. 4（2003）, pp. 60-73.

Nye, Joseph S., Jr., *Soft Power: The Means to Success in World Politics*（New York: Public Affairs, 2004）.

O'Connor, James, *The Fiscal Crisis of the State*（New York: St Martin's Press, 1971）.

Oneal, John R., Frances H. Oneal, Zeev Maoz and Bruce Russett, "The Liberal Peace: Interdependence, Democracy, and International Conflict, 1950-85," *Journal of Peace Research*, Vol. 33, No. 1（1996）, pp.11-28.

Onuf, N., "Constructivism: A User's Manual," In V. Kublkov, N. Onuf and P. Kowert, ed., *International Relations in a Constructed World*（New York: M.E. Sharpe, 1998）.

Onuf, Nicholas G., *World of Our Making: Rules and Rule in Social Theory and*

International Relations（Columbia: University of South Carolina Press, 1989）.

Osborne, David, and Ted Gaebler, *Reinventing Government: How the Entrepreneurial Spirit is Transforming the Public Sector*（Reading: Addison-Wesley, 1990）.

Ostrom, E., *Governing the Commons: The Evolution of Institutions for Collective Action*（Cambridge: Cambridge University Press, 1990）.

Oye, Kenneth A. ed., *Cooperation Under Anarchy*（Princeton: Princeton University Press, 1986）.

Oyvind, Osterud, "Antinomies of Postmodernism in International Studies," *Journal of Peace Research*, Vol. 33, No. 4（1996）, pp.375-390.

Pahre, Robert, and Paul A. Papayoanou, "Using Game Theory to Link Domestic and International Politics," *The Journal of Conflict Resolution*, Vol.41, No.1（1997）, pp.1-17.

Papayoanou, Paul A., *Power Ties: Economic Interdependence, Balancing and War*（Ann Arbor: University of Michigan Press, 1999）.

Paul Hainsworth," Conclusion: East Timor After Suharto — A New Horizon," in Paul Hainsworth and Stephen McCloskey, eds., *The East Timor Question: The Struggle for Independence from Indonesia*（New York: I.B. Tauris & Co Ltd., 2000）.

Pauline Kerr, Andrew Mack, and Paul Evans, "The Evolving Security Discourse in the Asia-pacific," in Andrew Mack and John Ravenhill, eds., *Pacific Cooperation: Building Economic and Security Regimes in the Asia-Pacific Region*（Boulder, CO: Westview Press, 1995）.

Payne, Rodger A., "Neorealists as Critical Theorists: The Purpose of Foreign Policy Debate," *Perspectives on Politics*, Vol. 5, No. 3（2007）, pp.503-514.

Pevehouse, Jon C., "Interdependence Theory and the Measurement of *International Conflict*," *The Journal of Politics*, Vol. 66, No. 1（2004）, pp.247-266.

Pierre, Jon, and B. Guy Peters, *Governance, Politics and the State*（New York: St. Martin's Press, 2000）.

Powell, Robert, "The Problem of Absolute and Relative Gains in International Relations Theory," *American Political Science Review*, Vol. 85（December

1991）, pp. 1303-1320.

Pross, Paul A., *Group Politics and Public Policy*（Toronto: Oxford University Press, 1986）.

Puchala, Donald J., *Theory and History in International Relations*（New York: Routledge, 2003）.

Putnam, Robert D., "Diplomacy and Domestic Politics: The Logic of Two-level Games" *International Organization,* vol. 42（1988）, pp. 427-460.

Radtke, Kurt W. and Raymond Feddema, eds., *Comprehensive Security in Asia: Views from Asia and the West on a Changing Security Environment*（Leiden: Brill, 2000）.

Ralph, N. Clough, *Reaching Across the Taiwan Strait*（Boulder, Colo.: Westview Press, 1993）.

Ravenhill, John, *APEC and the Construction of Pacific Rim Regionalism*（Cambridge: Cambridge University Press, 2001）.

Ray, James L., "Integrating Levels of Analysis in World Politics," *Journal of Theoretical Politics*, Vol.13, No.4（2001）, pp.355-388.

Richard Falk, "The East Timor Ordeal: International Law and It's Limits," *Bulletin of Concerned Asian Scholars*, Vol. 32, No. 1and 2（January – June 2000）.

Richardson, J. J., and A. G. Jordan, *Governing under Pressure: The Policy Process in a Post Parliamentary Democracy*（Oxford: Martin Roberston, 1979）.

Risse, Thomas, and Kathryn Sikkink, "The Socialization of International Human Rights Norms into Domestic Practices: Introduction," in Thomas Risse et al., eds., *The Power of Human Right: International Norms and Domestic Change*（New York: Cambridge University Press, 1999）, pp.1-38.

Risse-Kappen, Thomas, *Bringing Transnational Relations Back In: Non-State Actors, Domestic Structures And International Institutions*（Great Britain: Cambridge University Press, 1995）.

Robert W. Merry, "Bill Clinton and the Triumph of Wilsonism," *The International Economy*, Vol. 13, No. 4（July/August 1999）, pp. 20-27.

Roberts, Geoffrey, "History, theory and the narrative turn in IR," *Review of International Studies*, Vol. 32, No. 4（2006）, pp.703-714.

Rolls, Mark G., "Security Co-operation in Southeast Asia: An Evolving Process,"

Contemporary Security Policy, vol. 15, No. 2（1994）, pp. 65-79.

Romberg, Alan, *Rein In at the Brink of the Precipice: American Policy Toward Taiwan and U.S.-PRC Relations*（Washington, D.C.: The Henry L. Stimson Center, 2003）.

Rosecrance, Richard, and Arthur Stein, "Interdependence: Myth or Reality." *World Politics*, vol.26, No, 1（1973）, pp.1-27.

Rosecrance, Richard N., *Action and Reaction in World Politics: International System in Perspective*（Boston: Little Brown, 1963）.

Rosenau, James N., *Along the Domestic-Foreign Frontier: Exploring Governance in a Turbulent World*（Cambridge: Cambridge University Press, 1997）.

Rosenau, James N., *Turbulence in World Politics: A Theory of Change and Continuity*（Princeton: Princeton University Press, 1990）.

Rosenau, James N., and Ernst-Otto Czempiel, eds., *Governance Without Government. Order and Change in World Politics*（Cambridge: Cambridge University Press, 1992）.

Rosenau, James, *Linkage Politics: Essays on the Convergence of National and International Systems*（New York: Free Press, 1969）.

Rourke, Francis E., *Bureaucracy, Politics, and Public Policy*（New York: Longman, 1989）.

Ruggie, John G., "Continuity and Transformation in the World Polity: Toward A Neorealist Synthesis," *World Politics,* vol. 35, No. 2（1983）, pp. 261-285.

Ruggie, John Gerard, "Continuity and Transformation in the World Polity." In *Neorealism and Its Critics*, ed. Robert O. Keohane（New York: Columbia University Press, 1986）, pp. 131-157.

Ruggie, John G., "Multilateralism: The Autonomy of an Institution," *International Organization*, Vol.46, No.3（1992）, pp.561-598.

Ruggie, John Gerard, ed., *Multilateralism Matters: The Theory and Praxis of an Institutional Form*（New York: Columbia University Press, 1993）.

Ruggie, John, "Territorially and Beyond: Problematizing Modernity in International Relations," *International Organization*, vol. 47, No. 1（1993）, pp. 139-174.

Ruggie, John G., "the False Promise of Realism," *International Security*, Vol.20, No.1（1995）, pp.62-70.

Ruggie, John G., "What Makes the World Hang Together? Neo-Utilitarianism and the Social Constructivist Challenge," *International Organization*, Vol. 52, No. 4 (1998), pp.55-85.

Ruggie, John, *Constructing the World Polity: Essays on International Institutionalization* (London: Routledge, 1998).

Ruggie, John G., "Globalization and Global Community: The Role of the United Nations," *The J. Douglas. Gibson Lecture, School of Policy Studies* (Queen's University (Kingston), 20 November 2000).

Sallach, D. L., "Class Domination and Ideological Hegemony." *Sociological Quarterly,* vol. 15, No. 1 (1974), pp.38-50.

Savas, E. S., *Privatization: The Key to Better Government* (Chatham: Chatham House, 1987).

Scheiner, Charles, "The United States: From Complicity to Ambiguity," in Paul Hainsworth and Stephen McCloskey, eds., *The East Timor Question: The Struggle for Independence from Indonesia* (New York: I.B. Tauris & Co Ltd., 2000).

Schmidt, Brian C., "Realism as tragedy," *Review of International Studies*, Vol. 30, No. 3 (2004), pp.427-441.

Schmitter P., G. O'Donnell, and L. Whitehead, *Transitions From Authoritarian Rule.* (Baltimore Md.: Johns Hopkins University Press, 1986).

Schultze, Charles L., *The Public Use of Private Interest* (Washington, D.C.: Brooking Institution, 1977).

Schumpeter, J., *Capitalism, Socialism and Democracy* (London: Allen and Unwin,1947).

Schwarzmantel, J., *The State in Contemporary Society* (Hemel Hempstead: Harvester Wheatsheaf, 1994).

Schweller, Randall L., "Bandwagoning for profit: Bringing the Revisionist State Back In," *International Security*, Vol.19, No.1 (1994), pp.72-107.

Severino, Rodolfo C., "Toward an ASEAN Security Community." *Trends in Southeast Asia Series*: 8 (Singapore: Institute of Southeast Asia Studies, 2004).

Severino, Rodolfo Jr., *ASEAN Today and Tomorrow* (Jakarta: ASEAN Secretariat,

2002）.

Shepsle, Kenneth A.,Comment In *Regulatory Policy and the Social Science*, edited by Roger Noll,（Berkeley: University of California Press, 1985）.

Shinawatra, Thaksin, **"Asia Cooperation Dialogue - the New Asian Realism,"** address at the East Asia Economic Summit 2002 Kuala Lumpur, 6 October 2002, <http://www.aseansec.org/13966.htm>,（accessed 2003/1/20）.

Simon, Marc V., and Harvey Starr, "Extraction, Allocation, and the Rise and Decline of States: A Simulation Analysis of Two-Level Security Management," *The Journal of Conflict Resolution*, Vol. 40, No. 2（1996）, pp.272-297.

Singapore Declaration of 1992, <http://www.aseansec.org/5120.htm>（accessed 2003/1/20）.

Singer, Eric, and Valerie Hudson, *Political Psychology and Foreign Policy*（Boulder: Westview, 1992）.

Singer, John D., "International Conflict: Three Levels of Analysis," *World Politics*, vol. 12（1960）, pp.453-461.

Singer, John D., "The Level-of-Analysis Problem in International Relations," *World Politics,* vol. 14, No.1（1961）, pp. 77-92.

SIPRI Military Expenditure Database, Stockholm International Peace Research Institute, http://projects.sipri.org/milex/mex_database1.html.（accessed April 20, 2004）.

Skalnes, Lars S., "From the Outside In, from the Inside Out: NATO Expansion and International Relations Theory," *Security Studies*, Vol.7, No.4（1998）, pp.44-87.

Smith, Steve, Ken Booth and Maarysia Zalewski eds., *International Theory: Positivism and Beyond*（New York: Cambridge University Press, 1996）.

Snidal, Duncan, "The Limits of Hegemonic Stability Theory," *International Organization*, vol.39, No. 4（1985）, pp. 579-614.

Snidal, Duncan, "Relative Gains and the Pattern of International Cooperation," *American Political Science Review*, Vol.85（September 1991）, pp. 701-726.

Snyder, Jack, *Myths of Empire: Domestic Politics and International Ambition*（Ithaca. N.Y.: Cornell University Press, 1991）.

Snyder, Craig A., ed., *Contemporary Security and Strategy*（New York: Routledge,

1999）.

Snyder, Jack, "Imperial Temptations," *The National Interest*, vol.71（2003）, pp. 29-40.

Spanier, John, *Foreign Policy And Democratic Dilemma*（New York: The Dryden Press, 1982）.

Spegele, Roger D., "Richard Ashley's Discourse for International Relations," *Millennium: Journal of International Studies*, Vol. 21, No. 2（1992）, pp.147-182.

Spegele, Roger D., *Political Realism in International Theory*（Cambridge: Cambridge University Press, 1996）.

Spiegel, Steven, "Regional Security and the Levels of Analysis Problem," *Journal of Strategic Studies*, Vol. 26, No. 3（2003）, pp.75-98.

Starr, Harvey, *Anarchy, Order, and Integration: How to Manage Interdependence*（Ann Arbor: The University of Michigan Press, 1997）.

Starr, Harvey, ed., *Approaches, Levels, and Methods of Analysis in International Politics: Crossing Boundaries*（New York: Palgrave Macmillan, 2006）.

Statement by The President of The Republic of Indonesia at The Opening of Session of the 37th ASEAN Minister Meeting.（2004）, http://amm37.deplu.go.id/docs/Statement%20by%20President%20RI.pdf (accessed 2005/2/23)

Stein, Janice Gross, "Political Learning By Doing: Gorbachev as an Uncommitted Thinker and a Motivated Leaner," *International Organization,* vol. 48（1994）, pp. 155-183.

Steinbruner, John, "Beyond Rational Deterrence: The Struggle for New Conceptions," *World Politics*, vol. 28, No. 2（1976）, pp.223-245.

Stephen McCloskey, " Introduction: East Timor From European to Third World Colonialism," in Paul Hainsworth and Stephen McCloskey, eds., *The East Timor Question: The Struggle for Independence from Indonesia,*（New York: I.B. Tauris & Co Ltd., 2000）.

Sterling-Folker, Jennifer, "Competing Paradigms or Birds of a Feather? Constructivism and Neoliberal Institutionalism Compared." *International Studies Quarterly*, vol. 44, No. 1（2000）, pp. 97-119.

Steve Chan and Cal Clark, "The Mainland China-Taiwan Relationship: From

Confrontation to Interdependence?" In Tun-jen Cheng, Chi Huang and Samuel S. G. Wu eds., *Inherited Rivalry: Conflict Across the Taiwan Strait* (Boulder, Colo.: Lynne Rienner publisher, 1995), pp.47-65.

Stokey, Edith, and Richard Zeckauser, *A Primer for Public Policy Analysis* (New York: W. W. Norton, 1978).

Stone, Deborah, *Policy Paradox and Political Reason* (Glenview: Scott Foresman, 1988).

Stone, Deborah, *Policy Paradox: The Art of Political Decision Making* (New York: W.W. Norton and Company, 1997).

Stubbs, Richard, "ASEAN in 2003: Adversity and Response." In *Southeast Asian Affairs 2004*, eds. Daljit Singh and Chin Kin Wah (Singapore: Institute of Southeast Asian Studies, 2004).

Taipei Times (2004a) Controversial Victory for Chen. March 21: 1.

Taipei Times (2004b) Emergency-Response Mechanism Activated. March 20: 4.

Taipei Times (2004c) Lee: Chen Didn't Shoot Himself. 2004, April 12: 2.

Taipei Times (2004d) Lien Calls Election Unfair, Demands a Recount. 2004, March 21: 17.

Taipei Times (2004e) Pan-blues Propose New Form of Recount. March 26: 3.

Taipei Times (2004f) President Chen Challenges His Critics. March 20: 3.

Taylor, John G., *East Timor: The Price of Freedom* (New York: Zed Books, 1999).

Gurr, Ted Robert, and Barbara Harff, *Ethnic Conflict in World Politics* (Boulder, Colorado: Westview Press, 1994).

Telhami, Shibley, "Kenneth Waltz, Neorealism, and Foreign Policy," *Security Studies*, Vol. 11, No. 3 (2002), pp.158-70.

Tharoor, Shashi, "Why America Still Needs the United Nations," *Foreign Affairs,* vol 82, No.5 (2003), pp. 67-80.

Timothy Mckeon, " The Limitation of Structural' Theory of Commercial Policy," *International Organization*, Vol. 40 (Winter 1986), pp.21-45.

Tollison, Robert, and Thomas Willett, "An Economic Theory Of Mutually Advantageous Issue Linkage In International Negotiations," *International Organization,* vol. 33 (1979), pp. 425-449.

Tow, William T., *Asia-Pacific Strategic Relations: Seeking Convergent Security*

（Cambridge: Cambridge University Press, 2001）.

Truman, D., *The Government Process*（New York: Alfred Knopf, 1958）.

Tucker, Robert ed., *The Marx-Engels Reade,*（New York: W. W. Norton, 1972）.

Tung, Chen-yuan, "Cross-Strait Relations after Taiwan's 2004 Presidential Election," *Taiwan Perspective e-Paper*, No.17（April 2 2004）.

Ullman, Richard H, "Redefining Security." In *Global Dangers: Changing Dimensions of International Security*, eds. Sean M. Lynn-Jones and Steven E.（Miller. Massachusetts: The MIT Press, 1995）, pp. 15-39.

USA Today, "East Timor Crisis Sidetracks Asian Economic Summit," *USA Today*,（September 9, 1999）.

Vasquez, John, "The Realist Paradigm and Degenerative versus Progress Research Programs: An Appraisal of Neotraditional Research on Waltz's Balancing Proposition," *American Political Science Review*, vol. 91, No. 4（1997）, pp. 899-911.

Vasquez, John, *The Power of Power Politics: From Classical Realism to Neotraditionalism*（Cambridge: Cambridge University Press, 1998）.

Väyrynen, Raimo, "Multilateral Security: Common, Cooperative or Collective." In *Future Multilateralism: The Political and Social Framework*, ed. Michael G. Schechter（New York: United Nations University Press, 1999）, pp.43-70.

Vincent Cable, "What is International Economic Security," *International Affairs*, vol. 71, No. 2（1995）, pp. 305-316.

Viotte, Paul R., and Mark V. Kauppi,*International Relations Theory: Realism, Pluralism, Globalism*（New York: Macmillan Publishing Company, 1993）.

Wade, Huntley, and Peter Hayes, "East Timor and Asia Security," *Bulletin of Concerned Asian Scholars*, Vol. 32, No. 1and 2（January – June 2000）, pp. 56-71.

Waever, Ole, "The Rise and Fall of the Inter-Paradigm Debate," In *International Theory: Positivism and Beyond*, eds. Steve Smith, Ken Booth and Marysia Zalewski（Cambridge: Cambridge University Press, 1996）, pp.149-185.

Walker, R.B.J.," Speaking the Language of Exile: Dissident Thought in International Studies," *International Studies Quarterly*. vol.34（1990）, pp. 259-268.

Walsh, Kieron, *Public Services and Market Mechanism*（London: Macmillan,

1995）.

Walt, Stephen M., "The Progressive Power of Realism," *American Political Science Review*, vol. 91, No. 4（1997）, pp.921-935.

Walt, Stephen M., "The Renaissance of Security Studies." *International Studies Quarterly*, vol. 35（1991）, pp. 322-239.

Waltz, Kenneth N., *Man, the State, and War: A Theoretical Analysis*（New York: Columbia University Press, 1959）.

Waltz, Kenneth N., *Theory of International Politics*（New York: McGraw-Hill, Inc., 1979）.

Waltz, Kenneth N., "Evaluating Theories," *American Political Science Review*, vol. 91, No. 4（1997）, pp. 903-917.

Waltz, Kenneth N., "Structural Realism after the Cold War," *International Security*, Vol. 25, No.1（2000）, pp.5-41.

Waltz, Kenneth N., "Thoughts about Assaying Theories," in Colin Elman and Miriam Fendius Elman, eds., *Progress in International Relations Theory: Appraising the Field*（Cambridge: The MIT Press, 2003）.

Washington Post," Taiwan's President Maintains Hard Line" March 30: 1（Boston: Little, Brown, 2004）.

Wei-xing Chen, "Ideology, Policy, and Change---A Framework for Understanding Change and Continuity in Mainland China," *Issues and Studies*, vol. 30, No. 5（May 1994）, pp.45-62.

Wellerstein, Immanuel, *The Modern World System I: Capitalist Agriculture and the Origins of the European World-Economy un the Sixteenth Century*（New York: Academic Press, 1974）.

Wendt, Alexander, "The Agent-Structure Problem in International Relations Theory," *International Organization*, vol. 41（1987）, pp. 335-370.

Wendt, Alexander, "Anarchy is What States Make of It: the Social Construction of Power Politics," *International Organization*, vol.46, No.2（1992）, pp.391-425.

Wendt, Alexander, "Levels of Analysis vs. Agents and Structure: Part III," *Review of International Studies*, vol.18, No.2（1992）, pp.181-185.

Wendt, Alexander, and Michael Barnett, "Dependent State Formation and Third

World Militarization," *Review of International Studies*, No. 19（1993）, pp. 321-347.

Wendt, Alexander, "Collective Identity Formation and the International State," *American Political Science Review,* vol. 88, No. 2（1994）, pp. 384-396.

Wendt, Alexander, "Constructing International Politics," *International Security*, vol. 20, No. 1（1995）, pp. 71-81.

Wendt, Alexander, "Identity and Structural Change in International Politics," in Yosef Lapid and Friedrich Kratochwil, eds., *The Return of Culture of Cultural and Identity in IR Theory*（Colorado: Lynne Reinner Publishers, 1996）, pp.47-64.

Wendt, Alexander, "On Constitution and Causation in International Relations," *Review of International Studies*, vol.24, Special Issue（1998）, pp.101-117.

Wendt, Alexander, *Social Theory of International Politics*（Cambridge: Cambridge University Press, 1999）.

White, L. G., "Policy Analysis as Discourse," *Journal of Public Policy Analysis and Management,* vol. 13, No. 3（1884）, pp. 505-529.

Wiener, Antje, "Constructivism: The Limits of Bridging Gaps," *Journal of International Relations and Development*, vol.6, No.3（2003）, pp. 252-275.

Wiener, Norbert, *Invention: the Care and Feeding of Ideas*（Cambridge: MIT Press, 1994）.

Wight, Colin, "Interpretation All the Way Down? A Reply to Roxanne Lynn Doty," *European Journal of International Relations*, vol. 6, No. 3（2000）, pp. 423-470.

Wight, Colin, "The Agent-Structure Problem and Institutional Racism," *Political Studies*, vol. 1, No. 51（2003）, pp. 706-721.

Wight, Colin, *Agents Structures and International Relations: Politics as Ontology*（New York: Cambridge University Press, 2006）.

Wilson, James Q., *Bureaucracy: What Government Agencies Do and What They Do It*（New York: Basic Books, 1989）.

Wohlforth, William C., "The Stability of a Unipolar World," *International Security*, vol. 21, No. 1（1999）, pp. 5-41.

Worrall, John, "Normal Science and Dogmatism, Paradigms and Progress: Kuhn 'versus' Popper and Lakatos," In *Thomas Kuhn*, ed. Thomas Nickles. （Cambridge: Cambridge University Press, 2002）, pp. 65-100.

Wright, Quency, *The Study of International Relation*（New York: Appleton-Century-Crofts, Inc., 1955）.

Yuan, I, "U.S.-China Nonproliferation Cooperation: Debacle or Success? A Constructivist/Neorealist Debate," *Issues & Studies*, vol. 34, No. 6（1998）, pp.29-55.

Yurdusev, Nuri A., "Level of Analysis and Unit of Analysis: a Case for Distinction," *Millennium: Journal of International Studies*, vol. 22, No. 1（1993）, pp. 77-88.

Yu-Shan Wu, "Economic Reform, Cross-Strait Relations, and the Politics of Issue Linkage," In Cheng, Huang, and Wu ed., *Inherited Rivalry*, pp. 111-133.

Zacher, Mark, and Richard Mattew. "Liberal International Theory: Common Threads, Divergent Strands," Paper Presented at the 88th Annual Meeting of the American Political Science Association, September, Chicago, I11., p.2.

Zakaria, Fareed, *From Wealth to Power: The Unusual Origins of America's World Role*（Princeton, N.J: Princeton University Press, 1984）.

Zehfuss, Maja, *Constructivism in International Relations: The Politics of Reality*. （Cambridge: Cambridge University Press, 2002）.

國家圖書館出版品預行編目資料

國際關係的理論與其應用：入門、進階與研設
計/宋學文著. -- 初版. -- 臺北市：五
南, 2009.07
　　面；　公分
ISBN 978-957-11-5778-8（平裝）

1.國際關係理論

578.1　　　　　　　　　　　98016040

1PUL

國際關係的理論與其應用：
入門、進階與研究設計

作　　者 ― 宋學文（78.2）

發 行 人 ― 楊榮川

總 經 理 ― 楊士清

總 編 輯 ― 楊秀麗

副總編輯 ― 劉靜芬

封面設計 ― 王麗娟

出 版 者 ― 五南圖書出版股份有限公司

地　　址：106台北市大安區和平東路二段339號4樓

電　　話：(02)2705-5066　　傳　　真：(02)2706-6100

網　　址：https://www.wunan.com.tw

電子郵件：wunan@wunan.com.tw

劃撥帳號：01068953

戶　　名：五南圖書出版股份有限公司

法律顧問　林勝安律師事務所　林勝安律師

出版日期　2009年 7 月初版一刷
　　　　　2020年11月初版三刷

定　　價　新臺幣350元

經典永恆・名著常在

五十週年的獻禮——經典名著文庫

五南，五十年了，半個世紀，人生旅程的一大半，走過來了。
思索著，邁向百年的未來歷程，能為知識界、文化學術界作些什麼？
在速食文化的生態下，有什麼值得讓人雋永品味的？

歷代經典・當今名著，經過時間的洗禮，千錘百鍊，流傳至今，光芒耀人；
不僅使我們能領悟前人的智慧，同時也增深加廣我們思考的深度與視野。
我們決心投入巨資，有計畫的系統梳選，成立「經典名著文庫」，
希望收入古今中外思想性的、充滿睿智與獨見的經典、名著。
這是一項理想性的、永續性的巨大出版工程。
不在意讀者的眾寡，只考慮它的學術價值，力求完整展現先哲思想的軌跡；
為知識界開啟一片智慧之窗，營造一座百花綻放的世界文明公園，
任君遨遊、取菁吸蜜、嘉惠學子！